洋人撬动的中国

吴煮冰 著

中国画报出版社·北京

图书在版编目（CIP）数据

洋人撬动的中国 / 吴煮冰著. --北京：中国画报出版社，2017.3

ISBN 978-7-5146-1406-0

Ⅰ.①洋… Ⅱ.①吴… Ⅲ.①洋务运动-史料 Ⅳ.①K256.106

中国版本图书馆CIP数据核字(2016)第279896号

洋人撬动的中国

吴煮冰 著

出 版 人：于九涛
责任编辑：赵 菁
责任印制：焦 洋
出版发行：中国画报出版社
（中国北京市海淀区车公庄西路33号 邮编：100048）
开 本：16开（710mm×1000mm）
印 张：19.25
字 数：265千字
版 次：2017年3月第1版 2017年3月第1次印刷
印 刷：北京艺堂印刷有限公司
定 价：48.00元

总编室兼传真：010-88417359 版权部：010-88417359
发 行 部：010-68469781 010-68414683（传真）

中国何时撬动世界?

杨早

与吴煮冰先生素未谋面,只是看了《洋人撬动的中国》的书稿,觉得很有意思,所以愿意写几句话。

这部书洋洋廿万言,从鸦片战争写到辛亥革命,中间有无数有趣的细节,围绕着书名提出问题:洋人如何撬动东方的老大帝国。

洋人撬动中国的过程,与中国认识西方的进程,其实是同步的。从最初的坚船利炮,到洋务运动的工业革新,到人才输入与派出,再到各项制度乃至国体的变革……老大帝国不情不愿、半推半就地变成了"世界"的一员。洋人撬动中国,撬动的就是古老中国自己的规则。而中国近代史,可以被看作一段被撬动、摇晃又尽力保持平衡或寻求新的平衡的历史。

撬动中国,首先要撬动的是中国政府,而政府中有改革派,也有保守派。前者如郭嵩焘、李鸿章,可以说是"洋人撬动中国"的支点与抓手,后者如奕譞、倭仁,则是阻力与障碍。

撬动中国的洋人,可分为两类:一类是代表洋人国家利益的政府与商人,一类是受雇于中国政府的洋人(其实还有一类——传教士,不过书中主要关注政商领域,文化教育方面涉及不多)。这两类洋人,在撬动中国的过程中,扮演着不同的角色。

在近代洋人与中国政府的屡次交涉中,基本规律是:如果由通晓夷情或愿意通晓的人来主持,谈判就不至于吃大亏,因为中国的市场庞大,西洋列国皆欲得之而甘心,以利诱之,以利乱之,中国可以取得主动权。然而一旦中国政府以保住面子为最要,而西洋列国又联合起来,离中国政府丧权辱国的结果就不远了。

近代中国"被撬动"的首要问题,是如何平衡政治效率与国家主权之间的关系。有许多时候,按洋人的法子办,中国吃的亏反而小。但是按洋人的法子,中国政府的尊严何在?书中没有写到的1912年,就有这么一件事:新成立的民国政府想向四国外交团借款,用于遣散内战军队。四国外交团提出两个条件:一是要求每月开出预算,经外国顾问官核准,方可开支;第二,中国政府不是说借款主要用于遣散军队吗?那不管在南京还是在武昌遣散军队,一定要有外国武官在场监督,"每一兵缴械之后,即发支票一纸,自往银行收款"。这就是臭名昭著的"监督条款"。

其实当时就有人指出,如果是经济团体之间的纯经济行为,这些条件不一定无理。它建立在四国银行团对于中国政府财政监管能力的极度不信任之上。但是中国政府无法接受这样的条款,因为关系到国家财政主权,那么,去找不附加这些条款的国家借钱,但联合起来的外交团又不允许。事实上,没有监管的中国近代政府,借款用于贪污挥霍的事例不在少数。

要维护主权,又要改良技术与制度,"雇用洋员"就变成"师夷长技"的必由之路。近代中国面临的第二个问题,是在华任职洋人的本国利益与其职业操守之间的矛盾。任用洋人经管中国海关、税务，本是不得已之举，这帮洋人办事又确实更有效率。怎么看待这一点，也是很挠头的事。中国有句古话叫"非我族类，其心必异"，虽然有金日䃅、折家军这种忠诚的反例，但大多数人还是相信，一旦本国利益与职业操守相冲突，这些洋人很难说会站在哪一边。在华任职的洋人里，有李泰国这样的飞扬跋扈者，也有赫德这样的兢兢业业者。而像薛福成，名列"曾门四子"，也是有名的洋务派，其对赫德始终饱含戒心。赫德在任总税务司的数十年中，为中国出谋划策不可谓不尽力，但也同样有他的私心。这并不是一个过时的问题，相反，到现在这仍是一个不断在现实中浮现的困境。

近代，洋人的确撬动了中国。那些撬动中国的洋人，无论存有善心还是恶意，也确实给了中国的变革一个原始推力，但真正要改变中国政治、社会与文化，还是要靠中国人自己。我们老家有句话叫"船上人不使力，岸上人累断腰"。

有来有去，当洋人不再把持中国的经济命脉，不再是中国改革的设计师与推动者，中国要思考的第三个问题，或许是：洋人撬动了中国，那么中国何时撬动世界？

我一直说，我心目中的中国近代史是从1872年开始的，这一年发生了两件大事。一件是《申报》的创办。《申报》虽然是洋人创立，但中文大众日报的出现，让信息的传播远非从前可比，标志着公众知情权质的变化。另一件是留美幼童开始派出，开启了中国绵延百余年的留学大潮。

留学潮的意义无论如何估量都不过分，但正如洋人到中国任职，也会习得中国官场的各种弊端，留学归国，并不保证能出污泥而不染。两大文明"结婚"，并不见得就"彼西方美人必能为我家育宁馨儿，以亢我宗"（梁启超，1902）。与更晚起步的日本相比，中国架子大，包袱重，难于摆脱天朝上国的心态，很多人不愿意接受这样一条定律：

先行者制定规则，后来者只有比先行者更好地运用规则，才有可能打破规则。

这是不以人的意志为转移的铁律。中国从不得不融入"世界"的那天起，就注定只能是一个追赶者。在没有全面赶超西方之前，中国很难有资格制定规则，即使制定了也无法获得别人的认可。

所以一百年来，一百年后，中国的首要任务还是改变自己，让自己融入规则，善用规则，才能指望有朝一日确立自己的规则。

目 录

第一章 鸦片惹的祸 ——————————— 1

西方商人海上初来乍到 / 3

葡萄牙人最早向中国走私鸦片 / 8

英国人后来居上 / 12

道光皇帝说"大快人心" / 16

对付英国人，琦善有两下子 / 20

谈判大臣"无知无畏" / 29

一家欢乐一家愁 / 31

第二章 倒霉的上海道台 ——————————— 37

英国人开始没看上香港 / 39

英国人在租界里设海关 / 42

与众不同的吴健彰 / 44

因"洋祸"得福 / 46

上海流行广东话 / 50

两个广东人的恩怨 / 53

才出虎口又掉入狼穴 / 56

被推上风口浪尖 / 62

第三章　洋人"到"大清国做官 —— 69

广州人痛恨英国人 / 71

英国人忍不住了 / 75

两广总督成了俘虏 / 79

李泰国跑官要官 / 83

洋人要权 / 86

大清国唯一没有贪污的部门 / 90

第四章　外交、外交，还是外交 —— 95

清政府没有外交，只有"剿夷"与"抚夷" / 97

中国有了"外交部" / 103

美国人任团长的中国使团 / 109

各国公使终于见了同治皇帝一面 / 118

中国人在外国"起义"了 / 125

和李鸿章一起战斗（一） / 132

和李鸿章一起战斗（二） / 137

和李鸿章一起战斗（三） / 143

帮总理衙门摆平法、德、俄 / 147

美国的政策，在华英国人的主意 / 152

和李鸿章一起战斗（四） / 158

"东南互保"保住了大清国的大好河山 / 167

第五章　洋人的中国海军梦 —— 175

洋人中国海军梦的缘起 / 177

在英国采购军舰并不顺利 / 181

总理衙门"雄起"了 / 186

海军梦实现了又破灭了 / 192

第六章　洋人与"洋务运动" —— 203

上海"洋"起来了 / 205

1865年的"改革"和"开放" / 209

中国最早的西式学堂 / 212

中国菜从此名扬天下 / 217

李鸿章请旨嘉奖 / 222

中国也有了气象站 / 225

"大龙邮票"一印出来就珍贵 / 228

能让马拉火车已是进步 / 233

"洋务"随老李而去 / 240

第七章　洋人与辛亥革命 —— 247

武昌城头的一声枪响之后 / 249

蔡锷将军先硬后软 / 252

中国的钱被洋人掌管了 / 256

孙中山也无可奈何 / 259

第八章　几个重要的外国人 ———————— 263
　　近代中国海关第一任首脑——李泰国 / 265
　　当了半个世纪中国海关首脑的赫德 / 273
　　北洋政府的太上皇——安格联 / 285
　　从功臣到罪人——德璀琳 / 291

第一章 鸦片惹的祸

西方商人海上初来乍到

1511年，葡萄牙人占据马六甲后，开始和中国商人做生意。那时，中国商人运到马六甲的商品主要是农产品、丝绸、瓷器、麝香、大黄、珍珠和锡器等，换回香料、胡椒、肉豆蔻、丁香、生姜、香、柳楠香和金丝线等物品。这种接触，使葡萄牙人成为最早与中国进行海上贸易的欧洲人。在巨额利润的诱惑之下，一些居心不良的葡萄牙人打起了歪主意，他们尾随中国商船，悄悄来到中国沿海，干起令人痛恨的海盗勾当。这些海盗赚不义之财不打紧，却严重影响了他们"葡国"的大事儿。

1517年9月，葡萄牙特使梅·皮雷斯衔命抵达广州，想和中国建立官方关系，扩大贸易。结果由于那几个葡萄牙海盗干了杀人越货的勾当，给中国人留下了极坏的印象，恨"乌"及屋，官府对梅·皮雷斯也很反感。另外，马来亚苏丹（马来西亚的国家元首）也说了他们不少坏话（马来亚当时是大清中国的附属国，大清国的皇帝自然更相信他们），所以皮雷斯使团被召到北京后，又被打发回广州，作为政治犯，老皮最后死在广州。

后来，一些葡萄牙人跑到泉州、宁波赖着不走，官府也不客气，派兵驱逐，这些葡萄牙人不是省油的灯，竟理直气壮地干起海盗营生。为了自卫，他们也打击其他海盗。由于他们有了打海盗的功劳，广东官府允许他们在澳门暂住（此是后话）。

  1564 年，西班牙国王派米格尔·洛佩德·勒加兹皮率领舰队，侵占吕宋岛，并将吕宋岛改名为菲律宾群岛。一支由 72 艘船组成的中国海盗舰队去袭击他们，结果被打得大败——海盗舰队的船只被焚烧，海盗头子成了俘虏。海盗头子为了活命，同意带两名修道士去见福建政府的领导。其中，一位叫马丁·德·拉达的修道士，竟然能说中国话。两名修道士受到福建领导的热情接待，因为没有带国书，没让他们去北京见皇帝。尽管如此，这两名修道士却开创了西班牙与中国官方接触的先例。

  16 世纪中叶，成百上千的福建人到菲律宾、爪哇、苏门答腊和马来半岛淘金，引起西班牙人的警惕，他们采取征收人头税、流放、强迫信基督教等手段，实行高压统治，但中国人的数量还是不断增多。他们担心这样下去，会威胁到他们的统治，就惨无人道地屠杀了两万多名中国人。因为同样的原因，30 年后，西班牙人又搞了一场大屠杀，惨遭杀害的中国人更多。

  紧随西班牙人来的是荷兰人。1622 年 6 月 24 日，荷兰人科·雷依耶斯佐恩率领一支由十六七艘船组成的舰队攻打澳门，葡萄牙人奋起反击，大败荷兰人。败下阵来的荷兰人狼狈地逃窜到澎湖列岛，不管三七二十一地驻扎下来，当起了海盗，拦截过往的中国船只。发了不义之财后，这些荷兰人脑子发热，以为中国人拿他们没办法，竟然去攻击福建沿海港口。当时的明政府忍无可忍，派出一支武装船队去收拾他们，他们见势不妙，逃往台湾。37 年后，也就是 1662 年，郑成功才把他们从台湾赶走。

  接踵而来的是英国人。1601 年，英国派兰开斯托率领一支由 5 艘船组成的舰队，前往苏门答腊和爪哇，建立贸易基地。刚开始，英国人还能相安无事；后来英国人越来越多，荷兰人就不高兴了，他们又将屠刀对准英国人，幸存下来的英国商人把目光转向中国。1637 年 6 月，韦德尔率船队到达澳门，先入为主的葡萄牙人很不欢迎他们，韦德尔只好壮着胆子，带船队驶向沙角，准备和广州官府接触。广州的官府很不给面子，令炮台上的士兵向船队开炮。韦德尔也很生气，下令摧毁炮台，然后致信广州官府说：我们仅仅要求通商，没别的想法，你们用不着担心害怕。他们又赠送了一批贵重礼品，广州官府这才高抬贵手，允许他们做一阵子生意。可是英国人的生意做得很不顺，还发生货物被查封、扣押的事儿。葡萄牙人假惺惺地来调解（如果英国人能顺利地同中国做生意，葡萄牙人就无法垄断同中国的贸易了，所以说他们内心深处还是希望英国人离开的）。最后，中方准许贸易，但韦德尔船长要承认他是因为无知而犯罪，还要答应船队离开后不再来中国。

英国人在广州碰壁后，到福建与郑成功建立了友好关系，向他出售武器，以支持他抗击清军。作为报答，郑成功准许英国人在厦门、台湾建立贸易站。这样，英国人在中国总算有了暂时立足的地方。

法国人也来了。1688年，一位名叫让·乔丹的法国商人派"阿姆菲特赖特"号船到广州和宁波做买卖，赚了一大笔钱。让·乔丹先走运后倒霉——之后又来了两次，赔得一塌糊涂。负债累累的让·乔丹和他的同胞，在很长时间内没有再做"中国梦"。

美国人终于来了。1784年2月，一艘名叫"中国皇后"号的美国商船，载着40吨人参，从纽约出发，绕过好望角来到广州。卖了40吨人参后，又买了茶叶等货物回美国卖掉，赚得盆满钵满。从此，越来越多的美国人来中国做生意。

俄国享有陆上边境贸易特权，所以朝廷禁止他们从海上与华通商。

当时洋人来华经商，船上能带的货物有限，而且还要带现钱（主要有西班牙银圆、墨西哥银圆、威尼斯金币、法国克朗）；中国则以银两计价，使用银锭时，需要测量纯度和重量。

1757年，乾隆皇帝下旨，令外国商人在广州一地贸易，这其实是个马后炮式的命令。早在他下令之前，洋人就集中在广州了，因为他们在厦门和舟山等地做生意时，不能讨价还价，中国商人说多少钱就是多少钱；但在广州不存在这种情况，所以广州在洋人心目中是贸易的天堂。当时，广州是中国最大、人口最密集、最富有的贸易中心，也是西方船只来华的最近港口，洋人们十分乐意到广州做生意。对朝廷来说，把洋人都赶到广州去，是因为广州离北京更远，可以断绝洋人见大皇帝的念头。

除俄国外，18世纪和19世纪初，中国没有与其他国家建立条约关系。尽管如此，清朝政府仍不许俄国人到广州做生意。

那时的广州，没有官方承认的外国政府代表。清朝政府认为自己是天朝上国，万国应该来进贡。他国人可以作为进奉的使者来华，完成任务后，可自行离开，或者经过皇帝的恩准再离开，而且使者不能与中国官员平等往来。其实，老早以前在华就有外国领事，只是大清国从来不承认。1699年，一个英国人拿着国王委派他为总领事的文件来到中国，但大清国并不把他当回事儿，弄得他在他们的同胞面前很没面子。1776年，法国国王任命一名商人为广州领事，以照顾法国人在广州的商业利益，但大清国对他同样不予理睬。

大清国承不承认是大清国的事儿，但有领事身份总比没有好，所以外国商人对领事身份还是很看重的。1786年，一位英国商人与东印度公司的大班公会发生矛盾，大班公会想强迫他离开中国，他拿出普鲁士国王任命他为中国领事的文件，说他是普鲁士王国的领事，要对方客气一点儿，大班公会顿时没了脾气。其他商人看了，觉得当领事可以带来好处，所以会千方百计地弄一份某国领事的任命文书，带在身上，以应不时之需。这样，一些商人就"成为"热那亚、波兰、奥地利、丹麦、西西里等国驻广州的领事，但他们的主要目的是做生意，而不是去处理外交方面的事务。那时，领事不必由本国人担任，比如瑞典领事有时是瑞典人，有时是英国人。

这些"领事们"无论怎样宣称自己代表某个国家、某个政府，清政府就是不承认他们的官方地位，只把他们看作是某一家贸易公司的头儿，与大班的地位一样。通常情况下，来广州的外国船上，有两名或两名以上的大班或商务代办，这些人作为公司的代表，安排所运货物的出售，购买能盈利的货物。一位能干的大班，必须具有商业才干，并且能应付各种复杂局面。

外国人多了，就会生出许多是非，甚至命案。不过洋人之间的纠纷，大清国官府一般懒得搭理，但洋人又总来鸣冤。实在没办法了，清政府才很不情愿地过问。如果是命案，无论怎样审、怎样判，都免不了一死。清朝官府秉承的司法理念是杀人偿命，并且没有商量的余地。

1773年，英国人司各特因杀了一名中国人，在澳门被起诉，葡萄牙法庭判他无罪，但移交给大清国官府后，立即被处死。1780年，一名法国人杀死一个葡萄牙水手后，赶紧躲藏起来；葡萄牙人来告状，大清国官府不得不发通缉令，这名法国人实在躲不过去了，就去自首，大清官府立即把他绞死。1784年，"休斯夫人"号商船上的炮手放礼炮时，意外地炸死几个中国人，这个炮手立即藏了起来。大清国官府没有拿住他，就把船上的大班骗下船，扣为人质；为此，法国人、荷兰人、丹麦人、美国人与英国人一起抗议。再多的人抗议也没用，甚至还适得其反，因为大清国官府常把聚众与造反联系起来。大清国官府很不高兴，并传话给他们，如两天内不交出炮手，就不再供应食品，而且要停止贸易，并进行有力还击。洋人很无奈，只好交人，眼睁睁地看着那个可怜的家伙被绞死。即使不是故意杀人，清朝官府也坚持以命抵命的司法原则；如果没有捕到真凶，就要找人代受刑罚。

所以，当时洋人在广州做生意，风险很大。

葡萄牙人最早向中国走私鸦片

中国本来不产鸦片,也不知道鸦片为何物。

为了罪恶的鸦片,英国人跟清政府打了两次战争(即两次鸦片战争,法国人也参加了),使中国蒙受了巨大的损失。

然而,最早向中国走私鸦片的却是葡萄牙人。葡萄牙在当年可谓是响当当的世界强国。

根据史料记载,明嘉靖三十二年(1553)的某一天,葡萄牙人掂着500两银子,去找时任海道副使的汪柏,说货船遇到了风浪,货物被海水打湿了,想借澳门用一下,晾晒货物;又说如果能通融,他们每年都给500两银子。汪柏见钱眼开,立即同意,不过他留了一手,不准许他们久居。葡萄牙人让他放心,说住几天就走,绝不久留。汪柏信以为真。然而葡萄牙人说话不算数,一上岛就搭盖茅棚,不管三七二十一住了下来。日子一天天过去,官府没有为难他们,他们又得寸进尺,用砖瓦建筑固定房屋,数年之间,变成村落。十年后,在澳门居住的葡萄牙人有900多人,又从非洲、东南亚等地掠来数千名奴隶为他们服务。内地的商贾贩夫,闻风而来,起屋开店,成行成市。

对于葡萄牙人占据澳门,还有另一种说法。据传抗倭名将俞大猷在广东剿寇时,采用"分化瓦解中外盗寇,功成重赏其夷目"的方略,对此,葡萄牙人先出卖一股中国海盗，博得了俞大猷的好感。另外，葡萄牙人还干了一些关门打狗的事儿，比如有倭寇来投时，他们先好吃好喝地稳住对方，然后又引来明军水师，一网打尽。积了这些"功劳"，葡萄牙人便找俞大猷要奖赏，一不要金子，二不要银子，三不要粮食布匹，只求准他们在澳门栖身，俞大猷不好意思食言，只得慷慨允准。

1572年，葡人据惯例向海道副使送贿银时，因有其他官员在场，只好说带来的是"地租银"，海道副使也只得将这笔"地租银"送交国库。从这一年开始，一直到1849年，葡萄牙人每年向明、清政府交租500两银子。

1574年，明政府为了控制"澳夷"，沿葡萄牙人居住的社区外围修筑了一道城墙，中间留个关闸，设兵把守，每月开两次门，为葡萄牙人提供生活用品。这道墙给葡萄牙人的生活带来不少麻烦，在他们的一再争取下，又把开门时间改为5天一次。明朝政府此举虽有点儿不厚道，但就是要"让葡夷坐而困之，使不易久居"，"倘有暴乱，则可关闭关闸，扼其咽喉，断绝粮食供应"，说白了就是让他们生活不下去，自己卷铺盖滚蛋。明朝政府的这一隔离政策，反而让"葡夷"居澳合法。如果葡萄牙人内部发生争执，明朝政府也懒得介入，葡萄牙人法官依照自己的法律审判，如果不服，还可上诉印度葡萄牙高等法院。这样，葡萄牙人逐渐划地自治，组织议事公局，每3年举行一次选举；同时，他们还建立了一支小型卫队，并设立海关，向停泊澳门的船只征收关税。1623年，葡萄牙驻印度总督任命了澳门首任总督，赋予其统治澳门的权力。

那时，澳门是欧、亚和拉丁美洲海上丝路贸易大循环的枢纽，这一循环以澳门为中心，形成三条国际贸易航线：葡萄牙里斯本—印度果阿—澳门；澳门—日本长崎；澳门—马尼拉—墨西哥。这几条航线，既有正常贸易，也有走私。此外，葡萄牙人还大肆掳掠人口，贩卖人口为奴。当地官府上书朝廷，请求朝廷颁旨将其驱逐出境，但嘉靖皇帝当时忙着"长生不老"的事儿，根本没有工夫看折子。嘉靖皇帝驾崩后，好不容易换了个万历皇帝，可万历又迷上利玛窦带来的洋玩意儿，懒得理这一小撮葡萄牙人的破事儿。久而久之，广东人也对葡萄牙人见惯不惯，不再拿他们赖在澳门说事儿了。后来，荷兰人欲夺澳门，葡萄牙人借口抵御入侵，修筑城墙，设置寨堡，建立防御系统。

1846年，亚马留出任澳门总督后，将澳门变为"绝对自治的殖民地"，篡夺在澳中国居民管辖权，向中国人征收土地税、商税、人头税，还关闭了中国设在澳门的海关。两年后，亚马留又擅自修筑从水坑尾门到关闸的马路，马路经过的地区有中国村民的祖坟，亚马留要村民迁走，否则就将此夷为平地，骸骨扔进大海。亚马留因此被村民杀死，并被砍下了脑袋，葡萄牙人费了好大的劲儿，才把他的头要走。

1849年8月22日，在英、美、法、西等国军队的支持下，葡萄牙人以武力逐走香山县丞，从此不再缴租银，还宣布澳门拥有三英里领海。葡萄牙女王紧接着又宣布澳门为自由港，任何人不得稽查走私活动。从此，澳门成了走私乐园和鸦片走私大本营。大量鸦片与洋货入澳后，无数中国私帮将货物用小船运入内地。这一年，输入中国的20000箱（每箱约100斤）鸦片中，大多数来自澳门。

总体来说，鸦片最早由东南沿海输入，潮州籍商人是鸦片销售的主要力量，他们的走私活动使鸦片蔓延到全国各地。鸦片战争以后，鸦片贸易合法化了，这些商人又开设烟土行、烟土店等所谓的"小同行"推销鸦片。

所以说，最早向中国输入鸦片的是葡萄牙人，而不是英国人。刚开始输入的鸦片不到200箱，到1773年，达到1000箱，别看每年的数量不算大，但他们连续搞了200多年，问题就大了。荷兰人看着眼红，曾想把葡萄牙人从澳门赶走，但没能得逞；他们转而去了台湾，台湾人不识货，他们想出个"鸦片与烟草拌合吸食"的方法推广，一段时间后，见台湾人有点儿瘾了，又说直接吸食更过瘾，台湾人一试，果然感觉大好，从此，再也离不开了。

在人们心目中，葡萄牙人占据澳门后，没干什么好事儿，主要业绩就是将澳门变成赌场，像当年输入鸦片一样祸害中国人。这样说，有点儿一棍子打死人的感觉。其实，当年葡萄牙人占据澳门后，澳门逐渐成为中西文化交流的桥梁和通道。利马窦等传教士就是经澳门进入内地，把西方国家的科学文化传入中国，又将中国文化传到欧洲的。西方传教士在澳门创建的远东第一所西式大学——圣保罗学院，是远东汉学家和西学人才的摇篮。

葡萄牙统治下的澳门

英国人后来居上

乾隆三十八年(1773),英国人学葡萄牙人溜上澳门,走私罪恶的鸦片,但葡萄牙人先入为主,常排挤他们,英国人在澳门要看葡萄牙人的脸色行事。1794年,葡萄牙人干脆把英国人撵走。英国人实在没有办法,只好把300箱鸦片装在一艘大船上,壮着胆子把船开到广州黄埔港去销售。这是英国鸦片走私船第一次到广州,也是来广州的第一艘外国鸦片走私船。十分奇怪,这艘船停泊了18个月,无人过问,直到把300箱鸦片卖完才离开(这件事儿,现在想起来还叫人难以理解,以当时的社会环境,不要说18个月了,就是18天都是不可能的)。英国人见中国港口无人看管,胆子更大了,走私的鸦片量不断增加,1795年的时候,达到1814箱。说是走私,其实就是大摇大摆地来,将鸦片藏在运棉花的船里,每艘船夹带一百多箱。

对于葡萄牙人的做法,英国人记恨在心,并两次教训了葡萄牙人。1802年,英

"惊异"号商船在广州黄埔

国军舰以免受法国人侵略为名，准备占领澳门，驻澳门的葡萄牙总督十分惊恐，请求清政府给予保护，但两广总督吉庆没当回事儿。葡萄牙人更害怕了，走传教士的后门，给清政府写了一份报告，言辞恳切地说了不少英国人的坏话。他们说英国人历来奸诈，一直有吞并他国领土的企图，他们的恶行在西方国家无人不知。如果让英国人占了澳门，后患无穷，到时后悔都来不及。清政府认为英国人并没有那么坏，不过是想多做点儿生意罢了，怀疑葡萄牙人与英国人有仇，故意夸大其辞，耸人听闻。葡萄牙人也算走狗屎运，不久，英法两国签订了和约，英国军舰没有了借口才极不情愿地离去。1808年（嘉庆十三年）9月，英国人又不高兴了，不但入侵澳门，军舰还闯入广州的黄埔港。因为清政府很不满意，三个月后，英国人才依依不舍地撤走。

明朝的时候，鸦片列为藩属"贡品"，一般人是见不到的。鸦片被走私到广东后，有钱有势的人最先接触到，也只是把它当药治病。由于价格昂贵①，吸食者极少。清初，在洋人的大力宣传下，有钱人才开始拿它当"烟"吸。

1796年，嘉庆皇帝认为鸦片泛滥是允许其作为药材进口造成的，于是下令禁止进口，还多次下旨"严行查拿，按律治罪"。两广总督张百龄接旨后，下令广州公行交保证书，保证其承保的外国商船到达广州时，船上没有鸦片。因官吏和海关腐败，这些措施没有发挥作用，鸦片走私依然凶猛。尤是英国吞并印度后，官商一体，扬帆东来，武装走私鸦片，令清政府防不胜防。

直到1815年，广东官府奉嘉庆皇帝的谕令，法办了6个贩卖鸦片的中国人，鸦

颠地

---

① 英国鸦片贩子将鸦片运到中国，每箱毛利达1000多两银子。

英国东印度公司的鸦片仓库

片走私的势头才有所减弱,那些替外国人当走卒的中国人,老实了不少。但因为太有利可图,不久,鸦片走私又猖獗起来。到了后来,鸦片走私屡禁不止,甚至出现越禁越严重的局面。1820年,英国人竟在广州办起了专门贩卖鸦片的洋行,其中最臭名昭著的是鸦片走私巨贩颠地;他一人就开了两家,取名渣甸洋行和旗昌洋行——这也是一个叫人费解的事儿,皇帝谕令禁烟,洋人却在中国官府门口开专门销售鸦片的商行。不但如此,这些洋行还有武装船队,专门用以走私鸦片。1821年,两广总督阮元、广东巡抚嵩孚奉旨重申鸦片禁令,走私贩子便将船开到零丁洋停泊,一有机会,就把船上的鸦片运往广州。开始的时候,只有8艘这样的船。到1838年,已经有22艘,上面有两万多箱鸦片。因文天祥而闻名的零丁洋,成为鸦片走私集散地,来自印度、土耳其等地的鸦片被源源不断地运来。当时的零丁洋水面上一派繁忙景象,各种走私船(仅"快蟹""扒龙"就有200只)往来不断。走私船沿途贿赂关口,海关对此睁一只眼闭一只眼,致使鸦片走私量年年增长。

此时大清国已盛世不再,统治阶层从上至下贪腐严重,朝廷禁令形同虚设,稽查鸦片的官兵早已成了大烟鬼。道光年间,鸦片走私就更严重了,仅1838年至1839年,输入中国的鸦片就达35000多箱,造成白银流失3亿两以上。

英国人虽晚于葡萄牙人向中国走私鸦片,却后来居上,并把鸦片走私当成其对华贸易的主要项目[①]。丑陋的鸦片贸易,摧残了中国人的心智,

---

① 1829年,英国对华出口货物价值2000万美元,鸦片占1/4。

打开了中国国门,却充实了英国国库。

英国鸦片贩子泰勒说:鸦片像金子一样,任何时候都能卖掉。

从海上向中国走私鸦片的还有美国人、荷兰人。俄国人也不甘落后,他们在陆地上向中国走私鸦片。

道光皇帝说"大快人心"

　　道光皇帝对鸦片十分痛恨,禁烟决心很大。1821年,他刚当上皇帝时,每年输入中国的鸦片是五千箱;十年后,达到三万箱。到了1840年,每年因鸦片外流的白银有七千万两至一亿两,情况非常严重。全国上下都认为,鸦片是祸国殃民的东西,要想办法解决。

　　处于走私前沿地带的广东人认为,禁烟行不通,因为当地官吏以此谋利,越禁索贿越多。他们提了两点主张:一是加重关税;二是提倡自主种植,用国产的"土鸦片"抵挡"洋鸦片"。如此以来,外国人无利可图,就不做这断子绝孙的生意了。一些官员认为,后者虽是没办法的办法,但值得试一试。有一个叫许乃济的大臣壮着胆子对道光说:现在的情况,已经发展到英商尚未入港口,中国人就争先恐后地去接货的地步,既然禁也禁不住,还不如将鸦片贸易合法化。反正吸食鸦片的都是社会渣滓,死了也不足为惜。而且不仅要使鸦片贸易合法化,还要进行本土种植,用以阻止白银外流。这本来是一个没有办法的办法,也许可阻止鸦片走私,但他说了那句不该说的话——"吸鸦片的都是社会渣滓,死不足惜",因而得罪了一大片人。后来,许乃济便成了清朝道德堕落分子的代表。

　　黄爵滋上奏说:要严禁吸食鸦片,吸食鸦片者应治以死罪。没有人吸食了，自然就没有人卖了。道光皇帝认为，他的办法是剑走偏锋，太偏激，那些吸大烟的人，充其量是自己害自己，对别人又不构成危害；鸦片贩子才最可恶，为了发财害了许多人，应该把鸦片贩子治以重罪；而广州是鸦片的输入口，鸦片贩子都在那里，要禁烟就要先从广州下手。

林则徐摸透了道光的心思，完全同意道光皇帝的主张，还说再不禁烟，中国就没有能御敌的士兵了，这一点刺中了道光皇帝的

林则徐

要害。来自沿海官府的大量奏章，使道光皇帝对鸦片越来越警觉；而自己的皇子竟然也染上毒瘾，这更加坚定了他禁烟的决心，于是便派林则徐为钦差大臣，立即到广州禁烟。

林则徐去广东禁烟前，道光皇帝下的一些禁烟令，不过是一堆废纸，但这些形同虚设的禁令，却发挥了另一种作用——在法律上，第一次认定鸦片贸易属于非法行为。英国人早已从鸦片贸易中尝到了甜头，想让他们打消走私的念头，不是件容易的事儿。为规避鸦片贸易与英国政府的关联，英国政府取消了东印度公司销售鸦片的垄断权，实行鸦片"自由贸易"政策。英国商务代表还到处鼓动，说鸦片贸易合法后，中国政府也将获利。道光倒还清醒，说：赌徒和腐败分子为利润和感官享受挫败了我的希望，但任何东西都无法诱惑我从臣民的不良嗜好和苦难中，征收一分一毫的税收。

当林则徐风尘仆仆地赶到广州时，当地官员以为他像其他钦差大臣一样是来做样子的，想拿银子打发他走人。谁知他不吃这一套，连官员们给他准备的筵席都不享用。林则徐要求外国人把还未卖出的鸦片尽数缴给官府，还要写保证书，保证以后不带鸦片来华，如再带来，所有货物没收，人也立即正法。同时他还发照会说：听说英美两国天气干燥，土质干硬，夷人都是把肉磨成粉食用的，久而久之，导致大便不通，只

广州十三行商馆前景

有中国的大黄和茶叶可解;皇上对你们有恩,准许卖给你们,你们应该配合禁烟工作。

洋商们没遇到过林则徐这样的,一时摸不着头绪,打算先观察观察,就回复说要商量商量。洋人所说的"商量商量",其实是他们要合计合计给林则徐多少银子合适。他们打算尽可能地满足林则徐的胃口,满足了他的要求,也就有了把柄,今后可以往中国运更多的鸦片,不愁损失补不回来。

过了一个多月,外国人还不肯交烟,林则徐生气了,下令断绝出海交通,派兵把十三行围困起来,撤出行里的中国人,禁止人员出入,还不许中国人卖粮食给他们。

十三行里住有350多个外国人,英国政府派来的商业监督义律也在里面。他们这些洋人在里面自己做饭、打扫卫生,虽有吃的,但也是勉强度日。因为路途远,义律无法得到英国政府的支持,只好屈服。但他耍了个滑头,说鸦片损失将来由政府处理,由他以英国商业监督的名义给每个商人开收据。英商们一听乐坏了,这等于是把鸦片送给中国人,再从英国政府那里拿钱,哪有不从的理儿,简直是打着灯笼也难找的好事儿。

英商把所有的鸦片都交了出来,林则徐便解除了对他们的包围;同时,张罗着销毁这批鸦片,外国人不相信,以为他借题发挥,想为自己捞一大笔财富。洋人们认为,那一大批鸦片值很多钱,他林大人不会不知道吧。可他们想错了。1839年6月3日,林则徐下令销烟。销烟时,先将海水注入池内,再

义律

虎门销烟

把盐放进去;将鸦片切成4瓣,放入水中;再倒入大量的石灰,石灰遇水沸腾,兵丁执耙搅拌,便可将鸦片全部溶化。等海水退潮时,打开事先留下的洞门,鸦片溶液便会随潮水卷入大海。用这种方法,前后销了23天,一时间,虎门海滩恶臭冲天。

事后,林则徐向朝廷奏了一道销烟折子,道光皇帝看后十分高兴,亲自写下了这样一句话:"可称大快人心一事。"

对付英国人，琦善有两下子

销毁鸦片后，林则徐又抓住"甘结"（保证书一类的东西）不放，一定要英国商人签字画押。他要求英国商人不仅对自己的船负责，还要对别人的船负责；不仅对英国人负责，还要对所有国家的人负责。英国商人不敢答应，心想万一哪天船上有人夹带鸦片，自己可就没命了。林则徐认为义律是这帮人的头儿，要他签字，义律知道这是"连坐"，坚决不从。他告诉林则徐说：我不能代表那些人，就算英国女王也代表不了他们。义律提出可以"货尽没官"，但绝不能"人即正法"，但林则徐不同意，一定要砍脑袋。

"甘结"的事儿正僵着呢，几个英国水手与中国人打架，一个叫林维禧的中国人被打死了，英国水手赶紧花钱私了。不幸的是，两天后，义律知道了，一面派人调查，一面给受害人家属赔偿。更不幸的是，林则徐也知道了，立即要求义律交出凶手。义律没听他的，他知道中国衙门的审判方式还是中世纪的水平：先大刑伺候，再砍脑袋偿命。他提出设一个英式衙门审判，请林则徐带人来观摩，林则徐没有接受。后来，义律自己把人给审了，判处五名水手分别监禁三至六个月不等，并处罚金。

林则徐很生气，后果很严重。他再次封锁十三行，断水断粮，逼义律交人。这时，几大走私贩子已经回到伦敦，上窜下跳的游说已有了初步效果——英国政府和人民开始同情他们了。

林则徐第二次封锁十三行的消息传到英国后，英国上下群情激愤，对华动武的声音不绝于耳，但议会辩论时，就出兵与否起了争执。动武派们说：中国人以优越人种、天朝上国自居，对英商横加侮辱，屡次侵犯人权，危及无辜，并影响了鸦片之外的贸易；中国的法律仿佛是专门为贪官勒索设置的，既无法执行又荒谬野蛮，与中国进行贸易要交比关税高得多的保护费，对于这样野蛮的民族，讲道理是行不通的，只能狠狠地打。和平派们则认为："你们走私，你们活该"，政府不应该管他们的损失，不能保护违反他国法律的走私行为。英商狡辩说：鸦片贸易怎么看都不像是走私，来接头的不是政府官员，就是清朝水师。公说公有理，婆说婆有理，谁也说服不了谁，就开始投票，投票结果是271∶262票，动武派多了9票。

在广州行医的美国人伯驾，看出了问题的严重性。伯驾为林则徐治过疝气，对林有过一定了解，似乎也有了点儿感情（他本来准备送林则徐三样礼物：一本《各国地图集》、一部地理书、一架地球仪，谁料林则徐要他先写"申请书"，意思是给他送礼是荣幸，要先请示，他答应了才行。伯驾听了很生气，拒绝再送）。伯驾给林则徐写信，说林则徐已经得罪了英国，英国在世界各地占领了许多国家，同样也会占领中国。伯驾还说，他愿不惜个人生命安危，采取一切手段，帮助中英两国恢复和好。林则徐收信后，没有当回事儿。

英国人磨刀霍霍，大清国的官员们却还认为，英国以与中国进行贸易为生，他们的货物如果不在中国卖，就没有地方销售；英国钟表之类的玩艺儿，中国人可以不需要，但中国的茶叶和土丝，英国人无论如何也少不了。因此，英国人绝不会傻到对华发动战争，自断生路。林则徐也向朝廷做出英军不敢侵犯的误判。当大清帝国陶醉在"中国为天下共主"的幻觉中不能自拔时，英国人打过来了。

英军总司令及全权代表懿律（此懿律非彼义律，二人不是同一人，

伯麦

也不是亲兄弟)、海军司令伯麦,乘坐装有74门大炮的旗舰"威利士厘"号,抵达澳门湾附近的拉庄。同时,由49艘军舰及4000多名官兵组成的英国侵华远征军也从印度出发,陆续抵达广州海面。在对广州实行全面封锁后,懿律引兵北上,占领定海,再率主力舰队来到大沽口。此时,直隶总督是琦善,他是一个比较精明的人,先派人了解了英军的装备,心想如果英国人的家伙不如我们,就与他们干一仗,让他们有来无回。但细作回来报告说,英国人船坚炮利,威力远在中国的之上,简直没有打胜的可能。细作将所见一一禀明,琦善越听越没有底气,再三思虑后,决定"抚"夷(反正这个法子过去也用过,只不过"抚"的是周边国家)。

懿律派人把英国外相《致中国皇帝钦命宰相书》呈给琦善,让他再往上转达。《致中国皇帝钦命宰相书》批评林则徐残暴武断,说他"亵渎了大英国家威仪""轻视大英国家特委管理领事"的尊严,要求清政府:为英国申冤,赔偿货(鸦片)价;赔偿洋行商人欠款和军费;两国官员及文书往来平等相待。

《致中国皇帝钦命宰相书》当天就被快马加鞭地送到了道光皇帝的手中。第二天,道光皇帝令琦善向懿律宣告朝廷意思:查办林则徐等禁烟人物,平息事态。

琦善得到圣旨,更加觉得他的抚夷思路是正确的,并一厢情愿地认为,英国人只是痛恨林则徐不近人情,要皇帝替他们伸冤。他对懿律说:林则徐查禁烟土,措施失当,没能体现大清皇帝的圣明,现在你们来了,皇帝一定会查明事实真相,治林则徐以重罪,为你们申冤。但烧烟的事儿,发生在广东,在天津没法儿处理,贵统帅应带兵南返,皇帝再派新的钦差大臣到广东查办。对赔款要求,中国多少会给一点儿,好让你有面子回国。对于变更通商制度,事情解决以后,你们的人可照旧通商,用不着变。懿律也不愿在北方打仗，况且这时的天津正是滴水成冰的严冬，海面上寒风刺骨，英军士兵冻得像缩头乌龟，没有战斗力，所以懿律答应了琦善，同意南撤广东谈判。

道光皇帝又高兴起来，认为琦善会办事儿，凭三寸不烂之舌竟能说得敌人退兵三千里以外，比林则徐更有能耐，于是下旨革林则徐、邓廷桢的职，由琦善去顶替。

琦善捧着圣旨到了广州才知道，英国人来者不善，不但要赔款，还要求割地或加开通商口岸。琦善认为与其割地，不如加开通商口岸，但朝廷不答应。琦善是一个圆滑的人，知道英国人不好惹，皇帝更是得罪不起，所以就拖，以不变应万变，不急不躁，与英国人讨价还价。英国人提出军费赔偿，琦善坚决拒绝：你们自己要派军队来的，又不是我们请的，为了防你们，我们自己也进行了军队调动，花费的银子比你们还多，我们向谁索赔？！英国人提出行商的欠款要由清政府赔，琦善说：一码归一码，欠款应由行商来赔，与政府没有关系，不要弄混了。英国人要求赔林则徐销毁的鸦片钱 2000 万银圆，琦善不答应；英国人减为 1600 万，琦善还不答应。琦善先答应给 300 万，后来加至 400 万、500 万。英国提出退还定海，但要把香港给他们。琦善不答应，说：香港不是什么重要的地方，本来无关紧要，但你们夷人到了那儿，拉帮结伙，危害一方，我们不好防备，所以不能给。英国人提出中英官吏平等交往，琦善很痛快地答应了，他认为这是虚的东西，不过是彼此点个头、哈一下腰的事情，没什么大不了的。

实事求是地说，琦善是一个有外交才干的人，每次谈判都能将成本降到最低。最后谈定：烧的大烟赔偿 600 万银圆，分 5 年付清；香港断不能给，但可以考虑增开两处通商口岸，先开厦门，但只准在船上交易，不许上岸。

琦善费尽心机谈来的成果，朝廷却不同意，琦善只好战战兢兢拖日子。他心里清楚，这不是办法，他现在两头不是人，只好求佛祖保佑，挨过一天是一天。他最怕的是朝廷，他知道英国人不会要他的命。英国人看出了琦善打的鬼主意，立即占领大角和沙角，给他点儿颜色看。琦善只好硬着头皮再谈。这时形势发生了变化，主动权在英国人手中，琦善在谈判时不得不让步：中国赔款 600 万银圆，割香港岛给英国，中国在香港设关收税，给予英国平等待遇，广州复市（这个谈判结果被后人称为《穿鼻草约》）。道光不答应，把琦善革职逮捕，拟斩首监候，秋后处决，家产查抄入官。

在大牢里的琦善，对自己的性命并不太担心。他知道清军打不过英军，等劳民伤财打了败仗，英国人的口会开得更大。那个时候，皇帝就会明白，还是当初他谈的损失更小。到那时他不但性命无忧，还能接着当官儿呢。

历史上，曾有人认为他是一个卖国贼，得了英国人的好处，甚至还有人说他得了上万两银子，但都没有真凭实据。不过从他谈判的结果和英国人对《穿鼻草约》的态度来看，他对朝廷还是忠诚的。但因为他是第一个了解英军船坚炮利并认为清军没有胜算的人，长了外国人的志气，灭了自己同胞的威风，所以不能被原谅。

对于《穿鼻草约》，英国政府也不满意，撤了懿律的职，另派璞鼎查来华。璞鼎查一到中国，就以英国全权公使大臣兼管中华领事的名义，宣布香港、定海为自由贸易港，并发布告示：香港、定海等海港，为洋船来往之区，商船可以任便贸易；在未奉到英国女王谕令前，各国船只不用缴税。告示还说，厦门港已被英军占据，各国船只前往鼓浪屿洋面交易时，可以受英军保护。

璞鼎查

道光皇帝从全国各地抽调大兵，开赴广东去打英国人。那时，英国军队经常在世界各地烧杀劫掠，颇有战斗经验，加之武器又先进，仗打得很顺手。清军却是金玉其外，败絮其中，武器装备还是许多年前打吴三桂时用的（世界上最早的热兵器是宋朝人制造的，直到元末群雄割据时才大量使用。朱元璋能够统一天下，与此有很大关系。据《火龙神器阵法》记载，当时已有 38 种热兵器。

此后，基本没有大规模使用过，主要是因为枪炮在大漠战争中发挥不了太大的作用。塞外没有城池，明军的大炮不能发挥所长，尽管有当时世界上最先进的热兵器，也始终未能消灭敌人。热兵器在热带森林战中发挥的作用也不理想，使明朝人失去了对热兵器改良的热情。17世纪初，东北的满族人建立政权，明朝终于出现了热兵器可以发挥作用的劲敌。明朝人聘请洋人协助铸造红夷炮，运到北方前线。在"宁远之战"中，红夷炮发挥了重大作用，努尔哈赤为炮火所伤，满洲军大败。领教过厉害后，满族人开始仿制，铸造了"天佑助威大将军"大炮，与明朝的军队对轰。入关之前，满族人造出比明朝火炮更威猛的"神威大将军"大炮。本来，到康熙二十年即1681年平定"三藩之乱"时，中国的热兵器技术已接近西欧国家的水平，但此后却没有对枪炮再改进。这就应了一句古话——"生于忧患，死于安乐"），对付老百姓绰绰有余，与英军打仗却不堪一击。没多久，英军就打到了南京城下了。

1842年8月29日，耆英、伊里布、牛鉴三人到英国军舰"康华丽"号上，与璞鼎查签订《南京条约》（也称《江宁条约》），条约文本共4册：以两册加盖双方钦差大臣关防印信，双方各执一册；另两册等接到英国女王复文后，再由中英双方君主加盖御印（英方是女王签名），并各执一册为据。条约的主要内容是：割香港、赔白银、开五口；赦免一切在华关押的英国人；对那些和他们有接触的中国人（也就是"汉奸"），不能秋后算账（英国人保护和他们做生意的"汉奸"，"汉奸"们感激涕零；也正是

签订《南京条约》

这些"汉奸",又随英国人到了上海,使上海很快成为晚清经济中心——这是后话);确定关税,不准敲诈勒索英国商人;取消行商制度。还有就是双方政府来往平等,不能再用训孙子的口气和英国人说话。无论怎么看、怎么对比,《南京条约》都远比琦善签订的《穿鼻条约》损失大。

总体来说,在这个"不平等条约"中,除了打开贸易壁垒、促进中英平等交往、防止敲诈勒索之外,割让香港岛和允准英国在通商口岸的领事裁判权,才是有损中国主权的条目。但当时各级官员并不看重这两条,他们最不能接受的是与英国人平等交往。

第一次鸦片战争[①]后,清政府把香港岛割给了英国,香港岛在一段时间内,成为英国人走私鸦片的乐园——运输鸦片的船只进出自由,买卖更加方便。对此,清政府只能睁一只眼闭一只眼,再也不敢下令禁止。中外烟贩有恃无恐,走私更为猖狂。为数众多的走私船在香港水域云集,仅专门走私鸦片的飞剪船就有80多艘。

鸦片战争失败,对中国的知识分子冲击很大,他们怎么也想不通,引以为豪的天朝上国,竟被一个"蛮夷之邦"打败了!少数知识分子开始反省,觉得西方的坚船利炮比我们的木船大刀厉害,要对付洋人,就要师洋人的长技,也就是吸收西方高明的技术,以夷制夷。这是中国迈向现代化的第一步。

鸦片战争不仅仅是军事入侵,它还伴随着中西文化的激烈冲突。本来,中国的概念是指华夏,与之对应的一个概念叫"夷"。以华夏自居的中国人,觉得四方夷人和野兽生番没有什么区别。当时,中国四周都还是游牧民族,他们过着原始、落后的生活,文明开化程度不高。鸦片战争前,大清国的士大夫们把西方人称为"洋夷",认为中国是泱泱大国,之外的人都是野蛮人;而且我行我素,固执地奉行以不变应万变,"天不变、道义不变、祖宗之法不可变"的法则。如果不是西方的洋枪洋炮打开了中国国

---

① 1840年4月25日的《泰晤士报》,把这场战争称为"鸦片战争",此乃"鸦片战争"一词的来历。

门，中国还不知道要洋洋自得多少年。所以说，把"帝国主义"看成是"万恶之源"，有以偏概全之嫌，因为它们在向中国耍枪弄炮和走私鸦片的同时，把民主、人权、妇女解放等思想也带了进来。

中英在南京谈判中，有一些花絮值得说道一下。

中方代表问璞鼎查：为什么你们本土不禁止栽种鸦片？为什么要拿鸦片来毒害我们？璞鼎查回答说：禁种鸦片不合英国宪法，所以做不到。即使英国政府禁止鸦片种植，对中国也毫无益处。因为中国人有吸食习惯，既使英国不种了，别的国家也会大量种植。鸦片问题应由你们自己负责，假使你们的人民不染上这种恶习，假如你们的官吏廉洁守法，鸦片就不会到中国来。所以说，英国人种鸦片，责任在中国。与其如此，不如将鸦片进口合法化，富人和官员都可参与，这样既可限制走私，又能让利给百姓，还可以增加税收，利国利民！

璞鼎查又教育大清朝的代表，英国强大的真正原因是"自由的制度和商业"，中国也应效仿。这话等于对牛弹琴，说了也白说，那几个谈判大臣根本听不懂，即使听懂了，也不敢对皇帝建议。

大清帝国的谈判代表又说：鸦片就算合法，也难保英国商人不偷税漏税，如果英国政府能先代交500万两（银）税款，就向皇帝建议鸦片贸易合法化。璞鼎查摇头，说：英国政府不是傻瓜，不会帮你们收税。

璞鼎查发现彼此根本说不通，干脆不再提鸦片的事，因为他知道，提不提"鸦片"，这事儿都会进行下去。所以，尽管《南京条约》中没提"鸦片贸易"，但之后的二十年中，"鸦片贸易"仍以走私形式继续着。

1846年10月，美国第一任驻华公使义华业抵达广州，看到英国人恣意践踏中国主权后，认为英国人要把中国变成"第二印度"。于是，他请求美国政府联合欧洲其他列强加以制止。义华业多心了，英国不会这么做的，他们知道独吞中国太难；而中国当时又是高度中央集权的统一帝国，很难分而治之。

太平军起义后，英国欲联合法、美两国，以武力胁迫清政府开放更多的沿海和内陆港口。美政府因疑其动机，不愿加入，法国则欣然加入。

《中英天津条约》终于使鸦片贸易合法。本来《中美望厦条约》明定鸦片为"违禁品",美商不得参与。1858年,中美天津续约谈判时,美国公使列卫廉原拟重续此条,但被英使额尔金阻止,此条被删除(这个美国人的耳根子太软了)。

谈判大臣"无知无畏"

外国人在广州一个地方通商，已经让清政府手足无措了，又搞五口通商，将来不知道会发展成什么样子（很多年以后，仍然有人认为，五口通商为清政府埋下了一再受辱的祸根）。当时，清政府认为五口中，福州最为要紧，对上海的开放不怎么当回事儿。对于香港，全国上下，满朝文武大员，远不如英国人了解得多。如果不是英国人要香港，朝廷还不知道香港在哪儿呢，他们反对割地，也不是反对割香港。在今天看来，协定关税和治外法权，才是不平等条约的核心，这两条才是日后中国备受欺凌的祸根。但当时没有人这样想，朝廷认为，所谓的治外法权，不过是让夷人管夷人，对政府来说是又方便又省事儿的好办法。至于协定关税，也认为是个省事儿的办法，把各种货物的税率写在条约上，省了争执。谈判大臣伊布里、耆英等人也知道，粤海关的腐败是引起战争的一个重要原因，把税则写在条约上，贪官们就不能再贪污受贿了。总之，无知的清政府在整个事态的发展中，争取了不该争取的，放弃了不该放弃的，严重损害了中国的利益。

《南京条约》签订后，朝廷派伊布里去广东，与璞鼎查商谈海关税则的制定事宜。伊布里不情愿去，他认为"洋务只可粗枝大叶去画，不必细针密缕去缝"。他一到广州，璞鼎查就给他一个照会，说不愿意制定过高

耆英

的税率,因为过高的税率无形之中会助长走私。

1843年1月23日,伊布里复照璞鼎查,让他派有经验并熟悉商务的官员,查明英国商人在中国进出口货物的纳税情况。他的这一要求,对英国人来说是求之不得的。正是这一要求,使得清政府在税则谈判中始终处于被动局面。

谈判进行了一半,伊布里"挂"了,耆英接着来谈。耆英比伊布里还糊涂,而且还很媚外。在香港谈判期间,耆英百般讨好璞鼎查,要认璞鼎查的大儿子为干儿子,甚至连中文名字都替他想好了,叫"弗里德里奇·耆英·璞鼎查";另外,耆英还想交换自己老婆与鼎查老婆的照片,璞鼎查都没同意。耆英离开香港时,给璞鼎查写了一封告别信,说在商谈和处理事务中,彼此心心相印,将来人们会说,我们虽身为二,心实为一。

英国人提出的税率为百分之五,清政府没有异议,认为比过去的税率高一个百分点,还能多收些税。1843年7月22日,新税则在香港公布,成为中国历史上第一个协定税则。

因为清政府的愚昧无知,法国、美国不费吹灰之力,便得到了英国在中国享受的各种特权。美国强迫清政府签订的中美《望厦条约》第二款规定:倘中国日后欲将税则变更,须与合众国领事官议允。如另有利益及于各国,应一体均沾。中法《黄埔条约》第六款规定:"如将来改变税则,应与法兰西会同议允后,方可酌改。"根据这两个条约,中国又失去了税则修订权。根据片面最惠国待遇条款,中国让与某些侵略国的任何权益,同样应给予其他国家。从此,如果不是每一个侵略国家都同意,清政府不能独自修改税则。有一个叫莱特的外国人说:他们(清政府)好像完全没有体会到,他们正在签订断送中国关税自主权的证书,从而为他们的国家招致了无穷后患。

一家欢乐一家愁

英国人发现，除了鸦片，中国人似乎没有什么东西愿意买；他们带来的钟表、玻璃器皿等，在中国都是奢侈品，除了皇室及少数达官贵人消费外，基本没有市场；即使是棉织品，销售量也不大。而中国出口的主要是茶叶、丝绸、瓷器等，尤其是茶叶，英国人很喜爱，进口量不断增长。1750年，英国从广州进口茶叶21534担；18世纪末，每年进口茶叶增加到15万担。在相当长的时期里，英国等西方国家与中国的贸易，一直处于逆差状态，而且"差"得越来越大。到19世纪20年代，一年流入中国的银子有400万两。正因如此，一些糊涂蛋官员想当然地认为，英国人离了茶叶就活不下去了，甚至向皇帝建议：停止向英国人出售茶叶，让英国人痛苦的死去吧。

那时，各国都认为金银输出是有害的，千方百计地增加金银输入。英国人更是挖空心思，寻找中国人喜欢的东西。经过多年摸索和培育，他们终于有了突破——让中国人喜欢上了鸦片。于是便大量向中国走私鸦片，赚取不义之财。19世纪30年代中期，英国输入中国的鸦片价值，超过丝绸和茶叶的总和，彻底改变了中国贸易顺差地位，白银开始大量流向英国。

《南京条约》签订后，输入中国的鸦片又有明显增加，平均每年增长7.4%。1846年，就一般商品来说，英国对华出口总值1000万两，从中国进口的商品总值2000万两，中国有1000万两的贸易顺差；但这一年，英国对华出口鸦片收入2300万两，中国实际上有1300万两的贸易逆差。后来，鸦片贸易合法化，国内一些省份也开始大量种植。至甲午战争前，中国国内的鸦片产量，已超过进口鸦片的数量，清政府专门设置了土药统税大臣，总局在湖北——清政府自己也把鸦片当成了摇钱树。

仅以当时中、英、美三国的贸易关系为例，可以说明中国受到何等程度的危害：英国向美国购买棉花，向中国购买茶叶，美国向中国购买茶叶，而中国只从英国购买鸦片。三方贸易关系中，英国受益最大，中国损失最大。鸦片成本低，把鸦片卖给中国时要价却很高，中国要付大量的银子。英国通过赚取的差价，到美国收购棉花，美国又拿出售棉花的收益到中国购买茶叶。

白银外流，造成中国国内物价上涨、铜币贬值，清政府财政收支困难。据估算，1773年至1949年，中国损失在鸦片上的财富，大约为75亿～85亿两白银；仅晚清数十年间，输入的鸦片总值就大约有45亿两。白银的外流，造成银贵钱贱，给老百姓带来了沉重的负担——老百姓出卖劳动力得到的是铜钱，购买货物及缴纳赋税时则必须用银两，"银贵钱贱"使他们的负担加重了30%～60%。

黄爵滋看出了问题的严重性，给皇帝上奏说：中国有用之财，填海外无穷之壑，易以害人之物，渐成病国之忧。

鸦片的大量输入，带来的另一个严重后果，就是毒害了中国人的身心健康。

本来鸦片作为药品，有消脓肿、止痛、治外伤和镇静等作用，但过多使用，会抑制人的食欲。穷人家的孩子服食鸦片后，会减轻饥饿感，节省家庭食物支出。导致小孩子营养不良，萎缩得像小老头儿，或者干枯得像一只猴子。还有一些富裕人家，为防止孩子外出鬼混，以鸦片为诱饵，把孩子圈在家里吸食。

鸦片是麻醉剂，上瘾不易戒除，使人体力日衰，意志萎靡，最后摧残人命。这样，鸦片就从天使变成魔鬼，使中国人变成了"东亚病夫"。

在中国，鸦片商人不但隐瞒鸦片的毒害，而且宣传鸦片是"福寿膏"，长期吸食，可以长寿。刚开始，吸食鸦片的都是富家子弟，后来上到官府缙绅，下至平民百姓，都争着抢着吸食（1835年，中国吸食鸦片人数约200万人）。当时的北京，皇亲贵族、各色京官、宫中侍卫、内廷太监都有瘾，个个都是"鸦片鬼"。

1729年，雍正皇帝曾下令除药用外，禁止进口和销售鸦片，违禁者枷号一月，发配充军。这是世界上第一个禁烟令。此后，这样的禁令还下过不少，却屡禁不止。因为一大批官吏本来是瘾君子，灵魂早被鸦片腐蚀了，对朝廷禁令不重视，甚至公然对抗。1837年，两广总督邓廷桢的水师副将韩肇庆，以水师船代运鸦片，朝廷对他非但不惩办，反而擢升他为总兵，赏戴孔雀翎。这事儿，当时造成极坏的影响。

1847年，马丁在《论中国的政治、商业和社会》中说："同鸦片贸易比起来，黑奴贸易是仁慈的。"黑奴贩子把掠来的非洲人视为自家财产，损害他们就等于减少自家财产，因此不会故意伤害黑人的肉体。英国的鸦

街头上吸食鸦片的穷人

片贩子则不同,腐蚀、败坏和毁灭他人的精神世界后,还折磨他们的肉体。

鸦片在英国也曾被广泛使用,被认为是进入梦幻的"神药",但人们很快认识到鸦片不是什么好东西,能使人失去阳刚之气和现实感,于是呼吁禁止。1837年,维多利亚女王登基,开始制定法规限制,并成功地禁止住了。"己所不欲,勿施于人",英国政府在本国禁止销售和吸食鸦片,却向中国大力推广,甚至不惜发动战争,明摆着是居心不良。

对华输入鸦片,为英国1850年后摆脱金融危机,并为持续半个世纪的"黄金时代"提供了可能。白银的大量流入,使英国工业进入一个空前高速的发展时期,鳞次栉比的工厂建立起来,并吸收了大量游民和失业者。有人据此说,是鸦片贩子拯救了英国社会。

因走私鸦片发了横财的渣甸、马地臣成为英国家喻户晓的人物,并在国会里占有一席之位。

说19世纪的英国是人类历史上空前绝后的大毒枭,一点儿都没有冤枉它。

英国的历史学家和政治家竭力回避"鸦片"战争一词,将鸦片战争称为通商战争,或者是一场偶然的、地方性的、不值得一提的战争。可当初鸦片却像金币一样,让英国人热血沸腾。

林则徐曾对英国人说:"彼国不食鸦片,而专欲独害中华,彼国不来银两,而专收内地银两,其处心积虑,不堪设想。"

有一个叫格莱斯顿的英国人(有良心的英国人之一),在议会中说:"在人类历史上,从未见过一场起因就不公正,又刻意要让国家蒙受永久道德羞耻的战争……高高飘扬的英国国旗,被用来保护一桩邪恶贸易。"

有人说鸦片战争是意识形态之争,有些不着调儿,东印度公司哪有什么意识形

英国大鸦片贩子威廉·查顿

态；如果有，也是会计室里的意识形态，英国政府也是如此。

少数有良知的传教士，对英国大规模的鸦片走私感到不安，说鸦片损害了这里人民的健康和道德。英国报纸刊登了一篇中国见闻，说"一些人躺着，神色颓唐，脸上露出一丝傻笑"。英国政府也心知肚明鸦片的危害，但他们认为，钱比中国人的命重要。

额尔金对自己卷入这种肮脏勾当有一种犯罪感，他在日记中写道："为减轻自己的犯罪感，把中国人说成愚昧、邪恶的野蛮人，说'鸦片战争'是文明对野蛮的圣战。"他给妻子写信说"我们这些人，一副凶神恶煞的样子，野蛮残忍地以武力闯入有悠久历史的神秘大地的深处，我们做的这一切都是为了谁呢？我多么希望有能令自己满意的答案啊！"

额尔金

鸦片贸易改变了世界格局，大清帝国从此走向衰败。俄罗斯开始向东扩张，抢走中国大片领土。其他列强步英俄后尘，纷纷东来劫掠，世界经济中心由东向西转移。

中国衰败，又使日本趁势崛起。

日本政府从中国的灾难中，看出了鸦片对一个民族的摧残，并由此吸取教训，努力保护国民免受鸦片的毒害。同时，日本人又利用鸦片的副作用，损害中华民族的阳刚之气和道德意识——他们在中国开了许多烟馆，雇用朝鲜人经营，并告诉那些打工的朝鲜人，严禁卖鸦片给日本人。

第二章 倒霉的上海道台

英国人开始没看上香港

英国人对上海的认识，远比清政府深刻。

1832年的一个外事活动最能说明这一点。这一年的3月，英国东印度公司商业代表胡夏米经厦门、福州、宁波，一路来到上海并住了18天。他在对上海进行考察的同时，将船上的货物卖了不少。临走的时候，上海道台吴其泰让人传话说要见见他，胡夏米很乐意，便跟着传话的人去了，七拐八拐的，来到一座破寺庙前。他正纳闷的时候，传话的人对他说，进去吧，道台大人正在等你呢。胡夏米半信半疑地走进去，果然看到吴道台正在那儿踱步（在哪儿见不好，非要跑到郊外的一座破庙里，这事儿，现在想还叫人匪夷所思呢。有人考证说，当年的道台衙门，就设在这座破庙里）。

见面也没什么重要的事儿，说些客套话，直到要分道扬镳时，胡夏米才说了几句自认为很重要但吴其泰认为是废话的话：

一是上海是做生意的好地方，这里是长江出海口，将来会成为东亚商业中心，无论中国人还是外国人，都能发大财。

二是上海与内陆交通便利，绿茶、红茶、生丝运到这儿，比运往广州的开支要省得多，如果上海开放，几年内，就可以赶上广州，成为比广州还重要的城市，发展前景十分好。

吴其泰告诉他:上海是大清国的一个富裕县城,我们只把它当县城治理。

会见结束后,胡夏米乘船前往朝鲜,继续卖船上的货物。

这次会面后,吴道台还是吴道台,上海县城还是上海县城,没有任何改变,倒是英国人有了变化——他们看上了上海边上的舟山。

第一次鸦片战争前,英国完成工业革命,拥有了"世界工场"和"海上霸王"称号,一直忙着对外扩张和逼着人家与他们做生意。很不幸,大清国也被他们相中了。

曼彻斯特商会向英国政府说:中国对英国的商业太有意义了,能为英国提供销量庞大又迅速扩张的市场。如果每个中国人的衬衣下摆长一英寸,我们的工厂就得忙上数十年!但中国却不对外开放。

1834年,英国政府废除东印度公司对华贸易权,使政府成为对华商业利益的直接代表,并委派律劳卑担任"驻华商务总监督"(第一任),代表英国政府常驻中国。律劳卑动身前,外交大臣巴麦尊找他谈话,说:你的主要任务是设法将英国对华的商业扩展到广州以外。

律劳卑来中国前,香港已成英国鸦片的走私基地,从香港向内地走私,已熟门熟路了。尽管如此,律劳卑对香港并不感兴趣,倒是对舟山情有独钟。

1838年12月,接替律劳卑的义律,更是力主占领舟山,他向英国政府建议:立即占领舟山,再强迫中国割让。

"虎门销烟"后,也就是1839年10月1日,英国政府决定对华开战,外交大臣巴麦尊指示义律:"东方远征军"抵达中国后,要占领舟山群岛,使其成为远征军和英国贸易的根据地。

1840年6月下旬,"东方远征军"到达中国,封锁珠江口后,大举北上,直奔舟山,

巴麦尊

并发动战役,摧毁中方炮台,占领定海。同年7月14日,义律在舟山发布告示,宣布对舟山实行"管理"。

由于舟山人对英军的占领很反感,加之英军水土不服,疫病流行,死了不少人,再加上兵力有限,义律也像中国的将领一样,来了个"将在外,君命有所不受",从舟山撤军南下占领香港。

英国政府认为香港是一个荒岛,没有什么价值,所以维多利亚女王听说舟山丢了,鼻子都气歪了,说义律的决定是不可思议的奇怪行为。英国政府也十分恼火,将他撤职召回。

英国军队占领香港

义律被撤职后,英国政府改派璞鼎查为全权大臣,率军来华扩大战争,准备重新占领舟山。巴麦尊对璞鼎查说:现在占领了香港,也不能取代获得舟山的必要性。巴麦尊还交待璞鼎查,尽管香港不怎么样,也不要放弃,这是既得利益。

璞鼎查率英军重新占领舟山后,果然没有撤出香港。

英国将战争目标首先选定为舟山,是为了将生意沿长江做到内地。英国人坚信,以舟山为基地,进入长江流域的汉口,再由汉口将商品四散开来,让中国的千家万户都吃他们的、用他们的、穿他们的。

只是后来,因舟山老百姓反抗激烈,英军仍然不能适应舟山的生活环境,加之战线也拉得太长,难以久居,所以,英国人不得不再次放弃舟山,一心一意"占领"香港。

英国人在租界里设海关

《南京条约》签订后,英国最先在上海开设领事馆,领事馆设在居民区,首任领事是炮兵上尉巴富尔。

"春江水暖鸭先知。"商人们知道,哪儿有英国人,哪儿就能发财,于是福建、广东的商人和买办们,纷纷来上海安营扎寨。

上海的地方官们对巴富尔的到来持不欢迎态度,但又无可奈何。因华洋同居,不可避免地会发生一些摩擦,双方也都赚过便宜和吃过亏。时任上海道台的宫慕久意识到,这样下去不是个事儿,容易出命案,若老百姓一时恼怒打死个洋人,自己就吃不了兜着走了。

宫道台为避免市民与洋人冲突,仿照广州十三行的做法,采取隔离政策,给洋人划一片地,建一个外国人居住区。这是上海租界的雏形。

1845年11月29日,宫慕久公布了《上海土地章程》,根据这个章程,巴富尔买了138英亩土地,按照英国的建筑风格起屋造房。

第二年,巴富尔又向宫道台提出,要在英国租界的中心区设立江海新关,收取洋商的关税。

宫道台没怎么犹豫就同意了,他之所以如此爽快,是因为他以及他那个时代的官员,没有认识到海关的重要性。他们认为,洋人在他们的租界里收他们洋人的钱给大清国,不是什么无理要求。

这样，原来的江海关被江海新关取代。

那时，来上海做生意的洋人，不是投机分子，就是不法商人。他们来上海，就是想实现他们的"中国梦"——"多快好省"地挣钱。有一个英国商人曾赤裸裸地说：我希望顶多三年发一笔财，然后走人，三年以后，上海无论是毁灭在火里、水里，对我来说都没有关系了。我来上海就是为了赚钱，赚得越快越多越好。

那时上海的港口管理混乱不堪，洋商难以忍受，于是想了一个主意。

1851年夏天，一个叫好博逊的英国人，将一份有众多洋商签名的帖子，送到时任道台吴健彰的案头。商人出身的吴道台看后有些为难，帖子上的要求出乎他的意料——洋人要他委任一个外国人担任港务长。他知道洋商的要求不是没有道理，港口混乱，隔三差五地发生事故，影响船只进出。但让一个洋人来管理，又事关大清国的体统，他不敢做主。

吴健章还没有拿定主意，外国领事们却宣布说，英国人尼古拉斯·贝利斯得到了吴道台的委任，将要走马上任。

尼古拉斯·贝利斯不负洋人们的厚望，一到任就公布了一套管理办法，港口秩序立即好了起来。

尼古拉斯·贝利斯是晚清第一个进入并管理中国政府部门的洋人。

与众不同的吴健彰

这里有必要说说吴健彰这个人。

吴健彰于1815年出生在广东香山（今中山），原名天垣，祖籍潮州。潮州人有做生意的传统，吴健彰继承了这种传统，并靠此发家。吴家世世代代都是穷人，他早年在广州从事的第一份工作很不体面——卖鸡。

这期间，吴健彰凭着自己的聪明才智，学会了说英国话，这在当时可是一样了不起的才能。其实，他的英语水平很一般，但他对外国人说英语的水平，比对北方人说普通话的水平要高一些。

1832年，吴健彰自己开了一家"公司"——同顺行，生意做得不算大，但颇为舒心。

林则徐到广州禁"烟"，少不了与外国人打交道，但随行的官员不但不会说洋话，连听都听不懂。十三行的行商们倒是会说，但林则徐认为他们早已和洋人打成了一片，心里向着洋人，让他们当翻译等于让"歪嘴和尚念经"。有人推荐了吴健彰，林则徐详细了解了他的出身和经历后，觉得他"根正苗红"正合适，会说洋话，年纪不太大，受到的毒害不重，生意做得也不大，可以信任。林则徐这样一抬举他，广东的官员们便依样画葫芦，常带着他去与洋商们扯淡。吴健彰一下子"火"起来了。

吴健彰十分精明，在给林则徐等人做翻译的同时，利用了一切可以利用的机会，使自己的生意越做越大。用今天的话说，有官方背景的他，一夜暴富，成了大款。

1843年的某一天，成为大款的吴健彰，心里萌生了当官的念头。当官不但可以光宗耀祖，出门有人前呼后拥，有人鸣锣开道，还可以吃喝玩乐不用自己花钱。于是，他浑身又充满了活力。但当官要考试，他的肚子里没有多少墨水。不过这不是大问题，有钱能使鬼推磨，他先用银子捐了个监生，打下做官的初步基础。吴健彰深知，这还远远不够，因为有钱人很多，这一招他想到了，别人也想到了。一句话，那个年代，具备他这种身份的人多如牛毛。

听说英国人在上海开设了领事馆，吴健彰便来到上海贩卖鸦片。因家资较多，兼善钻营，生意越做越大，1847年，他又拿出一大笔银子买了个江南候补道员。尽管如此，能否当上官、吃官饭，还要看自己的运气。据统计，那个时候，仅江苏省像他这样等着给官当的，就有好几万人。

不过，吴健彰有自己的优势，他有的是钱，可以一边等一边做生意。此外，那个"候补道员"的红帽子，也给他的生意带来不少好处。这顶红帽子，既能证明他财大气粗，又说明他有官方背景，同时，还让人产生幻想：说不定哪一天，他就真的成为官员，管到自己的头上。美国人就对他抱有希望。

吴健彰因为财力雄厚，又有官方背景，美商旗昌洋行便主动与他合伙做生意——吴健彰收购原料，旗昌洋行将货物运往国外销售。这是吴健彰的老本行，生意做得很好，财富滚滚而来。吴健彰在做生意的过程中，能够以双赢为目的，对洋人也不蒙骗，深得洋人信任。他出手大方，常做一些慈善事业和公益事业。更重要的是，他与各级官员时常走动，送些银子，官员们便常在关键时刻替他美言几句。这样，他便一直被官府所器重。

旗昌洋行

因"洋祸"得福

1848年,也就是道光二十八年,上海发生了一件事儿,让时任道台的咸龄丢了乌纱帽。

事情是这样的,英国传教士麦都思、慕维廉、雒魏林来上海已很长时间了,可他们的传教事业却没有进展(上海人对佛教情有独钟,对其他教派一概排斥)。他们认为清政府限制传教范围,束缚了他们的手脚,因而只有"走出去",才能改变这种惨况。3月8日,三个人来到上海郊区的青浦镇,准备传教。居民们见突然来了三个"洋鬼子",吓了一跳。尽管与上海中心区近在咫尺,但洋人却很少来,所以这里的居民看洋人,越看心里越堵得慌。

三个洋教士也不管那么多,见人就往人家手里塞传单或小册子(大概像现在路过街头路口,总有人往你手里塞小广告一样),围观看热闹的人越来越多,不一会儿,竟聚集了13000多人,这正是他们想要的效果。

本来他们不请自来,运河船工就很不高兴,见他们又向过往行人分发宗教材料,火气更大了。船工们不高兴,也是有原因的,当时,清政府决定漕粮改为海运,导致船工们失业,他们听说这全是洋人捣的鬼,对洋人早就恨的牙痒痒,现在见了洋人,气就不打一处来。有几个船工情绪失控，操起木棒和铁链，不由分说便打过来，可怜的洋大人被打得抱头鼠窜。传教士们穿着长袍，跑起来很不利索，身上都挂了彩。衙门的差役知道这事后，立即赶来，船工们这才收住脚步，三个传教士总算保住了性命。这个事件史称"青浦事件"，是上海发生的第一宗"教案"。

三人鼻青脸肿地回到上海，去找英国驻上海领事阿礼国告状。阿礼国本来见他们被打成这般模样，就已经上火了，又听了三人的诉说，更是怒气冲天，立即向上海道台咸龄提出抗议，并要求赔偿和惩罚肇事者。咸龄告诉他：三个传教士去青浦是不合法的，违背了条约，应该追究责任。阿礼国认为：青浦离上海只有一天的行程，不应该算内地，因而他们没有违反规定。

咸龄不想争论这个问题，他展开了个人外交活动（这是前几年他随耆英在广州谈判时学来的），派与外国人关系好的商人去找阿礼国说情，希望通过他们的"友谊"，大事化小，小事化了。阿礼国不吃这一套，通知他如果不满足要求，所有的中国漕运船只不得离开上海港，同时，英国商船停止缴纳税款。

咸龄不理会，决定拖一拖再说。咸龄施"拖"字诀，自有他的道理。这事儿，如果按英国佬的要求处理，会刺激本就不满意的船工们，惹恼他们，后果会更严重。要知道船工也不是好惹的，他们有帮会组织撑腰，弄不好就会引发骚乱或"起义"什么的。由于英国人封锁港口，运粮船不能开走，将会延误漕粮运送，朝廷怪罪下来他也吃不消。为此，他悄悄组织漕运船，想趁天黑将漕粮运走。英国人料到他会有这么一出戏，早做了防备，不但船没开走，阿礼国还找上门来，威胁说要带兵去天津；同时，还派人去南京找两江总督抗议。两江总督李星沅站得高看得远，知道这件事儿靠糊弄是不行的。英国人糊弄大清国可以，大清国糊弄大英帝国要付出沉重代价。李星沅立即令江苏布政史傅绳勋、按察使倪良耀、松江知府沈濂和吴健彰四人，成立调查领导小组，调查"青浦事件"。

不久，调查结果出来了，传教士是无辜的，应给予赔偿，肇事船工给予惩办。事态总算平息下来，但咸龄却因此丢了乌纱帽。

在处理这件事情时，吴健彰发挥了积极而重要的作用，以至于被认为是"夷务专家"。为此，朝廷下令新道台麟桂上任前，由他署理上海道台。

一家欢乐一家愁，"青浦事件"使咸龄因"无能"被免职，吴健彰却因此交了好运。

过了一段威风八面的好日子后，吴健彰渐渐上了官瘾，无奈正宗的上海道台麟桂来了，他只好交出权力。好在麟桂与老外打交道是外行，还要依靠吴健彰，于是便专门让他处理老外的事儿。

麟桂见吴健彰与洋人打交道得心应手，很是高兴，向上级汇报说：过去洋商不通汉语，任由领事馆的几个家伙胡说八道，常常闹出事儿来。如今，吴健彰会说英国话，用英国话开导英国人，效果甚好，很多难办的事儿，他一去就解决了。这样的人不用，是浪费人才。

麟桂从内心深处佩服吴健彰，觉得向上级汇报还不够，竟然不顾自己官微言轻，又向咸丰皇帝上了一道密折。他说广东人了解洋人，遇事心齐，洋人莫之奈何。福建厦门的兴泉永道台、江苏上海的苏松太道台、浙江宁波的宁绍道台，全部任命广东人担任，不但要用广东人，还要给他们升衔。

麟桂好心没有得到好报，不久，他也因洋人的事儿没处理好而丢官。咸丰皇帝降旨，任命吴健彰为苏松太道兼江海关监督，吴健彰一下子成为货真价实的四品大员。这事儿对于吴健彰，犹如天上掉馅饼。

如果简单地认为是吴健彰撞上了大运，那就有点儿对不起这位先生——实在是因为他具备了当这个官儿的一切条件：一是他有钱，在官方建有人脉关系；二是他会说英国话，一直和洋人合伙做生意，有与洋人打交道的宝贵经验，这是其他人不具备的；三是那个时候，大清国上上下下都认为，与洋人打交道是可耻的，有辱列祖列宗，但吴健彰思想解放，认为只要有利可图，不用管那么多；四是这个时候，大清国的对外贸易和外交重心从广州转移到了上海。既然这样，就应该有一个既愿意与洋人交往又有经验的人来管理上海。吴健彰可谓是当时上海对外方面的唯一专家。

但传统政治势力不待见他,原因有三点:一是他是商人;二是他的候补道员是用钱买的;三是他既是广东人,又是卖办,这种身份叫人联想到他是"汉奸"。咸丰皇帝不为所动,坚定地认为,这个道台由吴健彰来当最合适。单从这一点看,咸丰皇帝还是知人善任的。

上海流行广东话

从吴健彰的家世及他后来的发展轨迹来推测,他受过私塾之类的启蒙教育,不过时间不长,顶多一年半载。所以,他的文化水平基本就是现在小学或初中的程度。

一个只具有小学文化水平的人去做生意,靠着聪明和机遇,以及与生俱来的商业头脑,稍不留神掘一大桶金,发了大财,在那个商海还不太复杂、洋人也不太狡猾的时代,的确算不得稀奇。

吴健彰和许多广东人一样,老乡观念太重,而且重得有些不可思议。

首先,道台衙门和江海关署衙门里绝大部分的职位都给了广东人,使得衙门的官方语言成了粤语,不知情的外人,一脚踏进他的衙门,会怀疑自己一脚迈进了广东境内。不但衙门里广东人居多,就连他的700多名卫兵,也大多是广东人,有那么少数几个不是广东的,也是来自挨着广东的福建。

其次,他的政策是尽可能地为广东商人、买办服务。鸦片战争后,有一批广东和福建籍商人、买办(吴健彰也在这批人中),为了一个共同的目标——发大财,先后来到上海,被相似的生活习惯、相似的经历和目的维系在一起。吴健彰是这个利益集团的领袖,一直由他与旗昌洋行保持联系,所以说美国人有眼光,把宝押在他身上算是押对了。

1848年，吴健彰还是署理道台的时候，就开始清除其他省籍的人，用广东人顶替。这事儿，中国人没当回事儿，倒是他的美国朋友警惕起来。当时美国驻上海领事祁理蕴不无忧虑地说：在海关署和道台衙门，现任道台使自己置于众多的广东籍下属之中。他采用了一种具有威胁性的体制，开始了他的任职。如果我们在最初不予以制止，将面临一种促使雇员和商人行贿的体制。

美国人的担心是有道理的。不过，不久后新任道台麟桂走马上任，吴健彰靠边站了，美国人对他的印象才没有坏下去。几年后，他被小刀会捉住时，美国人念旧情，派人将他救了出来。

吴健彰被正式任命为上海道台时，曾打算恢复广州十三行的做法，建立一个"五行会体制"，掌管对外贸易，五个行会由具有不同行业商业背景的商人组成，由他向商人们发放许可证，给予贸易专营权。这简直就是以另一种形式恢复公行制度，引起了外国商人和领事们的惊恐。英国驻华贸易主管包令对阿礼国说：如果不采取有效措施的话，上海将成为广州。

广州十三行沿江风景

广州的十三行制度令外国人深恶痛绝，但中国的商人却对之感觉甚好，包括当了道台的吴健彰，认为那是他们最值得回味和留恋的岁月，时刻想回到那个美好年代。十三行商人出身、又被广东商人包围着的吴健彰，没有这样的想法才怪。

两个广东人的恩怨

该说另一个人广东人了,这个人便是刘丽川。

刘丽川对吴健彰来说重要,对中国的近代史也很重要。

二人是老乡,早年在广州时便是朋友,生意上也时常有来往。此外,吴健彰曾出手救过刘丽川。后来两人同到上海发展,再后来,交往渐少,其原因大概是吴健彰的特殊身份,先是候补道台,不久又成了货真价实的道台,要应酬的人太多了,无暇再和刘丽川见面和亲切交谈,而刘丽川似乎也不愿意讨好和巴结他,两人渐行渐远。

两人有许多相同之处,都是买办商人,都与洋人做生意,两人都有"当头儿"的愿望。不同之处在于,吴健彰的英语比刘丽川说得好,运气也比刘丽川好,生意做得比刘丽川大。吴有政治野心,刘有政治抱负,但他们实现心中理想的方式不同,吴健彰政治野心其实不算大,也就是上海道台。刘丽川的政治抱负要比吴健彰大,他要谋取政权。概括起来说,就是吴健彰梦寐以求地想当朝廷命官,而刘丽川则总想着杀朝廷命官。

吴健彰当道台时,洪秀全从广西一路杀到南京,封王称帝。洪秀全不过是一个穷书生,造反后居然当了"皇帝",君临天下。这两件事儿,对刘丽川和其他小刀会的首领是个刺激。于是,他们决定起来造反,响应洪秀全。

小刀会占领上海时的当票

1853年9月7日,小刀会起义,很快便拿下上海县城,上海知县袁祖德等人的"狗头"被拴成一串地掂来。刘丽川上前看过后,下令挂在城头示众。

道台衙门也很快被小刀会拿下来。吴健彰做梦也想不到,他的卫队早已被小刀会浸透了。吴健彰很容易就被捉住了,本来像他这样大的官儿,不但可以调动军队保护,而且还有几百人的私人卫队,想抓他不那么容易。

从这件事儿上,看出当初重用广东人的好处来了,由于卫队的人多为广东人,又念着他的好,不忍心杀他。如果不是卫队造反,小刀会和卫队间少不了一番撕杀,他会被攻入的小刀会砍下脑袋,然后掂着就走,这样就不会有以后的故事了。

卫兵们押着吴健彰往起义军指挥部去,沿途引来不少人驻足观望和喝彩(也有人叹息)。小刀会把上海最大的官给捉住了,这是大事儿,人们奔走相告。早有人报到了指挥部里,众首领们一听,也兴奋起来,一起走出院子,想看看平日里威风八面的老吴,此番是一副什么模样。

吴健彰早已没了往日的威风,却也没有到吓破胆的程度,虽不是气宇轩昂,倒也镇静。他朝那些人望过去,认出了几个熟人,第一个看到的是刘丽川,接下来是李少卿、李仙云,都是他的广东老乡。当他和刘丽川的目光相遇时,刘丽川低下了头,李少卿、李仙云则把脸扭到一边。本来,他从刘丽川那儿看到了一丝生的希望,但见了二李的态度,他知道自己离死不远了。

吴健彰被绑在一根柱子上,首领们又重新回到大厅,计议如何处置他。有人提议立即把他的"狗头"砍下来示众,刘丽川闭着眼睛,没有说话——他想起当初自己在广东落难时,求到吴健彰门下(吴健彰当时是官府的红人),人家老吴二话没说,把他的这档子事儿给摆平了,救了他一命，那时的一切还历历在目。刘丽川的负疚感越来强烈，那种要报当初救命之恩的念头，也越来越强烈。他睁开眼，说：眼下上海大局未稳，洋人那边也还没有摆平，暂且留下他，也许有用。有人反对说：夜长梦多，可能会误大事儿。刘丽川又说：就让他多活一个晚上，明天一早砍他的头也不迟。

刘丽川这么一说，其他头领也就不再说什么了，大家都知道他们之间那段恩情。

这样，小刀会的战士把吴健彰从柱子上解下来，关进了囚室。已做好被砍头准备的吴健彰似乎有点儿不甘心，问道：不杀了？！

小刀会的战士说：我们首领可怜你，让你多活一个晚上，明天一早再砍你的大脑袋。

吴健彰心里一颤，冥冥中有一种能活下去的预感。他又想，其实也没什么希望，因为抓他的卫兵们已告诉他，整个上海县城都被小刀会占领了，袁知县的"狗头"已被挂到城门上了，自己的卫队反水了，城外的部队又打不进来。关于太平军的事儿，他从"内参"上也了解过——反朝廷，杀命官。自己就是朝廷命官，不杀自己杀谁？！

要想活下去，实在太难。吴健彰心如死灰。

上海小刀会会员

才出虎口又掉入狼穴

吴健彰的脑子里，想的更多的是商业利益、洋大人脾气，对军政管理是二把刀，洪秀全在南京都称王称帝了，竟然没有引起高度重视，没有想到"城门失火，殃及池鱼"这个道理。另外，他太相信洋人的威慑作用了。太平军与洋人打过几仗，没讨到便宜，曾传话给洋人，不再进攻上海，他就信以为真，没有采取防范措施。

吴健彰暂时保住了那颗善于与"洋鬼子"打交道的脑袋，机会就来了，当天夜里，美国领事派神父把他救了出去，藏进美国总领事的家里（有人推测是刘丽川有意放他一马）。

因为吴健彰是上海、苏州、太仓三地的军政长官，一方面有镇压小刀会的职责，另一方面他好好地当官儿，没有为难刘丽川的那些弟兄，如今却被平白无故地被捉了去，差一点儿被砍了头，于公于私，他都不能对小刀会心慈手软。他的部队一时不能同小刀会作战，于是想起了停在江面上的外国军舰。

他向美国驻上海副领事金能亨求助，但金能亨说美国政府持观望态度，他爱莫能助。吴健彰听了，很是失望。

金能亨安慰他说：法国政府对叛军持打击态度，可以向他们求助。

金能亨还告诉他：只有给法国人一笔银子，他们才肯提供炮火支援。

吴健彰泄气地说：商人们早就不缴税了，手里没有钱。

金能亨说：美国商人已备好钱，正等着你去借。

吴健彰有些犹豫不决，向洋人借钱，毕竟是没有先例的。

金能亨开导他说：当务之急是把叛军赶走，恢复上海的秩序，这比什么都重要。叛匪走了，何愁没有钱来？

吴健彰还在犹豫。金能亨继续开导说：上海县城收不回来，不但朝廷会追究责任，而且你的仇也报不了，心情就会永远郁闷。

吴健彰想了想，觉得有道理，如果没有洋人的帮助，心中的怨气就出不了，就会一直寝食难安。吴健彰经金能亨这么一说，豁然开朗，眼前甚至都浮现出这样的场景：洋人炮轰上海县城，小刀会的人被炸得血肉横飞。他心里一阵愉悦，于是下决心向美国人借钱，雇佣法国军舰去轰小刀会。同时，他也下决心尽快收取关税，把这个洞补上。

在以后的日子里，吴健彰投入了所有时间，依靠外国的军事支援，终于在17个月后（1855年2月），将小刀会赶出上海。

小刀会起义带来了严重影响，洋人们浑水摸鱼，借机修改了《上海土地章程》，在租借地内设立了工部局和警察局。上海的行政结构也发生了变化，出现了三个城市区块，即英国租界、法国租界和中国城。吴健彰不得不承认这既成事实的改变。

此后，洋人们又把海关谋取了。

小刀会起义后，海关被捣毁，既没有人收洋商的关税钱，更没有商人自动来缴，上海成为自由港。

当时，上海港内有10条英国船、11条美国船、6条法国船，都已做好起航准备。因为没了海关，这些船不知道是走是留，是缴税还是不缴税。如果走，由谁来下命令，如果缴税，把税缴给谁？

英、美、法三国领事刚开始还有点儿犯愁，接着就高兴起来，正好可以借此做一篇大文章。

小刀会起事的第三天，英国领事阿礼国和美国副领事金能亨以"保障中国关税的征收"为由，宣布实行《海关行政停顿期间船舶结关暂行条例》，规定英、美货船进出口结关手续，由两国领事馆办理，准许商人使用票证担保，取代现银完税，然后向中国海关凭票付税款。

美国商人不愿遵守，他们的船只自由出入港口，不向任何人申报。英国人自然不甘心做冤大头，也学着美国人，自由出入港口。法国商人，还有其他国家的商人，纷纷仿效，清政府根本无税可收。不但如此，那些向领事馆申报并出具了票据担保的，后来也不算数了。

美国公使马沙利干脆宣布：上海为自由港，美国商船来去自由，无须办理任何手续。

1853年9月9日至1854年2月9日，有84艘船只驶离上海港，没有一艘船付税，有些船把货卸在吴淞口，又免税装货开走。

英国领事阿礼国认为，上海这种无序状态，尽管对商人们是最好的环境，但不能长期存在下去，如果任其发展，会影响各国的信誉。

美国公使马沙利也担心这样下去，可能使清政府或以后的太平天国，禁止洋人在上海做生意。

二人达成共识，要求吴健彰尽快恢复海关职能，让英、美商人缴税、听从管理，但恢复后的海关不能再发生舞弊和勒索洋商行为。

一直躲在租界里的吴健彰，听说让他恢复海关征税职能，当然很高兴，以为洋人们体谅他的难处呢。他带一队人马向英租界走去，准备在海关原址上重新建关，行使征税职能，却被阿礼国挡在租界外。阿礼国告诉他，海关在租界恢复办公，会危害外侨生命财产，所以不能进来。

吴健彰只好退而求其次，要求阿礼国移交英国商人欠的45万两税银，并希望英国领事馆代征英国商人的关税。

阿礼国蛮横地说：上海沦陷，海关受到破坏时，我已拟订若干章程，规定英国商人向我报告其进出口货物的总量，并保证缴纳税款。相关章程已转呈英国政府，在获准之前，英国商人不会向中国政府缴纳关税。

吴健彰说：如果不能代收欠款，钦差大臣、总督及巡抚就会责令我从英国商人那里扣。

阿礼国比吴健彰还生气，说你们的皇帝根据哪种法律或条约来向英国商人追收税款？！英国同胞受到的损失，找谁去赔偿？！你没有权力提出这些要求，我也没有义务代中国征收税款。你说的话如果付诸实施，对英国的商业将是一种侵犯。你们国家正与太平军作战，英国持严格的中立态度，朝廷如果有挑衅行为，英国将放弃中立政策，偏向太平军。

吴健彰本来也只是说说而已，没想到阿礼国把那么大的帽子扣下来，他哪儿能承受得了，干脆不再抱什么幻想，调来两艘兵船，准备设立临时海关。

英、美领事极力反对，说不能承认这种临时的、水上的海关。

法国领事更是可恶，说在目前情况下，他有权准许法国船只自由进出港口，无须缴纳任何税费。

美国商人也在一旁煽风，说承认一个流动的、水上的海关，也就是随时可能被赶跑的海关，这是严重危害美国利益的行为。

葡萄牙、荷兰、普鲁士等国的商人也跟着起哄，说水上的、流动的海关，没有法律依据，不能被承认。

阿礼国干脆写信给吴健彰，说英方不承认这种水上海关。

好在吴健彰与洋人打交道，不是一天两天的了，对洋人的蛮横无理早有体会，也早练就了一副好脾气。他又退一步，在虹口找了几间民房，设立临时海关，开始办公。

居心不良的领事们虽然承认了，却又怂恿商人们不要理会。洋商们还像过去一样，想来就来，想走就走。

吴健彰去找阿礼国交涉，阿礼国懒得搭理他，让手下一个小喽啰出来，把他打发走了。

吴健彰派人去英国商船上例行检查，两个关员刚一上船，就被洋水手打翻在甲板上。吴健彰去找阿礼国交涉，要他调查并处理这件事儿，阿礼国说他懒得管。

吴健彰是一个有责任感的人，为了清朝的海关事业和大清官兵的生计，忍辱负重，干脆不收洋人的税了，在白鹤渚和闵行镇设两个关卡，征收中国商人的出口税，以解清兵的燃眉之急。

可是这也不行，洋人们又放出话来，说海关设在内地，违反条约。

美国领事还向吴健彰发出警告，说关卡设在内地，这是违反条约的，造成的后果由中国负责。他要以美利坚合众国代表的身份，与中国的高级官员讨论这个问题。

美、英、法三国的领事联合发出布告，要求三国商人不必签具支付凭证，只须由承办人及航运商出具证明书，证明付给中国政府的税款未缴付而船已开出，证明这个责任与该国的领事和政府无关，这个措施不但可以保全三国的信誉，还可以把违反条约的责任推给中国。

在那个多事之秋，机会似乎总是向着洋人们。洋人们想占便宜时，总能找到借口。

1854年4月3日，一个英国人带着女朋友在泥城滨跑马场散步，这在当时是一件新鲜事儿。中国自古主张男女授受不亲，不要说在大庭广众之下牵着手散步了，就是并肩走几步也会引来非议。见到中国女子就眼馋起哄的清兵，见了洋妞更是眼花缭乱。刚开始，几个清兵只是说几句不咸不淡的话，后来就上前要摸洋美女的屁股，这下洋人变脸了，双方打了起来。洋人吃了亏，其他外国人闻讯赶来，和清兵打成一团。停泊在附近的英、美军舰，也向清军射击，打得清军士兵抱头鼠窜。

外国人觉得还不解气，第二天，英、美海军又兵分两路夹击这部分清军，清军敌不住，退到静安寺一带。

这件事儿与海关没有什么关系，也没有必要大打出手，英国领事可以向吴健彰发一个照会，要求对肇事的清兵给予严处。这道理阿礼国当然知道，但他就是要借这个机会炫耀武力，让吴健彰放明白一点儿。

阿礼国之所以与老吴过意不去，处处为难他，其实别有所图。

早在几个月前，阿礼国就给他的上级包令写信说：想让中国人采用有效的方法保证关税公平和高效率地征收，是完全没有希望的。在现行条约下，摆脱这个困难的唯一出路是英、美、法三国各派一人，参与中国海关事务，制止中国海关人员的敲诈勒索，提高办事效率。

英国商人办的《北华捷报》也煽动说：只有派一批有主动力、理解力的外国人参与中国海关事务,才能提高海关工作效率,才能符合条约精神,才能为外商所接受。

阿礼国见吴健彰走投无路,只有听他摆布的份儿,这才向吴健彰提出"诚实与精干的外国成员和中国当局相结合"的海关组织方案。

这是大事儿,吴健彰就是吃了十个豹子胆也不敢答应,如果答应了,其危险性比把他再送进小刀会还高。

英、美等国公使也知道,与吴健彰谈这件事儿,他也不够级别,于是他们又去找吴健彰的上级领导——两江总督怡良。

被推上风口浪尖

1854年5月14日,美国新任驻华公使麦莲带着两艘战舰来到上海。阿礼国立即前往拜访,推销他的海关改革方案。

麦莲认为,阿礼国改革中国海关的方案十分可取,他将竭力促成这件事情。

十天后,麦莲在吴健彰和松江府知府蓝蔚雯的陪同下,前往昆山,与两江总督怡良会面。

此时的昆山因为战事,人烟稀少,田地被野草和灌木丛所掩盖,野鸡、兔子和其他动物出没其中。

专程赶往昆山的怡良,立即会见了他。麦莲并不怎么领怡良的好意,一见面就很不客气地说:这几年世道不太平,商人们都在做亏本儿生意,请你向皇上奏请,准许我们的商人到扬子江一带做生意。如果你不上奏,我就自己找朝廷去。

怡良答应考虑他的要求。

麦莲又说:"上海的海关设在吴淞,给商人们带来诸多不便,要立即拆除。你

麦莲

如果不能做主，就请尽快上奏，派重要的大臣来讨论这事儿。如果这事儿办好了，我们会帮助你们打击太平军。"

怡良对美国人的态度和口气十分不满，但他不能发火，强忍着怒气，悄悄对一旁的吴健彰说：上海海关的事儿，要从长计议，好好办理，不要给洋人生出事端的借口。

过了几天，怡良和麦莲又进行了一次会面，麦莲介绍了阿礼国的方案，并就在一个外国委员会的直接管辖下，重新在苏州河建立海关进行了说明。同时，他还向怡良提出，要给上海道台更多的权限，甚至是全权，会同英、美、法三国领事商谈出一个协定。

怡良认为，麦莲所说的有道理，同时，因为军费吃紧，为了早日收取税款应急，万般无奈之下，只好授权吴健彰和英、美、法三国领事谈判。

有了上峰的指示，吴健彰就好办事儿了。6月29日，他与三国领事在昆山举行谈判，商谈阿礼国提出的方案和具体执行条款，并以会议记录的方式确定下来。

经过谈判，最终确定的内容有六项：

（一）海关监督认为，目前中国海关没有公正、精明和通晓外语的关员，唯一补救的办法是吸纳外国人到海关工作。

（二）道台委派几个外国人担任税务监督，指挥华洋僚属组成的混合机构。外国人的所有费用，从海关税收中支出，月薪从优。

（三）三国领事各提一名税务监督，组成一个单独而又联合的税务管理委员会，管理华洋关员。

（四）税务监督出了问题，由各国领事负责处理。除非各领事同意，不得以任何借口开除或免去税务监督的职务。税务监督的属员只有经税务监督授权才能开除，道台得到建议时，要立即执行。

（五）赋予税务管理委员会充分的权力和所有必要手段，检查船舶报告、货运舱单、装卸准单、关税完纳单据和结关准单。税务监督在海关设办事处，可任意调阅中国海关簿籍和文件。没有税务监督的签字和盖章，中国海关不能签发任何单证和文件。

（六）组建一支人员配备齐全、并在一名外籍船长指挥下的武装缉私舰队。

吴健彰本来就对此有异议，但怡良已经把他推到了这个份儿上，如果谈不拢，洋鬼子闹出事端来，板子就要打在他的屁股上，这个责任，他无论如何是担不起的。不答应洋人的条件，就意味着上海港仍将是自由港，外国商船自由出入，一分钱的关税也收不上来。

此外，美、英领事还告诉他，答应了他们的要求，就移交外商欠的一百多万两税银。

在英、美、法领事的压力下，吴健彰终于答应洋人进入中国海关。

两天后，英、美、法三国领事联合发出布告，煞有介事地说，吴道台已正式照会我们三国领事，决心依靠外籍人员组成的税务管理委员会，协助他进行海关工作，如果再有欺瞒和不法行为，一律严厉处罚。从7月12日起，所有进出口船舶的货运承办人，必须到海关办理进出口手续，关税由海关征收。

在设立江海关税务管理委员会的时候，三国领事原打算只设一人总负责，因为法国在华贸易额最小，更能公正处理税务问题，英、美两国领事想让法国人担任这一职务，但法国领事不同意，认为这是狗拿耗子多管闲事（法国人为这事儿后悔了一个世纪）。最后，又决定设置三个委员组成委员会，一切华洋属员的任免权都在三位委员手中。海关档案、册籍和公文，各委员可以任意调阅，另外，还保存一套英、汉文册籍，定期呈各国领事查看。当时法、美、英三国各任命史亚实、贾流意、威妥玛为江海关税务管理委员会委员，仍兼所在领事馆的职务。不久，威妥玛辞去职务，由李泰国接任。又不久，李泰国主导了税务委员会。

领事们掌握着各委员的任免权，江海关税务管理委员会实际上成了领事馆的附属机构。至此，在江海关内形成这样的局面：一个是上海道台领导下的老海关，只管理华商民船贸易的税款征收；另一个是税务管理委员会，本来是一个辅助部门，却管理着"夷"税征收大权。

这种局面造成这样一种事实：外国人直接干涉了中国的内部事务。

洋人满意了，吴健彰开始倒霉了。

吏部侍郎程恭寿弹劾他犯了"贼养"和"通夷"罪，这在当时可是个担当不起的罪名，说轻点儿是汉奸，说重了就是卖国，砍脑袋都是轻的（还有株连九族的呢）。一下子，吴健彰过去的长处成了罪状。

咸丰皇帝看了奏折很生气，朝廷中的一些官员也嚷嚷着要对吴健彰重处，杀鸡给猴看，让那些还在与洋人打交道或准备与洋人打交道的人立即悬崖勒马。

其实，在那个年代，无论谁处在吴健彰的位置，都会那么干，这也是大清国上下对洋人敢怒不敢言的大背景所决定的。只不过商人出身的吴健彰，对洋人有更多的了解，干这件事儿时，不那么扭扭捏捏。他知道与洋人打交道，抵抗是徒劳的，拖时间也是枉费心机，而且造成的损失会更大。

关键时刻，有人替吴健彰开脱，于是咸丰皇帝决定革去他的一切职务，充军发配新疆。无论如何，脑袋总算是保住了。

过了些时日，朝廷中又有人在咸丰皇帝那儿替吴健彰说好话，说洋人狡猾异常，别说他一个道台，就是两江总督、江苏巡抚，也纠缠不过，这事儿不该全怪他一人。咸丰皇帝心一软，又放了他一马，新疆不用去了，保留候补道员的衔儿，继续留上海过日子。

免职后的吴健彰，仍然忙得不亦乐乎，他先被两江总督怡良聘为顾问，协助与洋人扯淡；1856年，又被美国公使巴驾聘为顾问。

1857年后，吴健彰又协助新道台薛焕处理夷务，颇有成效。薛焕是四川人，不要说与洋人打过交道，来上海任职前，连洋人长啥样都不知道，但他在吴健彰的帮助下，很快成为"夷务专家"。

这个时候，第二次鸦片战争爆发，英国人攻下广州，新任钦差大臣、两广总督黄宗汉建议朝廷实行"先开战，后谈判"的策略。薛焕听说后，立即与两江总督何桂清联名上奏朝廷，说上海与外国人有着良好的关系，不必卷入这场粤夷间的战争。如果上海爆发战争，会损害上海的经济稳定，海关税收将急剧下降。他们建议"粤事应归粤办"。

人们认为，吴健彰是这一主和政策的主要设计者。无论在当时，还

郭嵩焘

是现在来看，这一政策无疑是正确的。

1860年，有一个叫陈孚恩的向朝廷上奏，建议召吴健彰去北京，协助朝廷处理与洋人有关的事儿，朝廷没有理睬。这之后，吴健彰便没什么作为了。

总体来说，吴健彰是幸运的，相较于与他差不多同一个时代并同朝为官的郭嵩焘，他简直是好到了天上。

论才学，郭是进士出身；论级别，郭比他高四级；论阅历，郭打过仗、当过巡抚和朝廷侍郎；论与洋人的交往经验，郭做过英、法两国大使；论见世面，郭还被慈禧专门召见过。这些，都是吴健彰根本比不上的，但他的结局却比郭嵩焘好上百倍。

1870年，吴健彰带着遗憾，离开了他那个不可思议的年代。

吴健彰去世八年后，也就是1877年，郭嵩焘受清政府的派遣，出任驻英、法两国公使，当时，郭已官至二品。太平军兴起时，郭嵩焘赞助曾国藩办团练，建立湘军，人称"湘军财神"。打败太平军后，郭嵩焘便致力于洋务，与曾国藩、李鸿章交情深厚。郭嵩焘要出使英、法时，他的湖南乡党们听说此事，都为他感到羞耻，不但与他绝交，还准备把他在湖南的老房子给毁掉。但郭嵩焘认定时局正艰，不忍坐视。他总结鸦片战争以来的经验教训，认为单纯地靠义愤和议论于事无补，如果能了解洋人情伪，谙习其利弊，就可以多一些应变之术，他决心做这样的明白人，到西方学习他们的"强兵富国之术"。

郭嵩焘到英、法后，把使英途中见闻写成书，取名为《使西纪程》，因书中有赞扬西洋政教修明，中国应采用其治国之道的内容，书稿寄回国内呈总理衙门刊印，激起满朝官员的公愤，要求将其撤职查办。

翰林院的何金涛参劾郭嵩焘"有二心于英国，欲中国臣事之"。郭嵩焘的副手刘锡鸿则指责他三大罪状：一是游伦敦炮台披洋人衣；二是见巴西国主擅自起立，堂堂天朝，何至为小国主致敬？三是柏金宫殿听音乐会时，仿效洋人，屡取阅音乐单。本来，郭嵩焘的行为是合乎国际礼仪的，就连英国人也说他是"所见东方最有教养者"，但却被守旧势力指责为汉奸，他只得在任期仅有一年七个月的时候，因"病"销差回国。

回国后，郭嵩焘一直在湖南老家赋闲，来自各方面的指责仍然不绝，可谓是在唾骂声中出使，又在唾骂中回国。本来是思想界的先驱，却硬被说成是汉奸败类。

吴健彰死后第二十一个年头，郭焘嵩也含恨离世。郭嵩焘死去九年之后，也就是 1900 年，有朝廷官员奏请，开棺鞭戮其尸体，以谢天下。

吴健彰是上级政策的忠实执行者，把有意"放水"让洋人进入中国海关的板子，打在他的屁股上，客观地说有失公允，一些史学家给他贴上"帝国主义走狗"的标签，更有点儿离谱，他充其量是对洋人的脾气比较熟悉罢了。

吴健彰之后，清政府因自大和愚蠢，一再"惹怒"洋人，一再被揍，一再签条约，一再不肯执行，当然，洋人也一再生怒，从 1840 年第一次鸦片战争，到 1900 年庚子事变，大清国的上国威仪，被揍得荡然无存，失去了虚浮的皇家尊严和那些不能为人民所分享的所谓"主权"。

第一次鸦片战争时海战景象

第三章 洋人「到」大清国做官

广州人痛恨英国人

鸦片战争前,广州人与外国人通商已逾千年,在相当长的时期内,广州还是中国唯一的一个对外通商口岸,按理说广州人了解外国人,也应更好地与外国人相处。但实际情况却正好相反,五口通商以后,只有广州人与老外们冲突最多,几乎形同水火。分析起来,原因大概是:多少年来,洋人受压迫、受剥削、受管制,现在打了胜仗,扬眉吐气起来,一天到晚神气活现,广州人越看越不顺眼。广州的官吏认为《南京条约》断了他们的财路。战前,因为中外通商都集中在广州一地,官吏不分大小,都可贪污受贿,现在没那么容易了,所以他们也痛恨英国人。商人这时也痛恨起英国人,战前各路丝、茶集中来广州,由广州十三行的商人加价卖给洋人,有些商人因此富可敌国,据外国人统计,当时伍家的怡和行有财产八千万,是当时世界上最富有的富豪。《南京条约》签订后,各路货物,尤其是江、浙地区的丝、茶,直接从上海、宁波出口,不再走广州。上海的进出口贸易,一日盛于一日,广州却是一天不如一天,他们的财路也受到影响,自然也恨英国人。劳工们的活计越来越少,收入大不如前,更恨英国人。整个广州,从上到下都恨英国人,仇外心理一天比一天严重,终于失控,开始杀洋人来解气。外国人(那时也分不清是英国人、法国人、美国人,他们不但长的一样,装束也都是"腿足缠束紧密,屈伸皆所不便")

到郊外游玩时，老百姓出其不意地把他们给宰了，然后挑着洋人的人头敲锣打鼓地庆贺。两广总督耆英知道，如果这样杀下去，是要引起大祸的，便竭力制止，下令杀人者偿命，绝不手软。耆英的反应一时也堵住了英国人的嘴，不好闹将起来。但朝廷的士大夫们不乐意了，骂耆英是洋奴，压迫自己的同胞。

洋人进广州城也成了问题。本来洋人进不进城，没什么大不了的，但在广州，就成了大是大非的问题，甚至关系到是战是和。鸦片战争前，清政府对老外的要求很苛刻，出门不准带兵器，进城不能坐轿子，住在十三行里不能随便出入，每月的初八、十八、二十八在通事（翻译）带领下，到指定的地方玩一次。老外们的女眷们，不能跨城门半步。中国人本来就认为女人是祸水，更视外国的女人为老虎，有伤大清国的"风化"。乾隆初年，有外商因需要照料生意，曾带来女眷，她们不但没有缠足，而且穿着暴露，又处处受到洋男人的尊重，吓坏了广州官员，赶紧上奏朝廷，要求制止"番妇"（西方女子）进入，得到乾隆默许，西方商人对此很生气。有一个叫洛连的荷兰商人，不管这一套，带着妻女乘"海马号"来广州，广州官员得到消息后，非常震惊，立即与荷兰商馆秘书约翰磋商阻止，还调了一百多人，在黄埔港待命，随时准备应对突发事件。由于洛连态度坚决，又找人疏通，最后达成一个折中协议，官府同意他带妻女到澳门去住。广州政府吸取经验教训，此后制定的各项针对洋人的规章条例，都有这么一条：禁止"番妇"来住。但总有洋人想突破这项规定。1830年10月，英国东印度公司驻广州大班盼师带夫人和女佣来广州，两广总督李鸿宾两次发出驱逐令，盼师不予理睬。10月20日，广州官府通过行商通知他，三日内如不将家眷送走，将派兵入馆驱逐。盼师很有"洋骨气"，没有低头，通过英国海军司令调兵百余人，准备武力抵抗。广州官员担心引发涉外事件，同意他以患病需要照料为由，让其夫人居留一段时间，病愈后立即送走。因为这是大事儿，广州官员赶紧将此事汇报给朝廷，道光皇帝颁布谕旨，重申对西方女性来华的禁令。第一次鸦片战争，大清国大败，签订的《南京条约》中，有如下内容："自今以后，（清朝）大皇帝恩准大英国人民带同所属家眷,寄居大清沿海之广州、福州、厦门、宁波、上海等五处港口,贸易通商无碍"。禁止西方女性来华的荒唐规定,彻底废除。所以说,洋美女能来中国,是不折不扣打来的。

虽然条约签订了,但那是纸上的东西,广州人不当回事儿。此时,不要说外国女人进广州城了,就是外国男人进广州城,也还是一厢情愿的事儿。但此时非彼时,英国人打赢了,得了便宜,不再守规矩了,非要把过去不敢想的事儿变成现实。他们越这样,广州人越把广州城看得紧,好像广州是个神圣的地方,老外们要是进来了,就对不起祖宗。英国人也犯了倔驴脾气,越不让入越要入,不让入城,就是还像过去那样,看不起他们,有违《南京条约》精神。英国人越闹越起劲儿,干脆兵临城下,拿出再战一回的架子。耆英急中生智,想了一个两年后准许入城的办法。他想用两年时间,做大家的思想工作,应该能做通吧。再说再过两年,老百姓也许就与老外们产生了感情,兴许还会请洋人到家里做客呢。英国人刚开始不同意,认为两年时间有点长,他们等不及。耆英告诉他们,冤家宜解不宜结,和气才能生财,如果来硬的,都不买你们的,也不卖给你们,你们赚钱的目的就难以实现。英国人见耆英说的有道理,就退兵了。但朝廷的人不理解,排着队在道光皇帝那儿说耆英的坏话,道光皇帝听的多了,就下旨革了他的职。排外思想较重的广东巡抚徐广缙成为新的两广总督,排外思想更严重的叶名琛当了广东巡抚。二人主政后,专门与外国人对着干,明里对洋人不理不睬,暗地里鼓励民众与老外磨擦。两年一晃过去了,英国再提入城要求,广州上下更是团结一致地反对。叶名琛不但坚决反对耆英与英国人达成的协议,还不许与英国人做生意,又组织民众与英国人对抗。英国人倒聪明了,认为小不忍则乱大谋,在这件事情上闹大了,会得不偿失,这个账总有一天要算的。徐、叶和广州的老百姓却认为这是个重大胜利,向道光皇帝报喜,道光皇帝也被

叶名琛

冲晕了脑袋，对二人大加奖赏，还专门给广州的市民发布了嘉奖令。

其实，中国人对英国人并没有深仇大恨。早前，提起英国，仅说它"自古不通中国"。最早将英国介绍给中国人的，是西方传教士，1602年，利玛窦绘制了一幅世界地图（即《坤舆万国全图》），将苏格兰（Scotland）翻译成"思可齐亚"，将英格兰（England）翻译成"谙厄利亚"，说他们那儿"无毒蛇等虫，虽别处携去者，到其地，即无毒性"。但人们对传教士的话半信半疑。

17世纪初，荷兰人开始来中国，国人不知道他们从何而来，根据他们"毛发皆赤"的特征，称为"红毛番"（有时又作"红毛夷"，简称"红番""红夷"）。1637年6月，英国威德尔船队到澳门，葡萄牙人不让他们靠岸，船队又驶往广州，与中国守军多次发生冲突后，又离开广州。明朝官员不知道打了6个月的敌人是从哪儿来的，因为他们长的与荷兰人差不多，也将他们称作"红毛番"。后来，由于来中国做生易的英国商人增多，中国人对他们开始有了了解，终于弄清英国人与荷兰人是不同的"红毛番"。18世纪，英国成为世界强国，同中国交往密切起来。这样，"红毛番"就特指英国人了。

西方人说中国是一个排外民族，是因为他们不了解中国历史，尤其是不了解中英交往史。嘉庆初期，中国人对英国人还没有多少反感，有时还为他们的无理行为辩护。嘉庆中期，才开始讨厌起英国人，主要是因为英国两次试图占领澳门，显示出侵略性，再加上鸦片走私和暴力行为，使中国人对英国人的态度不断恶化。

鸦片战争时期，英、法军队入侵中国，由于长相和中国人不一样，看上去有点儿怪异，就说他们是"洋鬼子"。清代陈康祺在其《燕下乡脞录》中记载："若鬼使，则出使外洋之员；以西人初入中国，人皆呼为'鬼子'也。"

英国人忍不住了

《南京条约》签订后，璞鼎查兴奋地告诉英国商人：政府已为你们的生意开辟了一个广阔的新世界，即使英格兰全部工厂的产品，也难以供应中国一个省的需要。英国的报纸也发表社论，说得更动听、更诱人：我们可以为全世界三分之一的人口效劳了，只要中国人每人每年消费一顶帽子，不必更多，英格兰的工厂就供给不上了。

一想到可以和有四亿人口的中国做生意，英国商人好像全都疯了，拼命把棉纱、棉布等商品运往中国。1843年，英国运往中国的货值比1842年增加了50%，接下来又连年增加，1845年比1842年增加了147%。一家叫谢菲尔德的洋行更是晕了头，无视中国人吃饭用筷子的现实，运来大批吃西餐用的刀叉；还有一家商行，运来大批钢琴，想当然地认为中国既然有四亿人，那么就有两亿妇女，其中，每200名妇女中有一人愿意学钢琴，钢琴销路就能好得不可想象。然而，刀叉、钢琴中国人全都不需要，英国商人只好将这些东西运到香港销售——那些刀叉被堆放在店铺里，至于钢琴，托在香港有很大势力的人出面，专横地规定每一个在香港的欧洲人必须购买两架。尽管如此，还是有很多钢琴卖不出去，堆放在仓库里。因为香港的天气潮湿，时间一长，琴音都变了调儿。

棉织品在中国的销售也受到打击。中国土布经穿耐磨，价格也比英国机制布低得多，所以棉布也大量积压。到1846年的时候，英国对华输入的货值剧减，英国人这才承认运来的货物太多了，商人们被不存在的美景冲晕了脑袋。

英国人怎么也想不通，中国有那么多人，但消费能力却不到荷兰小国的一半，更赶不上法国、巴西、印度，只比比利时、葡萄牙等欧洲小王国多一点点。

英国人还想不通，为什么世界上最先进工厂生产的布，还没有中国原始织布机上织出的布便宜。1845年秋天，有一个叫蒙哥马利的英国人拜会上海道台宫慕久时，提出了这个问题，并问宫道台，有什么办法可以改变。宫道台不假思索地说：别再运来那么多鸦片，老百姓就有能力购买你们的产品了。

蒙哥马利把宫道台的话说给璞鼎查听，璞鼎查认为，这是中国人避实就虚的伎俩，不值得重视。

马克思和宫道台持一样的看法，但比宫道台看得更深入，他说：（英国人）过高估计了天朝老百姓的需要和购买力。在以小农经济和家庭手工业为核心的中国社会，谈不上什么大宗进口外国货。鸦片贸易的增长与工业品销售成反比，中国人不能同时购买鸦片又购买商品。

长期在中国生活，并任英国驻广州代办的米切尔分析说：中国农民在秋收以后，老老少少都动手清棉、纺纱、织布，织出的布厚重耐穿，穿三年两载不成问题，成本却很低。

原因找出来了，办法也有了，英国人却不愿意接受，又提出新的要求：中国开放更多的通商口岸，修订税则，降低税率。

1854年2月13日，英国外相给驻华公使包令发出训令，准备对税则进行修订。

法国公使布尔隆、美国公使麦莲也接到本国政府的指示，要他们三个人共同合作。

因为清军正与太平军打得难分难解，包令不好意思在这个时候开口。此外，《南京条约》并没有规定修约期限，一时没有理由找清政府谈判。

英国外相很不满意，又给包令发了一个训令，指示其尽快谈判，并提出五条要求：一是广泛进入中国内地；二是长江航行自由，开放镇江、南京及浙江沿海大城市；三是鸦片贸易合法化；四是不得对进出口货物征收内地税和通过税；五是派使节常驻北京。

包令只好硬起心肠，采取行动，但清政府不买他的账，说修约没有依据，免谈。

包令挖空心思，终于找出了办法，以中美《望厦条约》关于修约的内容和《五

英国驻华公使包令

口通商附粘善后条款》中"设将来大皇帝有新恩施及各国，亦应准英人一体均沾"的条款为理由，要求全面修约。美、法两国坚决支持，三国公使到广东找两广总督叶名琛，叶名琛不吃他们那一套，说没什么好谈的。

三人又到上海，与江苏巡抚吉尔杭阿会谈，吉尔杭阿说他没有这样的授权，爱莫能助，劝他们回广州找老叶。

三国公使认为，回广州找叶名琛又是白跑一趟，不如北上找朝廷。

这些洋大人本来想去福州申诉，但那儿住着一个林则徐，更不好惹。不久前发生的神光寺事件，他们还记忆犹新。事情是这样的，1850年，英国传教士温敦在神光寺边上，租了几间漏雨的房子住，这事儿，很快被告老还乡的林则徐知道了。林则徐很生气，给英国领事金执尔写信，说温敦住在那儿是违法的；又给租房的温敦写信，吓唬他说还想不想活了。林则徐的虎威果然起了作用，金执尔赶紧找福建巡抚徐继畬请求保护。徐继畬认为这不是什么大不了的事儿，让人告诉神光寺附近百姓，不要去找温敦看病，也不要帮他修房子；又派兵巡防，防止发生意外。

林则徐拿出当年广东禁烟时的气派，给徐继畬写信，要求他调兵，招募乡勇，准备打仗。徐继畬认为就那么两个洋"玩艺儿"，能闹得出什

么大不了的事儿！过一段时间，没人到他们那儿看病，也没人给他们修房子，房屋倒塌了，自然就会卷铺盖儿走人，没必要动气，也没必要和他们过不去。林则徐不这样认为，去找徐继畬，要他学习广州人民反对洋人入城的经验，徐继畬没听他的。

  这事儿不知怎么让朝廷知道了，就开始有人出来替林则徐主持公道。翰林院侍读学士孙铭恩、湖广道御史何冠英、工科给事中林扬祖相继弹劾徐继畬，说夷人在福州很猖狂，徐继畬站错了立场，偏袒夷人，丧失民心，不知是何居心？

  朝廷不分青红皂白地将徐继畬革职，召回北京，以四品京堂候补。1865年，徐继畬重新被起用，以三品京堂在总理衙门行走，协助恭亲王奕訢办理洋务。次年7月，授太仆寺卿，授二品顶戴。1867年2月，改任总管同文馆事务大臣，这是后话了。

  当时温敦等两个夷人并没有搬到城外，而是在城内换了一个地方，这事儿也就完了（一些人将"神光寺事件"，看成福州人民反对英国侵略者入城斗争，实在有些牵强）。

  神光寺事件后，浙闽总督刘韵珂、福建巡抚徐继畬被看成妥协派、投降派代表人物，政治上失势。生了病的林则徐被重新起用，作为钦差大臣去广东抗击外国侵略者，却死在半路上。

  林、徐都是近代中国睁眼看世界的先进人物（林则徐似乎名不副实），当时的人对他们的评价却大相径庭：前者是抗英斗争的民族英雄，后者是投降、妥协的庸吏，甚至是"汉奸""卖国贼"。

两广总督成了俘虏

1854年，英、美、法三国公使来到天津大沽，朝廷急派长芦盐政崇纶及文谦与他们会面，包令提交了"修约清折"18条，麦莲提交了11条。

崇纶和文谦说，他们二人是奉命来听的，没有交涉的权力。后来，二人又得到指示，答复说"修约清折"是《南京条约》规定的，不应另有异议，你们还是返回香港待着吧。又哪壶不开提哪壶，说有什么事儿到广州找老叶。

三国公使知道回广州找叶名琛没戏，失望和愤怒之余，达成共识：只有通过武力，才能改变中国人"天朝上国"的观念，摧毁中国皇帝和大臣们傲慢与狂妄的态度，建立平等的官方和政治关系。

就在洋人们越来越不高兴的时候，出了个"亚罗号事件"。"亚罗"号是一艘在香港注册的船只，叶名琛认为船上有一名海盗，派兵将船上十二名中国人全部缉拿，扯掉了船上的英国国旗。这件事儿，照说没什么大不了的，但英国人就是要小题大做，要求清政府立即放人，并向英方道歉。叶名琛把人给放了，但拒不道歉。

英国人于是攻打广州，广州城破，叶名琛正好外出，没被英国人逮到。因兵力不足，英国人赶紧撤走，叶名琛以为对方是来唬人的，没什么了不起的，就给咸丰汇报说打了大胜仗，干掉了英军总司令。咸丰批示说：干得好！

约1850年广州的清廷官员

这前后,广西又发生了"马神甫事件",法国神父马赖在广西传教,结果被就地正法了。法国要求赔款、道歉,叶名琛以"没门"两个字打发了人家,又得罪法国人一回。

英国人与法国人相互——"勾结",事态就严重了。

1857年3月,额尔金被英国政府任命为驻华高级代表兼全权公使,带着一支军队来中国"秋后算账":一是要求赔偿;二是英国公使要在北京设使馆,直接与清政府来往;三是将英国商业贸易推进到中国内地。英国政府授权额尔金为达目的,可以封锁白河、大运河、芝罘(烟台)和其他口岸城市,占领舟山群岛,夺取广州。由于印度发生兵变,驻印度的军队一时半会儿来不了,额尔金只好在香港耐心等待。直到12月份,驻印度的军队才到。在法国新任全权公使葛罗的同意下,决定占领广州。

1858年1月5日,英法联军先攻占广州,广东巡抚柏贵举白旗投降,叶名琛被英军俘虏。英国人最恨他,认为他是一个顽固不化、专门与英国过不去的家伙,就把他押到印度,关在喀尔喀塔海边一间不错的小楼里,有吃有喝,就是没有自由。不过叶名琛在那儿过得十分安心,他知道没有回国的希望,想回国必须是清军打败英军,或者朝廷肯出大价钱赎他。这两点其实都不可能,清军不堪一击,他已有体会;朝廷也不会为赎他花大把的银子,即使把他赎了回去,也会追究他的过失。他也就死了回国的心,还自称是"海上苏武",每天写字绘画,为英国人留下了一批难得的墨宝(前些年,他的作品被人拿出来拍卖,价格不菲)。时人愤其在英法联军进攻广州时,既不做认真准备,又不积极抵抗,讽刺他"不战不和不守,不死不降不走,相臣度量，疆臣抱负；古之所无，今亦罕有"。叶名琛在印度生活了一年多就死了。老叶做俘虏期间，既没有做什么惊天动地的事儿，也没有失民族尊严的言行。倒是苦了巡抚柏贵大人，替外国人维持广州的治安。

额尔金和葛罗起草完给朝廷的通牒，就着手准备北行。两份通牒语气不同，但内容相同，主要是介绍谈判要点。美国公使列卫廉、俄国公使普提雅廷也同时递呈通牒。四份通牒由两江总督转交给朝廷。朝廷很快就有了的答复：回广州，耐心等钦差大臣前往。"公使们很生气，都到了这个份儿上了，还想忽悠，于是带兵北上，直取大沽炮台。朝廷这才看出情况严重，赶紧派遣桂良和花沙纳去谈判。谈了好些日子，先谈出的是中英《天津条约》。之所以谈的时间长，是因为英国人要到北京设使馆，而朝廷最反对这一条，但英国人不为所动，告诉谈判大臣，如果不同意，英国军队就会开往北京，谈判代表不得不同意。

中英《天津条约》的主要内容是：允许长江通商和外国军舰进入；增开通商口岸，允许外国人在北京设使馆。朝廷对外国在北京派驻大使始终不甘心，总想着要挽回这种局面。有人给皇帝出了个断子绝孙的恶主意，以不收海关税来换取外国人不在北京驻大使。咸丰皇帝也是脑袋进水了，说外国人驻京"最堪发指""最为中国之害"，视其为第一要紧的事儿，必须"迅速挽回"。于是派大学士桂良、吏部尚书花沙纳、两江总督何桂清、武备院卿明善、刑部员外郎段承实等五人为代表，到上海与外国人谈这事儿。何桂清以"关税接济军饷为虑"，认为全免进口关税会使镇压太平军的军

《天津条约》签订

《天津条约》签订后的天津港口

费筹措无着,影响战局,没有把朝廷的底儿透出来,反而提出"税则不可轻减"的主张。朝廷十分恼火,说他"自出己见,致妨大局,必须从速遵照内定办法,否则从重治罪"。何桂清立即闭上自己的"臭嘴"。桂良去找外国人谈这件事儿,说在北京设使馆没什么用,中国政府不是高度中央化的政府,北京的官员更关心京都事务,不关心地方上的事儿。

英、美代表认为,免税是免税,北京还是要去驻的,条约之外的事儿可商量,条约定了的事儿不能变!

好在洋人们进京心切,即使全免进口关税,也不能令他们改变主意。否则,中国的海关从此就不复存在了。

综观两次鸦片战争所签条约的内容,分析起来,其实打开国门本是与时俱进,赔款属于国际惯例,"外国军舰入长江""割让香港""领事裁判权""协定关税"这些条款,也不是没有原因,军舰入江,怪清政府无能,长年与太平军打仗,无力保护外侨,人家只好自己动手;割让香港,是因遭到过断水断粮;外商急于找到安全感;领事裁判权是认为中国文明程度太低,法律原始野蛮,不能接受;至于协定关税,与那些敲诈勒索外商的贪官有关,也是我们的谈判大臣的无知造成的。为了不让外国人在北京开使馆,清政府不是还想以不收关税,换取人家洋人不驻北京吗。

李泰国跑官要官

因为美法两国对控制中国海关的重要性认识不足，对税务监督这个职务也看不起，任由英国人李泰国把持江海关。

李泰国参照英国海关模式和英国文官制度，把江海新关打造成一个新式海关，工作效率大大提高，受到外国商人的称道，即使是清政府的官员，对此也多持肯定和赞许态度。

李泰国掌管江海新关后，对海关进行了重大改革，人员也进行了压缩，仅有19人，海关内部分工明确，各关员各司其职。在这之前，江海关仅征收夷税的人员就有44人。此外，洋人管理海关后，关员的待遇大大提高，最高的月薪达到500两，最低30两，所有人员安心工作，珍惜岗位。与此相比，清朝海关人员的收入就少得可怜了，当时，江海关最高级别关员的月薪是3.3两，更夫、饭夫之类低级人员的月薪，只有1.5两。

《天津条约》规定"请外国人帮办中国海关"。不久，又在上海签订了《通商章程善后条款》，规定各口岸海关都要请洋人统一管理。

1859年5月23日，时任两江总督兼通商大臣的何桂清认为，李泰国在江海关任上四年，较有成效，又熟悉中外商情贸易，可任命他为总税务司，统管全国海关。这样，李泰国便成为中国海关的第一任总税务司。英国驻华公使卜鲁斯为了帮助李泰国开展工作，向英国所有驻华领事发布通告，告诉他们，李泰国将要访问各口岸，创办新的统一的海关，英国政府对此非常感兴趣，每个领事都要为他提供帮助。

本来《通商章程善后条约：海关税则》中，并没有"统辖各口海关的总税务司"的规定，这个职位是何桂清设置的。何桂清认为，条约规定总理大臣邀请外国人帮办税务，如果各海关的外国人都由总理大臣选任，那就太麻烦；如果其他海关不用外国人，又不是统一办理，洋人就会找借口惹事生非，让李泰国来干这事儿，不但可以统一，还能绝了洋人惹事生非的念头。

李泰国得知自己被定为总税务司后，还不放心，又去找时任上海道台的吴煦，要求管理全国海关。他说广州、福州、厦门、宁波、上海已设有5个海关，现在又新开放7个通商口岸，除汉口有太平军外，琼州、潮州、台湾、镇江、登州、牛庄六个地方，也要尽快设立海关。11个海关的税务司由他来任命，每年可收税1000万两以上。

吴煦说各地海关税务司的任命权，是关系体统的大问题，要从长计议，《通商章程善后条约》只说"邀请"外国人"帮办税务，严查偷漏"，由谁来任命各关的税务司并没有规定，何桂清大人也没有明确说。

李泰国说：总税务司对各口海关有管辖权，就应该有任命权，而且各海关只有一律按上海关的模式，以外国人治外国人，才能实行统一的制度。

李泰国知道，何桂清官大、级别高，见一面不容易，更不要说去当面诉说自己的请求了。就一再央求吴煦去找何桂清说情，给他发一道札谕，赋予他任命外国人的权力。

吴煦被说动了心，就写信给江苏布政使王有龄和按察使薛焕，替李泰国求情，他说李泰国的请求，虽然有揽权成分，但出发点是好的，是为工作着想。

王有龄、薛焕尽管同情李泰国，但对他的要求不敢贸然答应。

吴煦不死心，又把李泰国的要求转呈给何桂清。何桂清明确拒绝，说：可由李泰国保举，各关监督任命，只有这样，才不违背中国的主权。

李泰国还不死心，继续找吴煦"诉说衷肠"：条约规定各口海关统一办理，由总理大臣邀请外国人办理税务，也不是单指总税务司一个人。一月份，奉何桂清总督的命令，已雇用了一些英国人到各海关工作。如果各海关的监督雇人，各国坏人就会前来偷机钻营，使整个工作一败涂地。现在，既然何大人对我不信任，外国人也会耻笑我，干着也没意思，干脆把我辞退算了，你们另雇高明的人来当总税务司。

1867年海关绘制的江海关旗帜

薛焕和王有龄想了一个折中的办法，雇用外国人的事儿，上海可先定，将来其他海关借鉴上海经验施行。这样一来，何桂清就不会留下把柄，不会遭人弹劾，李泰国也得到了他想要的权力。

李泰国虽然不太满意，但认为有了这个权力，总比没有好。

吴煦就与李泰国订了一个"会议海关条款"，其中有两条最重要：一是江海关税务司及海关中的外国人，都归李泰国选用管理，出了什么问题，拿李泰国问罪；二是江海关一切公事，税务司与海关监督商定后才能实施，不能一个人说了算。

洋人要权

1859年5月10日,何桂清到上海巡视,李泰国立即前来拜访,客气了几句后,李泰国直奔主题,说:海关监督由皇帝任命,或由地方大吏兼任,他们都是地方长官,有权有势。因为各自为政,征税办法各不相同,既不按条约规定征税,也不按规定对进出口贸易进行管理。如果不把他们手中的权力夺过来,海关行政统一就不可能实现。

何桂清对此不感兴趣,说此乃多年形成,不变也罢。

李泰国说:《北京条约》规定,中国政府赔偿英法两国军费1600万两,以各海关征税总额的五分之一摊付。如果各海关各自为政,无法统筹,赔款无法如期偿还。

李泰国的这句话,一下子说到了何桂清心里,作为两江总督、通商大臣、钦差大臣,他何尝没有这样的忧虑。

李泰国看准何桂清的心思,专门说要紧的,他说何大人是通商大臣,如果海关不能完成任务,皇上就要追究责任。

李泰国接着又说,他的要求并不多,赋予他人事任命权就行了。只有授命他自由选任的权力,才能更好地开展工作,更好地完成税收任务。

何桂清犹豫再三,终于答应了。1859年5月23日,他离开上海时,给李泰国发一道札谕,说各海关所用外国人都由李泰国选募,如有不妥,给予斥退。

李泰国终于得到了人事大权,全国海关的人员进出,由他一个人说了算。

总税务司已经有了选募外籍税务司的人事权,现在要夺取海关的行政管理权了。因为太平军在江南得势,李泰国认为,中国很快要改朝换代,他不愿意在这个过程中留在中国,免得将来太平军抓他的辫子。1861年初,他急急忙忙回英国休病假,再后来,被炒鱿鱼,夺权的事情,只能由他的继任者赫德来做了。

赫德看到了清政府缺钱花的实际情况,打算从钱上做文章。他对总理衙门大臣恭亲王说:如果海关不改革,关政不统一,各省自行其是,都打关税的主意,各省得实惠,朝廷受损失。如果任其发展下去,可能使一些省的官员拥钱自重,对朝廷构成威胁。现在海关监督与税务司常为权力发生争执,一切事情都听各省的,严重影响了关税安全。

恭亲王认为赫德说的很有道理,朝廷对汉族封疆大吏们始终放心不下,生怕这些人会造反,如果如赫德所说,那些有权有势的督抚们若又有了钱财,就更闹心了。另外,他也看出海关改革,朝廷可以得到实惠,因而全力支持赫德对海关进行改革。

1864年8月13日,赫德将其草拟的《通商章程》26条呈递给总理衙门。此时,中国已在14个通商口岸开办新关。

总理衙门收到呈文后,根据赫德所拟的章程,略加修改,成27条。主要内容是:总税务司归总理衙门管辖;所有洋关员的征募、调派、撤换、薪金等,由总税务司决定。章程对内部人事、行政制度做了明确规定,确立了海关垂直管理体制。

赫德接着制定了《募用外国人帮办税务章程》,规定洋人到中国海关工作,薪水增减,人

税务司李赫德

员调动辞退,由总税务司作主。

这个"章程",解决了总税务司与海关中洋人之间的问题,还解决了总税务司和总理衙门之间、海关和政府之间的关系问题。根据这个章程,总税务司只对总理衙门负责,不接受总理衙门以外任何部门的命令。其他机关对海关如有要求,要经总理衙门转手。这样,赫德不但把海关行政统一了,还把海关从清朝行政系统中独立了出来。从此,中国海关结束了各自为政的局面,开始实行垂直管理,形成了全国海关一盘棋的格局,工作效率大大提高。

雇佣洋人来中国海关,由中国海关驻伦敦办事处具体负责,从与中国签有条约的国家中选用,主要考虑因素是该国在中国的贸易量大小、债权多少、政治势力强弱等。专门人才和迫切需要的高级人员,虽不经考试,但选择、调查程序到位,做到百里挑一,绝不含糊。赫德不但重视用考试的方法搜罗人才,还能做到不拘一格选人才。他说:假如谁真的是一位不可多得的人才,就破例录用他;假如他"不行",立即对他说"不"。

赫德还常说,要把文学或科学方面出类拔萃的人才招进海关,为海关增光。

由于海关由洋人管理,实行应收尽收的办法,海关税收大量增加,在还了赔款和外债后,仍绰绰有余,朝廷的日子也滋润起来。

1861至1910年的五十年中,中国海关共收了9.1亿两关税。第一次鸦片战争前,海关税收几乎全部用于大清皇室开支,鸦片战争后,海关税收才少部分用于偿还外债。第二次鸦片战争后,海关税收开始用于赔款、外债和军费,总体上看,赔款、外债占海关税收总数的20%～30%,军费支出占税收总数的30%～40%。

由于税收数目大、增长快、可靠性强,重大开支都指望关税。像江南制造总局、金陵机器制造局、福州船政局及船政学堂、天津机器局、天津武备学堂、长江口至南京下关等九处炮台,以及后来幼童赴美留学等项目的费用,都是从关税收入中支付的。

如果没有关税收入,以上开支都将由老百姓来承担,中国老百姓的生活将更艰难,从这个角度来看,洋人领导下的海关,减轻了中国劳动人民的负担。

此外,海关和外债始终绑在一起,清政府一缺钱用,就用海关做担保,向洋人借。关税担保和偿还成为对外赔款惯例。用关税作抵押借外

汇丰银行

债,必须经朝廷和总税务司同时批准,二者缺一不可,否则一分钱都借不来。与地方官府和官员比起来,外国人更信任海关。

19世纪70年代以前,清政府向老外借款,一般都是由地方官员向外商个人借。70年代后,清政府才向外国银行借钱,主要是向在华势力最大的汇丰银行借(汇丰银行是1866年在香港注册成立的)。

1878年,汇丰银行想垄断中国的借款业务,希望大清国上上下下都借他们的钱。为此,他们派人四处游说,希望清政府把汇丰银行列为借款指定银行,但没有收到预期效果,于是找到海关总税务司赫德。赫德认为这是个好事儿,如果办成了,对大清国来说有的是钱借,对汇丰来说,可以垄断对华借款,只赚不赔。

赫德向朝廷推荐汇丰银行作为办理借款的专门银行,他说汇丰银行在上海、福州、宁波、汉口、广州、天津、澳门、北京、基隆等地设立有分行,形成了一个遍布中国沿海、沿江的金融网,资金雄厚,信誉也好。

总理衙门很有眼光,说借款时可以首先考虑他们,但不能作为唯一,以免引起其他外国银行的不满。此外,也可以防止汇丰银行控制中国的金融财政。赫德见总理衙门已有戒备心理,便不再提这事儿。

听上去感觉总理衙门很有远见,但实际上远不是那么回事儿。实际情况是,汇丰银行主宰近代中国金融业85年。仅1866年至1894年,清政府共向汇丰银行借了28965175两白银,占整个外债的70%。

大清国唯一没有贪污的部门

赫德管理中国海关并不省心，时常受到责难和批评，以至于他不得不向全国海关发通告说：我们是在为一个很难说和我们有任何共同之处的民族工作，这个民族国运衰落，却自命高人一等，知识贫乏却自命不凡，说他们没有物质力量，却奇特地掌握着国计民生，说他们缺乏西方标准的知识，却又十分节俭、勤劳，安于现状。他们对所有的外国人不屑一顾，认为洋人是被用来同我们自己国家的人打交道的人。他们绝不愿意让我们这些领取他们薪俸的人来对他们发号施令，我们在这里做事儿，要注意处理好与地方当局的关系。

李泰国任总税务司时，仿照英国领事馆用人办法，所有重要职位一律任用英国人，级别低又不重要的职位才雇用华人。赫德接任总税务司后，也像李泰国一样，对华人关员实行绝对统治。他认为，海关如果没有洋人的"帮助"，中国人就不会按税则征收关税，就会造成税收流失和管理混乱。这话虽有夸张成分，但也基本是事实，因为受旧海关潜规则影响，关员们或多或少存在一些不良习气，人情大于法的观念根深蒂固，腐败隐患一直存在。

1870年，秦海关发生了一起内外勾结走私皮张和医药案，被人告到赫德那里，两名华人关员被除名并移送官府。赫德认为，这样的不法行为，其他海关可能也存在，只是没有发现。为此，他向各关税务司发出指示，说华人关员是靠不住的，要由洋关员去检查和核证。没有税务司的签名，或者内班洋关员的草签，不能让任何证件离开公事房。华人关员不能单独负责一个工作台，要在一名洋关员的监督下工作。

赫德还把洋关员从清朝行政人员中划分出来，称为"治外法权化"人员，作为中国官员的洋关员，不受中国法律约束，他们如果犯法，只受本国领事裁判。华人关员也跟着沾了一点儿光，中国官府逮捕海关华人官员时，也要征得税务司同意，同受雇于外国公使馆、领事馆的华人一样。

海关中所有高级官员，都有基层工作经验，处理业务也能驾轻就熟。有一个叫詹柏的德国籍关员，在海关服务了23年，凭资历早可以升任税务司了，可是多少年过去了，他自认为已经"煮熟的鸭子"飞来飞去，却就是落不到他的嘴里。他很是郁闷，专程到北京向德国公使馆申诉，请求公使馆替他美言几句。一次聚会时，德国公使向赫德提起这事儿，希望赫德能高抬贵手。

赫德听了，先是一愣，接着理直气壮地说：詹柏的品行和能力，可以任税务司，但他的汉语水平太差，汉语考试从来没有及格过。海关早有规定，汉语不过关，不能任税务司，所以不能提升。

公使说：看在他为中国海关服务二十多年的份上，破例一次。

赫德说：可以破例提升他为税务司，但可能同时给他下个不称职的辞退命令。因为海关规定，汉语不及格就是不称职，不称职就要辞退。

公使一时无话可说，只好悻悻地离开。

洋人帮办由三等提升二等，由二等提升一等，汉语考试必须及格，或者任职不少于6年。税务司级别的提升，从

1924年入关的法国籍一等帮办杜苏威

副税司或头等帮办中选拔，要考虑他的国籍、品性、汉语能力等条件，一般要在前一个职务上干满三年。汉语不及格，或靠翻译才能处理文件的，不能提升为税务司或副税务司。

华洋关员的录用和升迁，都要经过体检、测试等程序，还要考英语、汉语和算术。关员的考核、加薪、升级，凭各部门主管每年一次的"人事秘密报告"（即年终考核报告）。考核报告分为"德、才、能、知"四大类。其中，"品行"分五个方面19项，以后又进一步细化为"品行、学识、工作、操行、才能、健康、综合"等7项内容。

赫德十分重视海关的荣誉和影响，无论是洋关员，还是华人关员，如果懒散草率、不守时、玩忽职守、不胜任工作、好争吵、不服从、无故缺席、泄密、贪污、盗用公款、贿赂、经商、酗酒，以及有重大不道德行为的，都要受到处分，根据情节轻重，可能被训斥、停职、停薪或开除。

洋关员殴打华人关员，要立即开除。

赫德经常告诫洋关员，谁都不能以为海关是个政府部门，一旦进入，就可以胡作非为、不讲工作效率，任何一个不胜任或不称职的人，都会立即免职。

1854年至1870年，有181名洋关员离开海关，其中81人被除名，53人勒令辞职，7人不称职，5人酗酒，4人渎职，1人受贿被开除。另外，有3人免职。

赫德三令五申强调，海关中任何人，只要杀人或伤人了，无论被杀、被伤的是哪个国家的人，无论自卫或非自卫，都要立即报告税务司，并立即辞职；然后，到他自己国家的领事馆寻求保护，请求调查。如果确实有过失，送往审讯，或者受到领事处罚，他的雇佣和薪俸，从事件发生之日起，无限期地停止，海关也要辞退他们。如果是因履行职务，或自卫而采取的行动，不受惩罚，恢复职位。

赫德对税务司们的要求也比较严格，必须按规定行事，如发现可能有问题，立即停职，直到问题彻底查明，要么处分，要么恢复职务。他对各关财务的管理非常严格。1870年颁发了《十条禁令》，1877年制订了《续理账诫程》，要求账目由税务司掌管，税款委任专人负责管理。海关人员不得借用公款，不得提前发工资。不管什么原因，得到额外收入，要存入总税务司项下的账户上，绝不可任意使用。

1892年5月13日，总税务司署稽查税务司阿理文宣布："宜昌关署理税务司李约德被停止行使职务，宜昌关关务由其暂行代理。李约德被停止职务的原因，是海关废旧物品变卖后的50两银子，没有按规定存入总税务司项下的账户上，有私自动用的嫌疑。经过近半个月的深入调查，没有发现宜昌关存在其他问题，50两银子也没有私自挪用，只是没有入账。何理文于是向总税务司赫德提出终审报告，建议免去李约德的署理税务司职务，调他关安排使用。

赫德每年要巡视一次各海关，他巡视时，人员都要在位，可以把各种建议及控告直接交给他。他因故不能巡视时，派有关税务司轮流巡视，检查账簿、稽查账目、查核海关结余等。

因为各种制度得到认真执行，海关没有出现过大问题。

在赫德的领导下，中国海关不但迅速实现现代化，而且成为最有效率、少有贪污的清朝官僚机构，促进了自由贸易，也保证了有效管理，还为清朝政府征收了大量税款。

晚清的中国海关也称"洋关""新关"，与之相对的则是"常关""旧关"。"洋关"管理国际贸易，"常关"管理国内贸易，仍由清政府官员主管。两种体制产生两种绩效，"洋关"高效廉洁，"常关"贪腐蔓延。

"洋关"的工作人员是从全世界招聘的，其中的洋人称为"洋员"，中国人则称"华员"，无论"洋员""华员"都能廉洁自守。同是中国人，在"洋关"工作的廉洁自守，在"常关"工作的则个个腐败。

与洋人领导的"新"关相比，清朝的旧海关由地方大吏管理，全国海关互不隶属，互不通气，规章制度不一，虽独立自主，但架构落后，人员素质低下，对商人随意敲诈勒索；赫德领导下的海关行政组织、人事管理、财务制度、征税章程统一。旧海关实行包税制度，只要完成定额，之外的税款自行处理，大量税款流入个人腰包；赫德领导下的海关实行实征实报，征收费用和税款分开，保证税款不受影响。旧海关没有财务制度，海关监督上任时，带一个账房先生管理账目，财务管理原始落后，永远是一笔糊涂账；赫德领导的海关，请英国财务部专家设计了一套财务管理制度，科学合理。此外，赫德领导下的海关，管理人员有较高的文化水平，受过高等教育，有些人有学士、硕士甚至博士学位。

赫德领导下的海关高效廉洁，在中国千年帝制的历史上，可说是广陵绝响。

晚清海关之所以廉洁，与"一把手"赫德有很大关系。赫德不是神仙，也不是金刚之躯，也许也有贪欲之心，但面对多方的监督和压力，不敢轻易"出手"。首先是来自中国政府的压力。如果他的工作不能让政府满意，他的职位马上会丢掉，为此他必须是一个忠诚的雇员，贪污腐败的丑闻是绝对不能出现的。其次，许多窥视这一职位的竞争对手一直想把他赶走，派自己的人控制这个职位，巩固在华利益，他不能因廉洁问题让别人抓住把柄。再者，是来自英国政府的压力，他在中国的言行是代表英国政府和人民的，因而不能被丑闻缠身，给英国政府和人民丢脸；第四，是新闻媒体的监督，不仅有中国民间媒体，还有其他国家的，特别是俄、德、法三国的媒体，巴不得他出点儿事儿，再把事情放大，将他赶下台。

所以说，监督很重要，赫德直到退休时才敢挪用公款，数额也不算太大。

第四章 外交、外交，还是外交

清政府没有外交，只有"剿夷"与"抚夷"

19世纪以前，中国和西方国家没有外交关系。

那时，苏伊士运河还没有开挖，西方国家的船只到中国来，或者中国的船只到西方去，要绕道非洲的好望角，从广州到伦敦，最快也要3个月。

那时，中国是自给自足的小农经济，生产生活用品都自己解决，用不上西方国家生产的东西。所谓的中外贸易，尤其是中英贸易，多是他们从中国购买丝绸、茶叶运回去。大清帝国总把西方国家的来人，当作越南人、高丽人看待，来与不来自便，如果来就要尊中国为上国，要以藩属自居。中国自认为高人一等，把人家当小兄弟看。朝廷和地方政府不觉得有与西方交往的必要，打内心深处认为，西方国家是蛮夷之邦，不知礼义廉耻，与他们交往没什么好处，只会坏了祖宗的纲常。还认为洋人因利而来，也因利而去，无义可讲，无信可言，是一群无情无义的东西，许他们做买卖，已是格外施恩了。如果不老老实实地待着，对他们绝不客气。

那时，对待西方国家来人，皇帝和大臣们的议题永远只有两个字——"剿"或"抚"。

朝廷不知道有外交，也不知道外交的重要性。在中国历史上，中央政府建制内，有九卿六部，没有"外交部"，为了应付周边小国，设"理藩院"对付。"理藩院"又是礼部的一个二级部门，对外的相关事务还是当作"内务"处理。

　　经过两次鸦片战争后,清政府对洋人有了初步认识,政策上有两种态度,一是简单地仇外,对洋人十分憎恨;另一种是较具政治家风度,认为洋人的军事技术值得学习,如让洋人的商业利益得到满足,他们会向大清国提供帮助和支援。1860年前后,清政府认识到,在贸易和外交上对洋人让步,洋人满意了,就会帮助其镇压太平军。

　　本来,明末清初的时候,西方来的商人还能在漳州、泉州、福州、厦门、宁波、定海做生意。可是明朝的一些遗老遗少们,明里或暗里搞反清复明的事儿,尤其是郑成功和他的后代建立的军队（也可以说是海盗）,占据东南沿海一代,不但与朝廷抗衡,而且一上岸就肆意杀戮,强奸妇女,抓捕壮丁,最后再一把火烧毁村镇。为了防止郑成功的军队得到外国人的物资支持,防止明朝那些遗老遗少与郑氏勾结,康熙皇帝一生气,下令实行海禁,只准广州一口通商,外国商人不得不来广州。在广州又很不自由,夏、秋两季是买卖季,他们可以住在十三行里,买卖做完了,必须到澳门去过冬。政府指定的十三家商行与外国人做买卖,十三行的行总是十三行领袖。广州的官员不屑于与老外打交道,有什么命令叫行总转达,外商给官府的呈文也由行总转递。

　　那时的人还认为,中华文化博大精深,光辉灿烂,外国人不配学、不配用,不但禁止外国人买中国书,还不许他们学中文。一个叫马礼逊的传教士,想学中国话,费了很大工夫,授课费再三增加,才有一个人勉强答应教他。但这位老兄每次去给他授课时,身上要带一只鞋子和一瓶毒药,鞋子是向人们表示他是去卖鞋的,毒药是给自己准备的,万一被官府查出,就立即服毒自尽,免得受累受辱。如果不是为了养家糊口,这位最早的中国外教,绝不会干这种既危险又丢人的勾当。

罗伯特·马礼逊

　　当时,中国海关的关税税率也很低,大概只

有百分之四，朝廷根本看不起海关税收。本来，朝廷要求税则公开，但海关却把它当成天大的秘密，绝对不让外人知晓，这样他们好多榨取老外的银子。

那个时候，也还没有"治外法权"这个词儿，外国人与外国人的案件，清政府的官吏不愿过问，也不屑于深究，认为他们的死活与官府没多大关系。乾隆十九年（1755），一个法国人杀了个英国人，闹到广州府，知府劝他们私了，但两国商人协调不好，英国人强烈要求政府出面干预，广州知府这才不情愿地接手。不过，官府对中国与外国人的案件比较重视，如果中国人杀了外国人，官衙决不偏袒，以"杀人者偿命"论处，外国人对这一点很是满意，也很佩服，从不说三道四。外国人杀中国人，政府也本着这一原则，去治外国人的罪，外国人也都交出凶手，由官府处死。18世纪后半期，外国人就不再交人了，他们认为中国的刑罚太重，审判手段太原始落后。

最初，外国人对清政府的通商制度虽不太满意，也还能容忍。18世纪末，外国人的态度开始变了。这时，英国工业革命已经开始，昔日的手工业变成了机械制造，生产效率大大提高，海外市场对英国越来越重要，他们认为，大清帝国对通商的限制，不利于英国工商业的发展。也正是这个时候，英国在印度打败了法国，印度成为其殖民地，向中国扩张有了前沿阵地。

英国人认为，在华通商所遇到的困难，乾隆皇帝一定不知道，如果乾隆皇帝知道他们的处境，一定会进行改革的。1793年，乾隆要过81岁生日，英国趁机派马戛尔尼作为全权特使来华，带了一些英国出产的上等货，准备献给乾隆。临行前，英政府交待他，尽可能迁就中国的礼俗，但必须显示中英两国平等。政府给了他四个任务，这四个任务在今天看来一点儿也不难，在当时却比登天还难：一是英国派全权大使常驻北京，如果中国愿意派大使到伦敦，英国以最优的礼遇对待；二是中国加开通商口岸；三是中国制定固定的、公开的海关税则；四是期望中国给他们一个小岛，供英国商人居住和贮货，就像葡萄牙人在澳门一样。

好面子的乾隆皇帝十分高兴地迎接马戛尔尼,但却把他当作藩属国的贡使对待,要他行跪拜礼。马戛尔尼开始不答应,有官员告诉他,如果连这一点都做不到,不但见不到乾隆帝,而且必须立即回国。双方几经交涉,他终于同意以单腿跪拜觐见。乾隆皇帝很不高兴,接见以后就要他回国。本来将改变历史的一次会见,却因是用一腿单跪还是两腿双跪而闹得不欢而散。

关于这件事儿,还要说一下,因为这之后,西方人对中国的看法发生了根本改变。在此之前,传教士利玛窦对明末社会有过这样的描述:这里物质生产极大丰富,无所不有,粮比欧洲白,布比欧洲精美……人们衣饰华美,风度翩翩,百姓精神愉快,彬彬有理,谈吐文雅。

西方社会对此深信不疑,还十分向往。

本来,听说马戛尔尼来访,乾隆皇帝是热切盼望的,从他制定的接待方针可感觉到:一要隆重热烈,照顾好外国友人的衣食住行,保证他们心情愉快,让他们感受到大清的热情和无所不有;二是利用这个机会,充分展示中国的富庶强大。(据估算,马戛尔尼一行花费清政府50多万两白银,花了这么多钱,却事与愿违,英国人并没有领情。)

因为乾隆皇帝有指示,沿途官员自然不敢马虎,争着抢着给洋人送吃的喝的。因为送多了,一些猪呀、鸡呀什么的,没有宰杀就死了,英国人也不稀罕,就把死猪死鸡扔到海里。岸上看热闹的中国人一见,争先恐后跳下海,把死猪、死鸡捞起来拿回家吃。因此,英人看出"乾隆盛世"之下,大部分中国人其实极端贫困。

在北上途中,英国人在山东登州府短暂停留,登州知府闻讯前来拜访。他带来了许多随从,其中一人在被知府问话时,立刻跪下来回答,英国人很惊异。更让英国人无法接受的,是中国官场的另一项规矩:在任何场合,上级都可以打下级屁股,而且还是脱下裤子当众打。对英国绅士来说,这是无法想象的,也是无法容忍的耻辱,而中国人对此司空见惯。

在与中国官员的交往中,英国人看出中国只有统治者和被统治者,大清帝国维持秩序的手段是王权和严苛的礼法，专制主义摧毁了中国人的财产安全，也摧毁了所有刺激中国进步的因素。

马戛尔尼来中国前，中国被认为是"世界上最聪明、最礼貌的一个民族"，服从长上，尊敬老人，从不粗暴，日常谈话彼此客气，殷勤程度胜过欧洲所有贵族……不了解实情的歌德说：在他们那儿，一切都比我们这里更明朗、更纯洁，也更道德。

伺候英国人的中国人，给英国人留下的印象很不好——"撒谎、奸诈，偷得快，悔得也快，而且毫不脸红。"一次吃饭时，厨师上了两只鸡，每只鸡少一条腿。当英国人说一只鸡应有两条腿时，他便笑着把另外两只鸡腿拿出来。

英国人还注意到，中国普通老百姓外表拘谨，这是长期处在强权统治下的结果。老百姓在私下生活中，是活泼愉快的，但一见了当官儿的，就马上变成了另一个人。不过，错不在他们，也不在于民族的天性或者气质，而在于政治制度。高压手段完全驯服了这个民族，并塑造了民族的性格。他们的道德观念和行为，完全被朝廷的意识形态所左右。英国人还认为，中国人缺乏自尊心，因为清政府从来没有把百姓当人看，而是当成了儿童和奴隶。在这样的国度里，人人都有可能变成奴隶，人人都有可能挨官府的板子，还要跪下来亲吻打他的板子、鞭子，为麻烦官府来教育自己而谢罪。人们没有荣誉观和尊严感，也没有尊严的概念。

马戛尔尼离开中国时，得出这样的结论：这是一小部分满族人对亿万汉人的专制统治。这种专制统治，有灾难性的影响，在过去一百年里没有改善，更确切地说是倒退了；当西方人每天在艺术和科学领域前进时，他们正在成为半野蛮人。

马戛尔尼还有一个结论：中国人没有信仰，如果有，就是当官儿。

英国使者回国之后，西方人对中国的看法发生了根本性的改变，中国从天上掉到地下，从文明变成野蛮，从光明变为阴暗。

当乾隆皇帝和大臣们为谢绝英国人的贸易请求而高兴时，我们已付出了巨大代价。

黑格尔据此得出结论：中亚文化代表了人类文化的少年时期，人类文明最早在那里发源。希腊文化则是青年，表现出生机勃勃的活力。罗马文化是壮年，日耳曼文化是成熟理性的老年。中国文化是什么呢？是幼年。造成中国落后的原因，是中国人内在精神的黑暗，中国是一片还没有被人类精神之光照亮的土地，在那里，理性与自由的太阳还没有升起，人们还没有摆脱原始的、自然的愚昧状态。凡是属于精神的东西，都离它很远。

　　嘉庆当皇帝的时候，英国又派亚美士德为特使来华，目的与上次一样，但嘉庆帝给的礼遇，远不及他爹乾隆。

　　在西方国家日益强盛的时候，大清国皇帝和他的臣民们，一心一意闭关自守，陶醉在东方世界大国的历史美梦中。鸦片战争前，我们不给人家平等待遇，鸦片战争后，洋人也存心与我们过不去，签订的一系列条约，法律上称其为"不平等条约"，这样的不平等，也是自己招来的。这之前若能摆出平等的姿态，那怕是一丁点儿，也不会遭此命运。总体上看，与俄罗斯、日本的野蛮相比较，英、法、美是讲道理的，清政府若能早日和他们平等互待，学习他们的先进技术，也就不会日后任俄罗斯、日本宰割。

　　薛福成等一批出使西方的人，目睹了中西方的巨大差距后，传统观念逐渐崩塌，他们敏锐地指出：西方人对中国人以诚相待时，中国人想的是怎么再多捞点儿小便宜；当西方人转用武力威胁时，中国人马上就妥协退让。这事儿，听着让人不舒服，但却是晚清外交的真实状况。

　　晚清外交，用一句概括，就是：争小节而遗大体，终致全盘皆输。

中国有了"外交部"

英国向东方殖民扩张，比它的邻居葡萄牙、西班牙要晚许多年，但却是后来居上。一部晚清外交史，其实就是一部"中英外交史"。俄、法、日、美等国，常跟在英国的屁股后面捡便宜；尤其是美国，在当时不过是英国的小尾巴。

《天津条约》签订后，广州的排外情绪更严重，时任两广总督的黄宗汉遵循皇帝的密旨，在广东各地招募团勇，征收战时税，更助长了排外声势。额尔金想在北京派驻代表，直接向清政府施加压力，制止这种不友好的行动。他还要求撤销黄宗汉的职务。清政府当然不会因此就换人，不过为了不让他生气，任命两江总督何桂清为通商大臣，办理外交事务。何桂清是当时清政府中少有的开明精干的高级官员，对外国人有一定程度的了解，愿意与洋人有话好好说。这样，总算稳住了英国人。

任命两江总督何桂清为通商大臣，管理中国的外交和对外贸易，给上海带来了根本性的改变，使上海不但成为外贸中心，还成为外交中心。

如此一来，上海道台薛焕就要分出精力办外交了。

1859年6月，李泰国对薛焕说：《天津条约》规定要到北京举行换约仪式。薛焕认为朝廷之所以对《天津条约》不满意，就是因为将在北京驻公使这一条视为奇耻大辱。因为如果这一条落实了，意味着中国传统政策的垮台，就不能证明外国人低人一等了。李泰国说：在北京常驻外国代表，可以把中国拉入世界的主流中，并与世界其他文明国家接触。除非列强国家在京驻代表，否则不会对与中国的关系感到满意。如果中国像以前一样违反条约，列强们就会派远征军来中国强制执行。没有常驻代表，就没有和平的保障。薛焕也有同感，他说：除非有强大的军队向北京进军，否则公使的偶尔访问，会被当作附属国的进贡。那些主战派大臣，不痛打是不会老实的。李泰国建议在北京建立一个特别机构，类似西方国家的外交部，由有外交经验的人组成，专门与那些常驻代表打交道，并通过这种接触，学习如何保护中国利益。薛焕听了，很感兴趣，认为这是一个好的建议，这个机构如果能成立，将为中国办许多好事儿。

然而不久，又出了事儿，而且是大事儿。

英国新任公使卜鲁斯、法国公使布尔布隆准备到北京交换《天津条约》时，清政府告诉他们说要在上海交换。二人不同意，不管三七二十一，率领换约舰队北上。行至天津大沽口，发现海河已设防，他们便派船去拔水中防御设备（其实就是木桩之类的玩艺儿）。清朝名将僧格林沁一直注视着洋人的一举一动，脸上流露出轻蔑的表情，等到英法舰船全部进入海河，相互间挤作一团时，僧格林沁突然下令开炮。经过一天一夜激战，6艘炮艇被打得不能作战，5艘被打沉，打死打伤英军1578人，生擒2名，法军死伤14人。英国海军司令何伯受重伤。

僧格林沁

英、法公使十分恼怒，派人找僧格林沁论理，说：采取这样的办法偷袭我们，要受到报复的。僧格林沁打马虎眼，一口咬定那是乡勇干的，不是正规部队。

英、法公使当然也不是好糊弄的，说：乡勇是乌合之众，怎么会有这样的作战能力？再说，乡勇怎么会跑到你的炮台上开炮？僧格林沁就理屈词穷了。

朝廷闻讯，派人来抚慰洋人，与其说是抚慰，倒不如说是来看笑话的。

卜鲁士、布尔布隆仍然怒气冲天，口口声声说要进行残酷报复。

朝廷来的人得便宜卖乖，说：你们来北京换约，本不必带兵，中国在内陆河设防，是防太平军的。海河堵塞了，你们可以在北塘上岸，由陆路进京嘛。

卜鲁士、布尔布隆认为对方说的有理，不再坚持报复，返回上海，听候本国政府的指示。

英、法两国政府很生气，决定不能轻易饶恕清政府，借机要让清政府放弃自以为是的大国态度，与其他国家平等交往。如果外交途径无效，就用武力解决。两国提出三个条件：清政府为大沽事件道歉，执行《天津条约》，赔偿海陆军的费用。英国人还想试着获得香港对面的九龙半岛，使其成为租界。

英、法公使等了几个月，没见有动静，这时他们的援军也到了，于是便组成英法联军，雄纠纠气昂昂地沿原路北上。他们一路开到大沽，不分青红皂白，对大沽炮台进行轰击，大沽炮台不敌，天津城陷落。朝廷这才急了眼，赶紧派桂良到天津交涉，于其说是交涉，不如说是虚心听"洋鬼子"有什么意见。桂良对老外们提出的所有要求都答应了，但签字的时候，又生出是非来。"洋鬼子"要带卫队去北京签字，又认为桂良的级别不够高，朝廷派他来交涉是缓兵之计，是在忽悠他们。也难怪老外有这样的想法，因为在这之前，清廷曾多次忽悠他们，被忽悠多了，他们就长心眼了。朝廷又急派怡亲王载垣为钦差大臣，前来应付。载垣不但是皇亲国戚，而且位高权重，英国人不好说什么了。可是，英国人对北京念念不忘，签字的时候，又节外生枝，说要到北京向皇帝面递国书。按说这也算不了什么，皇帝出来与他们见个面，问声好，不但是一种礼节，也是一种国际惯例。但清政府却认为，外夷太张狂，居心险恶，绝不能容忍。大臣们哪里知道，这时候的大清国，早已不是过去的天朝上国，他们的皇帝，也早已不是能让老外行单腿跪拜礼的皇帝了。大清国皇帝的威严，在外国人眼中，早已打了折扣。

载垣愚蠢到家了，竟然又下了个愚蠢的命令：把39名英、法代表及随从人员全部缉拿起来（他们应中国方面请求，竖白旗前往通州谈判），并虐杀了其中20人。这一下捅了马蜂窝，仗又打起来了，18000人的英军和7000人的法军，由联军总司令格兰特、孟班托率领到达上海，接着北上，一路占领烟台、大连，完成对渤海湾的封锁。8月初，英法联军杀向天津。朝廷认为，僧格林沁曾打败过洋兵，所以把希望都寄托在他身上，但老僧实在让咸丰失望，他对自己人强悍、心狠手辣，但对付洋兵却毫无办法，一触即溃，一路败退通州。失望透顶的咸丰帝，下令拔去老僧三眼花翎，革去正黄旗领侍卫内大臣、镶兰旗满洲都统官爵。老僧实在不争气，继而在八里桥战斗中又失利，英法联军攻入北京，开始疯狂报复，烧杀奸淫，无恶不作。最让今人痛恨且念念不忘的，便是火烧圆明园。

自以为很了不起的咸丰皇帝，终于没了底气，仓皇逃到承德避暑山庄，留下弟弟恭亲王奕訢主持朝政。奕訢是清朝开国以来最有能力的一位亲王，据说本来应该他当皇帝，但咸丰在自己师父的指点下耍了一个小聪明，才骗得道光改了主意。

恭亲王奕訢

奕訢反复权衡后，决定与英、法两国签订条约。10月23日和24日，恭亲王奕訢代表中国签订了中英、中法《北京条约》，也在同一天，交换了《天津条约》的批准书。

俄国人趁火打劫，趁机迫使奕訢签署了中俄《北京条约》，确认中俄《瑷珲条约》的合法性，并割让乌苏里江以东包括库页岛在内的约40万平方公里的领土。俄国在鸦片战争中未动一兵一卒，不费一枪一弹，从中国攫取了最大的利益。

《天津条约》《北京条约》的主要内容是北京驻公使、长江通商，还有就是领事裁判权和赔款。用今天的观点来看，重要的是后两款，不重要的是前两款，可是在当时，清政府最看重的是前两款，对于后两款，他们认为无足轻重。

1860年11月7日，英国公使卜鲁斯趾高气扬地来到北京，为建使馆做准备。他担心咸丰皇帝会忌讳他这个洋鬼子不愿回京，不久就离开了（他一个洋人，能替中国皇帝着想，很有人情味的）。卜鲁斯走前对恭亲王说，他虽然到天津去了，但他只会和亲王本人或其他大臣来往。为了督建公使馆，副领事雅妥玛留了下来。第二年，他又派中文秘书威妥玛来北京，与恭亲王商讨落实《北京条约》的问题。其中，最急迫的是向英、法各支付800万两赔款，条约规定，赔款每季度交付一部分。

威妥玛与恭亲王、文祥、恒祺讨论时，发现三人都赞赏李泰国，便决定把他当作大清海关首长的适合人选。

因为赔款要从海关税款中支付，他们同意把到期支付的款项，交给李泰国去处理。文祥真心实意地说，如果没有外国人的帮助，海关处理不了赔款问题。

由于赔款是朝廷的责任，朝廷被迫与外国代表直接接触，还要处理外贸引起的问题，这些问题又与海关有关，于是就想起了李泰国的建议：设立外交机构，领导海关。

1861年1月20日，"总理各国事务衙门"诞生了（这是中国的第一个外交机构），恭亲王为衙门首脑，大学士桂良、户部左侍郎（相当于现在的财政部副部长）文祥为帮办。次年，又增加了4名新成员，其中3名来自户部，这说明当时清政府把财政看得比外交重要。

恭亲王受命组建"总理各国事务衙门"时，大家认为这是一个临时机构，不久就会裁撤。就连恭亲王自己也这么认为，办公场所找的是一所旧房子，经费也只有3000两。

尽管总理衙门是临时的，但其大门却很有讲究。中国衙门建筑一般都是三个门，中间是正门，两边两个旁门。正门一般是不开的（除非有大典或皇帝来了），普通人、普通事儿，走两边的旁门。外国的使臣来了，也要走旁门。可是外国使臣不干，他们是代表国家的，一定要走正门。为了堵洋人的嘴，同时又能满足"天朝上国"的虚荣心，"总理衙门"的大门只设有两个旁门，没有正门，洋人出入只能走旁门。

清政府不放心汉族臣民与洋人打交道，怕汉人和洋鬼子"勾结"在一起，颠覆他们的政权，所以从总理衙门大臣到同文馆的学生，清一色都是旗人。

1884年4月，恭亲王被免去衙门总理职务，庆亲王取而代之，直至1900年衙门解散。

创立总理衙门时，还任命了北洋通商大臣和南洋通商大臣，监督北方和南方各口岸的贸易，两洋通商大臣职位一般由直隶总督和两江总督担任，尽管他们不是总理衙门成员，但他们经常参加衙门事务的讨论，很有影响力。

总理各国通商事务衙门

美国人任团长的中国使团

美国人、法国人的在华利益不是打来的,是借英国人的光"吓"来的。当时,中方代表耆英在签订《南京条约》时,体会到了英国人的厉害,将同为白种人的法国人和美国人,视为同一级别的强悍国家,两国稍以武力恐吓,耆英就老老实实地在条约上签字。

当时,法国人对中国不太了解,想拉拢中国人入他们的伙,提出几条优惠条件:一是互派公使,大家就算结盟了;二是给中国进贡天文学家并派传教士来传教;三是让中国派人去法国深造,学习造船和水战。法国人告诉耆英,只要中国肯跟着他们学,对付英国不成问题。

耆英一听要往北京派公使,赶紧拒绝,至于天文、造船之类的东西,中国很早以前就有了,不需要别人来教。法国人一听生气了,说派公使进京见皇帝是必须的,给皇帝送一个天文学家是必须的,传播天主教也是必须的,如若不然就接着打。耆英一听,脸都吓白了,这"三个必须"都能要他的老命。他若胆敢答应了前两条,皇帝砍他的头毫无疑问。因为皇帝本来就不愿见洋人,而洋人见皇帝又不肯下跪,这他是知道的。可是如果全部拒绝,法国人也不会答应,唯有第三条可以接受,只要传教士不在北京传教,皇帝他老人家眼不见心不烦就行。

那时,法国人不像英国人那样重视贸易,只是专注传教,且不遗余力。中法《北京条约》签订后,"法国天主教川东教区"主教范若瑟,派遣教士邓司铎到酉阳州办理教务,在距离酉阳城区20里的小摇坝建了个小教堂,名为"公信堂"。因为天主教徒可一夫一妻且周末不劳作,有头脸的人对此不屑一顾,所以邓司铎传教士发展的信徒尽是些穷光蛋(欺男霸女、偷鸡摸狗的流氓无产者最积极)。洋神父不了解社会情势,反而依靠这些"流氓无产者"来保护。这样以来,本来穷得揭不开锅的"无产者们",因为有洋人做靠山,更加嚣张,看谁家的大姑娘小媳妇上眼,就去骚扰。有一个叫张添兴的教徒,常狐假虎威地去动员群众信教,谁不入教就看谁不顺眼,就骂人家祖宗八代。这些所谓的教徒,还借教会势力,为非作歹,引起一些民众尤其是富人的反感。富人们便暗中支使人破坏"公信堂"门窗,双方的对立情绪越来越严重。最不符合入教条件,又最反对洋教的土家族头人冉老五,有一天实在忍受不了了,便去找一个叫玛弼的洋神父决斗,玛弼不经"斗",一下子给"斗"死了。

以冉老五的头人身份,打死一个中国人不算个事儿,打死了洋人,可就摊上大事儿了。法国驻华公使伯洛内不依不饶,天天到总理衙门来,不是骂就是嚷着要开枪,还威胁说要派兵去四川。

法国人很生气,中国人也很生气,认为法国人太无理,又没请你们去传教弘法,活该!

赫德劝文祥说:法国公使之所以如此无理,一方面是想让中国政府重视,早日解决问题,他好向他的同胞有个交待;另一方面是因为中国在法国没有派驻使臣,法国政府除他之外,无从了解实际情况,他的主张和态度,能够左右法国政府。因为缺乏其他渠道沟通,这些公使便自行其是。中国应尽快派驻使臣,开辟多种沟通和联系渠道,以免各国政府偏听偏信。

文祥半信半疑,说:在国外设立外交使团,有用处也没有用处,这取决于经费的多少(经费足够多,可以行贿所在国有权有势的人)。

赫德十分肯定地说:向国外派驻使团只有好处,没有坏处。尤其是在目前的情况下,更需要派驻使团,与各国加强沟通,消除误会。

总理衙门这才重视起法国传教士被杀事件,要求四川地方政府尽快处理。

过了一个月,四川总督杀了冉老五抵命,又赔了8万两银子,法国公使才善罢甘休。

为了让总理衙门了解更多的外交知识,推动朝廷向国外派驻使节,赫德让同文馆英文教习丁韪良翻译了《万国公法》,由海关出500两银子印成书,送给总理衙门。

文祥看了赫德送来的《万国公法》,说这是好东西,以后向欧洲派遣使节时,将以《万国公法》为准。

赫德趁机说:我来中国12年了,没有回过英国,想明年初回英国探亲,大清国能否派一名特使与我一起前往,并试探性地访问周边其他国家,先作个铺垫,以后再考虑派正式使团。

文祥认为这是个好建议,现在做这件事儿,不会引起严重的疑虑和不满,也不会引起议论。

恭亲王奕訢也赞成赫德的建议。1866年2月20日,奕訢将派人出访西方国家的想法奏报朝廷,他说:自开关互市以来,洋人对中国的情况越来越熟悉,但中国对外国的情况还是不了解。虽一直想派人前往西方各国考察,了解国外政情民意,为朝廷决策提供参考,但苦于找不到合适的人。现在赫德自愿带人前往,前山西襄陵县知县斌椿,老成可靠,由他作为考察团的领队十分合适。考察团将各国山川形势、风土人情随时记下来,可作为了解外国的第一手资料。考察团是非官方的,既不是正式外交使团,也不担负外交使命,可以避免外交礼仪上的问题,也无需像正式使团那样花费很多。

皇帝(其实是慈禧太后)阅折后,当即准奏。

清政府很快组成了以斌椿为首,同文馆

斌椿

学生凤仪、德明（张德彝）、彦慧、广英（斌椿的儿子）参加的考察团。

赫德又指定在粤海关任职的英国人包腊、东海关任职的法国人德善随同前往。

为了提高考察团身价，朝廷专门任命斌椿为总理衙门副总办、授予三品文官衔。另外，根据赫德的建议，总理衙门又给斌椿发 300 两、其他成员 200 两的行装费。

春节期间，各国公使来总理衙门拜年贺岁时，恭亲王将斌椿介绍给他们。之后，总理衙门大臣恒祺又带着斌椿到各公使馆走了一趟，先混个脸熟。

尽管如此，出行前，恭亲王告诫斌椿，这不是正式外交使团，只是派往西方的考察团。

1866 年 3 月 6 日，斌椿一行离开北京去上海，半个月后，从上海乘船赴欧洲。5 月 2 日，抵达法国的马赛港。此后，考察团访问了法国、英国、荷兰、德国、丹麦、瑞典、芬兰、俄国、普鲁士、汉诺威、比利时等十多个国家和地区，考察了火车、轮船、电报、电梯、活字印刷、铁路隧道、蒸汽机、起重机、扬水机、化学镀金法、显微镜、幻灯、电气医疗技术、大型纺织厂、兵工厂等。另外，他们还参观了埃及金字塔、古太阳神庙、大英博物馆、凡尔赛宫、凯旋门等。他们在欧洲待了 110 多天。

目睹了西方国家先进的科学技术后，考察团深有感触。回国后，斌椿将他的考察记录整理为《乘槎笔记》，德明写成了《航海述奇》。他们的观察以西方社会风俗习惯、高楼大厦、煤气灯、电梯和机器为主，对政治制度几乎没有涉及。《乘槎笔记》印出来后，成为畅销书，一时洛阳纸贵。

斌椿一行在欧洲游历时间有限，多为走马观花，却开创了清政府官方代表出国先例，增进了中国对世界的了解。

斌椿考察团是几名低级官员组成的使团，并不意味着大清帝国承认其他国家的平等地位，仍然持"以大清国为中心"的朝贡关系世界观。

考察团的另一个成就，直到 1919 年才体现出来。德明在《航海述奇》中，有一段介绍西洋标点的内容："西方各国书籍，句读勾勒，讲解甚烦。

如果句意义足，则记'。'；意未足，则记'，'；意虽不足，而义与上句黏合，则记'；'；又意未足，外补充一句，则记'：'；语之诧异叹赏者，则记'！'；问句则记'？'；引证典据，于句之前后记'""'号；另加注解，于句之前后记'（）'号；又于两段相连之处，则加一横'——'。"这段记述，引起了胡适等六位教授的关注。1919年4月，在国语统一筹备会第一次大会上，提出了《请颁行新式标点符号方案》，要求政府颁布通行"，。；：？！——（）《》"等标点。后来，胡适对方案做了修改，把原方案所列符号总名为"新式标点符号"，当年获批准。

除了考察团成员写了一些回忆文章外，这件事儿好像没发生过，朝廷根本不重视考察情况，甚至没有人谈论这事儿，就像一潭死水里投进去一块石头，激起几圈涟漪后又复为一潭死水。这大大出乎赫德的意料。

其实，斌椿带考察团去欧洲之前，差不多在马戛尔尼使团出使中国的时候，有一个名叫谢清高的广东水手就去过欧洲，还写过一本叫《海录》的书，对英国有详细描述：海中独峙，周围数千里，人民稀少而多豪富，房屋皆重楼叠阁；急功尚利，以海舶商贾为生涯，海中有利之区，咸欲争之，贸易者遍海内，以明呀喇（约当今孟加拉国）、曼达喇萨、孟买为外府。此外，他还在书中写道：军法亦以五人为伍，伍各有长，二十人则为一队；号令严肃，无敢退缩，然唯以连环枪为主，无他技能也。其海舶出海贸易，遇覆舟必放三板拯救，得人则供其饮食，资以盘费，俾得各返其国，否则有罚，此其善政也。这本书本来是一部珍贵文献，对认识欧洲有十分重要的意义，遗憾的是当时的人们热衷于"只向纸上与古人争训诂形声"，对古人的热情，远远超过认识世界的热情，这本书并没有引起注意。英国人却在一直探究中国，到了19世纪初，形成了中国学，已能用科学的方法认识中国。这就是大清国和英国的差距。

1868年春，美国驻华公使蒲安臣任满回

蒲安臣

国。行前，他到总理衙门话别，回忆了在中国的 8 年美好时光；同时，也觉得留有很多遗憾，尤其是未能使各国进一步了解中国。

蒲安臣说回美国后，仍愿为中国做有益的工作，以消除西方国家对中国的误解。

恭亲王说：如果一名公使能为两个国家服务，我们将很高兴请你做我们的使者。

这项使命对蒲安臣太有吸引力了，能成为第一个把东方古老帝国介绍给西方世界的人，具有不可抗拒的魅力。这也许会耽误他的政治生涯，但做中国的特使，将有助于提高他的声望。他认为，占人类人口三分之一的古老国家，破天荒要和西方建立关系，并请求一个最年轻国家的公民为代表，这样的任务，他义不容辞。

蒲安臣很兴奋，从总理衙门出来，直接去找赫德谈这事儿。

赫德说他曾收到过同样的任命，但没有接受。蒲安臣问为什么？赫德说自己太年轻，不够显赫。别人担任此职，会更加可敬。听了赫德的话，蒲安臣很犹豫，不知道该接受还是拒绝。赫德认为蒲安臣有强大的美国作为支撑，什么都不用担心。蒲安臣忽然觉得中国人也许只是说说而已，并不打算去实现。赫德说他将努力使其变成现实。

隔日，赫德到恭王府拜访恭亲王，开门见山地说：蒲安臣是个好人，能为中国着想，是中外交涉使臣最恰当人选。英、美、法三国势力相当，若用蒲安臣，恐冷落了英国和法国；为此，还可任命英籍海关税务司柏卓安为左协理，法籍海关税务司德善为右协理，随他出使。

恭亲王赞同赫德的意见，说：已下决心做这件事儿，准备派记名海关道志刚、礼部郎中孙家谷任中外交涉事务大使，一同出行。这件事儿，就这样定了下来。

在美国使馆的告别会上，恭亲王把任命蒲安臣为特使的圣旨交给他，让他代替中国出使列强国家。

消息一传出，引起不小的动静，蒲安臣一时被誉为"世界大使"。

朝廷对这个使团所抱的期望是：展示中国内战外乱的尴尬处境，希求西方列强多迁就点儿。实际上是希望推迟新时代的到来。

1868年2月25日，蒲安臣和随行人员从上海乘船出发，先到美国。在美国和安德鲁·约翰逊总统做了一次会谈后，又和西华德国务卿签署了一项条约，美国保证对中国内政持不干涉政策，中国可以派使领人员和劳工前往美国；同时，彼此有权在对方国家居住、传教和留学。

这个条约是蒲安臣自作主张签订的，事先未征得清政府的同意，但朝廷对此很满意，没有否认这个条约的合法性。

之后，蒲安臣带着使团去英、法、普鲁士等国。

在伦敦，维多利亚女王接见了使团，外交大臣克拉兰顿勋爵向蒲安臣保证，只要中国遵守条约，英国会保持克制。同时，英国愿意尊重中国臣民的情绪。

这项保证还通知了驻华公使阿礼国，要他在即将进行的修约谈判中，本此精神行事。

取得英国承诺后，蒲安臣前往柏林，拜见德皇威廉一世、德国外交部署理大臣狄勒、德国首相俾斯麦等要人，呈递了国书，互换了公文，表示双方永远交好。德国政府很是热情，在几十天的时间里，或赠照片，或陪宴饮，或赠画景，或参加舞会。一行人忙于应付，无暇讨论和修订1861年签订的《中德条约》。

不过，蒲安臣也不是一无所获，在柏林得到俾斯麦的一项保证：德

蒲安臣外交使团

国将根据北京所认为的最高利益，处理与中国的关系。

蒲安臣又带领一行人，前往俄国的圣彼得堡，向沙皇递交国书。蒲安臣抵达俄国后，才知道俄国与中国陆地边界有10000多千米，边境事务十分复杂，他既怕交涉不利有负中国，又怕说话不得体让俄国人笑话，于是日夜焦虑，积劳成疾，不治身亡，死的时候只有50岁。

蒲安臣死后，志刚、孙家谷接办中外交涉事务，继续出使布鲁塞尔和罗马。

在一年零八个月的时间里，这个使团先后出访过美国、英国、法国、瑞士、丹麦、荷兰、普鲁士、比利时、意大利、德国、俄国等11个国家，水陆行程126000多里。

使团这次出访，赴美签订了《蒲安臣条约》；在英、普、俄三国互换了公文，为以后解决纠纷打下了基础；在瑞士、丹麦、荷兰、比利时、意大利有答复书或面谈文件形成。以下这些为以后中国与各国的交往、交涉，提供了依据。

使团两次去法国都遇上其政局不稳，没有取得任何实质性的外交成果。

蒲安臣使团向西方国家介绍了中国的实际情况，使西方国家对中国国情有了一个比较全面的了解，促使西方列强允诺，在即将举行的修约谈判中，执行克制和合作政策。

使团的成功出使，也带来另一个不幸的结果：朝野上下认为，外国人是可以控制的，甚至认为外国人可以为我所用，从此变得更加自负，对外界刺激的反应更加迟缓。

在进行修约问题的谈判时，英国商界人士要求开放全中国，要求在设电报、修铁路、开矿、内河航行以及居住等方面，取得更多的特权。阿礼国坚决顶住了压力，以温和的态度及和解的精神进行谈判。在这件事情上，阿礼国曾得到克拉兰顿和有影响的贸易部常务次长马莱特的支持。

双方以对等的地位进行实际谈判，没有军事威胁，这是鸦片战争以来的第一次。根据谈判结果，双方于1869年10月23日签订了"阿礼国协定"：准许中国在香港设立领事馆；鸦片进口税按价提高2.5%，生丝出口税提高1%；确定了最惠国待遇。开放温州和芜湖，同时，关闭海南岛没有用处的琼州口岸；从英国进口的纺织品增收2.5%的通行税；外国人可用中国式木船在内河航行；汽轮船在鄱阳湖航行；外国人有条件、有限制地在中国内地临时居住；中国同意采用一项成文的商业法法规。

总理衙门对这个协定很得意，认为是板上钉钉的事儿，只差双方签字了。

阿礼国也对这个协议很满意，他说：我们不再是将和平的条件强加于人，而是在平等的基础上，为相互的利益进行谈判。

英国的商界对阿礼国抱藐视的态度，嘲笑他把中国"当成一个有资格享受文明国家权利和特权的国家"。除了美国的代办卫三畏博士赞扬该协定是"和平的胜利"外，绝大多数外交官都不置可否。

继克拉兰顿担任英国外相的格兰维尔勋爵断定：批准该协定，将会扩大误会和摩擦，因此于1870年7月25日将它否决。

总理衙门觉得，它对外国的善意和信任被出卖了，参加谈判的人普遍感到，外国人只取而不给，谈判结果稍不如意就不认账。英方的行为加深了中国人关于外国人本性贪婪、行动捉摸不定的看法。

蒲安臣的出使助长了中国人的自满情绪，而英方拒绝批准"阿礼国协定"，加深了中国人对外国人的猜疑。

大清国迟迟不愿对西方外交代表制度做出对等反应，这与历史有关。历史上，中国从没向国外派驻永久使团；此外，大多数官员回避涉外事务，把到国外任职视同流放。绅士和官吏们总是强调，历史上都用夏变夷，没有用夷变夏的，认为对外交往有失体统。随蒲安臣出访的志刚、孙家谷，因国外之行受到不小的影响，一个被派到西部当了小官儿，另一个被派往蒙古边境任职，这其实就是流放或充军。

蒲安臣使团的成功，助长了保守主义势力，总体上看，出去了这么一趟，比没出去好。

各国公使终于见了同治皇帝一面

1871年10月16日,同治皇帝要举行婚礼。这本来是大好事儿,可是总理衙门却扫人家洋人的兴,提前三天给各国公使传话,说:届时全城戒严,你们这些公使和你们的侨民,待在家里别出门,以免惊扰大事。外国人听了,很不高兴,不让沾光也就罢了,还要限制人身自由。

公使们窝着一肚子的火,去总理衙门,说要向同治皇帝递交国书。总理衙门开导他们说,皇帝尚未成人,不便接见。公使们问什么时候方便,总理衙门诚恳而又含糊地说:皇帝尚未亲政,请耐心等待。公使们认为这说法有道理,不再计较,便打道回府。

打发走了找茬儿的公使们,总理衙门的大臣们却一点儿也高兴不起来,因为四个月后,也就是次年2月23日,同治皇帝将年满18岁,按清朝祖制应当亲政,到那个时候,不知道该用什么借口糊弄各国公使。当然,各国公使也不是好糊弄的。

果然,公使们又找上门来,要参加同治帝的亲政大典,总理衙门早有准备,说这是大事儿,只有文祥才能答复,可是他

同治皇帝

生病了，等他病好了，再讨论这事儿。公使们坚决不从，说世界上没有哪个国家像大清国一样，我们来了十多年，国书还没递出去。亲政大典一定要参加，否则，就直接闯进皇宫。

文祥的病立马好了，出面和公使们协调，公使们还是那个态度，文祥也不客气，专拿公使们最忌讳的说事儿。他说：觐见可以，但必须行跪拜大礼。

公使们听了，简直气炸了肺，说：那是中国人的礼仪，你们见皇帝三跪九叩首，我们管不着，但我们绝对不下跪。英国公使说：很多很多年前，马戛尔尼见乾隆时都没有三跪九叩，况且是今天？！

文祥说：既然如此，就不好安排你们去见皇帝了。公使们说：见皇帝是见定了，即使付诸武力，也要见个面儿。

文祥认为没有那么严重，公使们不过是吓唬中国人，不过他也不想这事儿闹得太僵，与公使们生了嫌隙，以后难以好话好说，于是找来赫德，让他去做他的"洋兄弟"们的工作，打消他们见皇帝的念头。赫德摇着他那智慧的脑袋说：别的事儿，可以去劝劝，这事儿，坚决不行。假如我去劝他们，效果一定适得其反；不但如此，那些已经不高兴的公使们，还会将恼怒发泄到我头上。那些人本来就因为我为总理衙门出谋献策，没和他们穿一条裤子不高兴，总说我是总理衙门的走卒。为这事儿去劝那些洋兄洋弟们，他们就该骂我是走狗了。从这件事儿上看，公使们是有理的，当然会得理儿不让人。根据国际惯例，各国有庆典，首先邀请外国大使参加，清政府不但不邀请，反而视各国公使为臣民，不许外出，这是对他们的蔑视和侵犯。公使们早就认为大清朝廷对待西方国家，还不如对待朝鲜、琉球之类的藩属国好，窝了几肚子无处发泄的火，现在终于找到了借口，怎肯错失良机。事情明摆着，公使们名为觐见祝贺，实际上是争正常礼节待遇。

想当年，大清国把马戛尔尼看成朝贡者，要求他向乾隆皇帝行三跪九叩之礼，从而引起礼仪争执。老马不愿跪地，是人家不愿遵从大清国的礼仪，清政府却这样安慰自己：他们用布扎着腿，跪不下去。清政府与外部世界接触得非常少，妄自尊大且一贯地看不起周边民族，把他们叫作蛮夷。中国作为东方大国，在两千年的封建文明史上，创造的灿烂文化曾对周边邻国产生过巨大的影响，清政府对处身其中的中国文化也有着极大的优越感，但在与外界交往的过程中却过了头。一个民族和国家的文化开放程度越大，就越能够吸收其他民族的优秀文明成果，自身的发展也就越快；坚持封闭、自大的心态，就会与其他文化发生激烈冲突。

这些道理，满清的大人们不懂，但赫德却深有体会。他劝文祥说：公使呈递国书，是代表本国政府；由于双方地位平等，各国使臣答应行免冠鞠躬礼已经是尊重皇帝了，不应逼人家跪拜。我已经听说，各国公使是势在必得，甚至不惜使用武力也要达到目的。

文祥动气了，说：太平军已被我们消灭，捻军虽然还在活动，已构不成威胁，没有了内忧，我们可以放手一搏，谁赢谁输还不一定呢。有些公使稍不如意就说要动武，我们不怕他们的威胁和讹诈。

尽管赫德知道其中的利害关系，但他也没有决策权，只能起说客的作用，见文祥又说胡话，就继续开导说：对待各国公使，应宽其小节，示以大度，不必为跪拜礼仪纠缠不休，如果因此引发武力冲突，更是得不偿失。现在是实力外交时代，大清国国力虚弱，"人为刀俎，我为鱼肉"，皇帝欠公使们的这个"面"儿，即使这次能躲过，也只是"躲得过初一，躲不过十五"，终究不是长久之计。

文祥还是不服气，赫德又开导说：古代中国被分割为许多诸侯国时，各诸候国你来我往，频繁联系，形成的精湛外交艺术解决了很多疑难问题；国家统一后，这种外交艺术就逐渐消失了。仅在国势强盛时，派遣使节出去宣扬天子的威德，接受外邦为朝贡国；国势衰弱时，出去向夷狄求和或结盟。西方国家提出平等相待的要求时，朝廷认为没这个必要，被粗鲁拒绝，直到外国军队把中国打得落花流水时，才不得不签订条约；签订条约后，却又像排斥魔鬼一样排斥外交官；不得不同意外交官驻京后，又规定公使不得进入宫廷，有大事儿的时候，还要求外交官不得露头。

听了赫德的一番高论，文祥一时无话可说。赫德又说：中国应该像春秋战国时那样，把外交艺术重新拾起来，发扬光大。

文祥终于被说动了，下决心与国际接轨，满足公使们的要求，让他们见皇帝一面。尽管有士大夫的阻挠和非议，大清朝廷还是同意各国公使呈递国书，但公使们要先练习觐见程序和礼仪。

各国公使很无奈，只好在清廷礼仪官的指导下，练习折腰拱手唱诺。看着一群洋人行中国礼，指导他们的人想笑又不敢笑。

6月29日这天天不亮，公使们就爬起来，赶到"北堂"教堂集合，然后在总理衙门大臣的引导下，来到皇城的福华门，再到紫光阁外。经过漫长等候，九点才被宣觐见。公使们按到达北京的先后顺序，排队进入。德国公使壁斯玛当翻译，俄国公使倭良嘎哩代表各国公使致颂词；然后，各国依次将国书呈递到同治帝面前的书案上。从始至终，同治帝呆坐在龙床上，看着一群"洋鬼子"们，一句话也没说。恭亲王代表他表示谢意，并祝愿从今以后，中国与各国的关系更加友好。然后，各国公使依次退出，觐见活动结束，全部过程不足半个小时。

觐见仪式结束后，赫德如释重负，长舒一口气。为了这半个小时，各国公使等了十几年，他也呼吁了十几年。

海关总税务司署原本设在上海，赫德也长驻上海，总理衙门有事儿时，才叫他到北京住一阵子，然后再回去。1865年，太平军残部在广东被歼，大清国的心腹大患终于去了，刚想松口气儿，洋人的事儿又成为当务之急。英、美、法等国驻京公使天天找上门来，说原来签订的条约要修改；此外，外国人掠卖华工问题愈演愈烈，海关违章处分和商务等问题也要尽快解决。可是总理衙门不懂外交，而洋人也不好忽悠，于是急调赫德来帮忙。那个时候，总理衙门的大臣们对外交是门外汉，对商务、税务也不懂。不过，这些大臣倒也谦虚，凡事儿都征求赫德的意见，特别是处理国际问题时，对他差不多是言听计从。当时的客观情况也特殊，大清国上下不但没有人了解国际事务，而且也没有人愿意了解，即使是总理衙门的大臣们，如果不是职责所系，大概也不会热心这事儿，这就是所谓的屁股指挥脑袋。正因为如此，总理衙门只有从赫德那儿才能获得国际信息和外交建议。

由于外交上实在离不开赫德的帮助,海关也离不开他的领导,1865年10月28日,总理衙门干脆下令,把总税务司署从上海迁到北京,让赫德两头兼顾、两不误。

赫德长驻北京后,常与总理衙门大臣们共进早餐,一边吃饭,一边谈国际形势,大臣们从他那里,了解到许多新鲜东西,增长了外交知识。

那时的外交状况,郭嵩焘用十二字进行了形象概括:"一味蠢、一味蛮、一味诈、一味怕",因为愚蠢而蛮横,蛮横不成则使诈,奸诈不成就跪地求和,最后再割地赔款,贻祸天下。赫德天天向总理衙门唠叨,要尽快改变这种状况,否则会吃更大的亏。总理衙门的大臣们开始不相信,以为他是忽悠人,后来赫德越说越透彻,大臣们才不得不相信。

概括起来,赫德告诉了他们这样的道理:中国以天朝礼仪之邦自居,神气活现地不愿与他国平等相处,西方国家最看不惯这一点。地方官员也上行下效,视洋人为夷人,待之如狗。可是当外国兵临城下时,那些高高在上的士大夫们不是袖手旁观,就是逃避。仗一打完,那些人又故态复萌,继续高唱华夷内外的调子。中国要想维护国家独立,不能靠"嘴上功夫",

俗称"北京红楼"的海关总税务司署

要与外国人友好相处，派大臣常驻国外，直接和外国政府打交道；外派使节，可以使政府间感情融洽，预防纠纷发生，有助于和西方国家建立牢固联系；中国只有放弃天朝中心论的虚荣，以平等理智的态度进行理性外交，才能处理好与西方列强的关系。

赫德说的有情有理，总理衙门也深有同感，越来越认同，但无论是皇帝，还是位高权重的官员，从心理上都自抬身价，回避涉外事务，把到国外任职视同流放。认为中国上下五千年，一直用夏变夷，没有用夷变夏的，说总理衙门与老外打交道，有失体统，时常横加指责。总理衙门无力改变现实，只好下决心办好同文馆，先培养一批学兼中西又有责任感的官员。

这个时候，中国周边形势已经很严峻了，列强已全面包围和侵入了中国：西南有英国和法国通过印度、缅甸和越南，威胁西藏、云南、广西、贵州；东南沿海是不设防的海岸，很容易打进来；日本人早就盯上了朝鲜、台湾等地；叫人费解的还有俄国，它不敢西进，却疯狂地向东扩张，在英法联军占领北京时趁火打劫，不费一枪一弹占尽中国东北及外兴安岭以东的领土。

赫德想为中国做一些防范工作，经总理衙门同意，他对中国海关驻伦敦办事处进行改组，扩大职责范围，将其由单一的采购部门变成一个以外交、情报收集、采购为主的综合机构。因为这是海关的事儿，又在很远很远的地方，总理衙门当即同意。

中国海关驻伦敦办处事改组完成后，赫德要求其把工作重点放在情报搜集上：凡对中国有影响的消息，无论直接的还是间接的都收集；即使是外国报纸对中国的评论，也不能放过。

当时，中国尚无驻外机构，海关伦敦办事处是中国政府在国外的唯一机构，后来在搜集情报、采购军火和外交斡旋上，帮了大清国的大忙。

此后，一些条约到了修约期限，在华逐利的英国商人嚷着修铁路、设电报、开矿，促进中国"进步"。商人们的要求本来是好事儿，可是总理衙门却畏之如虎，以为英国人又要整啥幺蛾子。

赫德不以为然，开导总理衙门说：修订条约可以心平气和地交换观点，不会有战争风险。他还告诉总理衙门：英国外交大臣给驻华公使发来了指示，不强求中国和英国用同样的眼光看事物。

总理衙门心里有了数，在赫德的帮助下，陆续与西方列强进行修约谈判，由于事先做了充分准备，研究了对策，做到了从容不迫。

总理衙门与英国的修约谈判历时九个月，对于英国提出的十九项不平等要求，赫德和总理衙门顶住压力，把最主要的都拒绝了。

中国人在外国"起义"了

中国劳工的的悲惨命运，与美洲的黑奴解放有直接关系。

19世纪60年代，黑奴通过"革命"翻身解放，身份相应提高，如果不是自愿，不能再乱抓乱捕黑人为奴。由于劳动力缺乏，出现用工荒，种植园主损失惨重，古巴糖业产量也急剧下降。古巴的殖民者遂将目光投向世界的东方，大清国子民吃苦耐劳的美德，正适合他们的需求。事实上也的确如此，华工的到来，使种植园重获生机。不但古巴的西班牙殖民者发了财，那些人贩子也发了大财。当时，每名华工值400两，成本却只有120两银子。巨额利润的诱惑使外国人贩子像马蜂一样，成群结队地来到中国，雇用中国人贩子代为招工。中国人贩子更加可恶，招不到人时就进行绑架和拐骗，当时运往古巴的华工中十个有九个是被绑架、拐骗来的。甚至在光天化日之下，也有人被人贩子绑走。在广州更是如此，男人们离开家门后，就可能再也回不来了。清政府竟然对此不闻不问。

1869年初，有一个叫啤唎哦的西班牙人贩子，在厦门"招"了一批劳工，准备用船运到古巴，但却在厦门关验放时被发现。这些华工被囚禁在人贩子的船上，没有人身自由。询问他们的由来，都说是被拐来的。夜里，有人跳到海里逃跑又被捉住，遭到毒打，千余群众伫立怒视，对人贩子的行为痛骂不休。驻厦门的各国领事认为若任由事态发展，势必影响各国在华利益，要求制止西班牙人的非法招工。

那时，中外发生纠纷时，官员像避瘟神一样，躲得远远的，并以与夷人平等交涉为耻。但在不得不交涉时，又低三下四，让洋人牵着鼻子走。这样的事儿，总理衙门也懒得搭理，仅训示地方官员查明办理，然后不再过问。

赫德实在看不过去了，对总理衙门说：华工从中国坐船到古巴，需147～168天，其中两次经过赤道，气候酷热，食物粗劣匮乏，又不给水喝，稍有不从或看着不顺眼，就是一顿暴打。有一个华工因为说了句"吃的鱼臭了"，就被船主活活打死。在漫长的海上航行中，造成大量华工死亡，死亡率高达45%。

总理衙门一位叫谭廷骧的大臣听了，不以为然，说：那些人自弃王化、不安本分，活该！

赫德说：西方国家认为，自己的臣民迁移他国，本国政府有保护义务。

谭廷骧很无知、很自豪地说："大清国的大皇帝抚有万民，何在乎那些漂流海外的人。"

正是"我本有心向明月，奈何明月照沟渠"，赫德对中国劳工的一番好意，被身居庙堂之上的官老爷们丢进茅坑里。

各国驻京公使也来劝说，总理衙门一样懒得理睬。公使们怕说得多了，让总理衙门认为他们"狗拿耗子，多管闲事"，就采取了迂回策略。他们知道赫德是总理衙门的红人，于是就常有意或无意地向他谈华工问题。他们知道，他们的话，一定能传到总理衙门耳朵里。这样的情况，赫德从不打埋伏，还会添油加醋地说给总理衙门听。他一再劝说总理衙门，要改变观念，制定法规，禁止外国人贩子在中国任意拐骗人口；同时，采取必要措施，保护那些受苦受难的华工。

英国公使曾对赫德说：那些人贩子为了收罗足够的劳工，采用了非人性、不可饶恕的手段。每100名运往哈瓦那的华工中，有90名是被像抓野兽一样用暴力弄到船上的。

赫德又去劝说总理衙门，总理衙门告诉他：大清国严禁百姓出洋务工，既然他们到了海外，就是"天朝弃民"，不予保护。

赫德开导总理衙门说：关注华工的境况，不仅可使海外华工受益，还可以维护中国的国际声誉，树立良好的国家形象。

赫德一再找上门，动之以情，晓之以理。总理衙门认识到，外国人比中国人还关心中国人，大清政府的漠视会让外人笑话，才开始转变态度。

古巴是西班牙的殖民地，总理衙门便去找西班牙公使谈这事儿，西班牙也不愿替古巴背黑锅，影响自己的国际声誉。双方开始谈起来，不久后谈出了个《和好贸易条约》，其中一条是：准许华人在心甘情愿的基础上，前往西班牙的属国打工。但外国人贩子和中国人贩子，仍然相互勾结，拐骗绑架中国男人。

《和好贸易条约》名义上使招工合法化，但仅限于对苦力贸易引起的纠纷的处理，与华工利益和性命没有关系。华工们的境遇仍十分悲惨，被视为劣等种族。西班牙殖民者让有苦力经验的"黑奴"当工头，这些曾经的"黑奴"遭受过非人磨难，感同身受，本应有怜悯之心，对华工体贴照顾；实际情况却正好相反，他们知道何时、何地、何种情况下容易找华工的茬儿，弄得华工时刻高度紧张。黑人们对华工的态度比当地人还坏，稍有不从就毒打，那些"黑奴"人高马大，一身的力气无处使，全都发泄到华工身上，所以华工被打死、累死、病死的现象时常发生。因身处异国，华工们有苦无处说、有冤无处伸。

哪里有剥削，哪里就有斗争；哪里有压迫，哪里就有反抗。

1870年，秘鲁帕蒂比尔卡地区发生的华工反抗事件，震惊了世界。

帕蒂比尔卡有华工2550人，分散在十多个种植园，因不堪虐待，愤而"起义"。种植园主吓得抱头鼠窜，黑人工头逃得比主人还快。"起义"浪潮迅速蔓延到各个种植园。反抗的后果很严重。秘鲁政府派一个营的军队，外加150名警察、45名宪兵前来镇压，因实力悬殊太大，"起义"失败，100多名华工被打死。大批华工因看不到希望，干脆选择自杀，有逃到山里面躲藏的，也有多数被饿死。

相比这次起义，发生在秘鲁的另一次华工起义就显得幸运得多，而且影响深远。

1864年天京失陷后，侍王李世贤经广东逃入福建，在漳州一带坚持斗争。次年春，左宗棠率军前来围剿，李世贤撤退，在前往镇平（广东蕉岭）途中被部下所杀，余部乘欧洲奴隶贩子轮船，远渡重洋，到秘鲁成为"契约矿工"，在阿塔卡马挖鸟粪和开采硝石矿，每天劳作14个小时。

1867年春，这些流落到异国他乡的太平军再一次"起义"，杀死了矿监，抄起武器，将前来镇压的秘鲁军队打得狼狈不堪，领兵前来镇压的少校图危可斯、上尉儒拉连阵亡。

恰好在这时候，"南美太平洋战争"爆发（玻利维亚、秘鲁、智利三国独立后，由于阿塔卡马沙漠位于三国交界处，三国均宣布对其拥有主权。1860年，阿塔卡马沙漠中部和北部发现丰富的鸟粪和硝石矿藏，鸟粪是优质的有机肥料，通过商贸出口换取外汇；硝石是欧美兵工厂用来制造火药的重要原料，具有军用价值。在利益的驱动下，1866年，三国爆发了一场战争，这次战争被外界称为"南美太平洋战争"，因为战争的实质是三国对鸟粪和硝石资源的争夺，因此也被称为"鸟粪战争"或"硝石战争"），"起义军"决定与智利军队联合，共同对付秘鲁和玻利维亚军队。起义军来秘鲁前，已身经百战，打仗时锣鼓喧天，搞出许多噪音，秘鲁的印第安雇佣兵以为被伏击了，纷纷逃跑。

智利军队总指挥西拉皮佐少将也没想到，这些华工这么会打仗，喜出望外，向智利总统请示，给予起义军及其家属智利国籍，并表示战争结束后，将伊基克地区交给太平军管理并自治。有了希望，起义军作战更加勇猛，在塔拉帕卡省大战、帕科查港登陆战、莫克瓜大战等战役中表现神勇，重创敌军，仅在波内达要塞大战中，就俘虏了玻利维亚上千名印第安雇佣兵。在第二次莫克瓜战役中，起义军将秘玻联军打得丢盔弃甲，夺取了4门大炮、15面军旗和200余匹战马，并俘虏了大量士兵。接下来，又在塔克纳和阿里卡两次战役中，联合智利军队打败了玻秘联军。从此，智利军队占领玻、秘两国太平洋沿岸全部硝石产地，玻利维亚也失去了继续作战的能力，退出战争。

西拉皮佐少将称赞说：这支军队配备三角形旗帜，用螺号代替军号，战士们使用两把东方式短刀，所向无敌。

为了表彰起义军的功绩，西拉皮佐授予起义军首领等人智利国会勋章，并给予阵亡太平军家属抚恤。

华工暴动在当时引起了国际社会的关注，西班牙政府受到国际舆论的猛烈抨击。

1872年，西班牙驻华公使照会总理衙门，说愿意依法在广州招工，获得批准。不久，总理衙门从报纸上看到古巴虐待华工的报道后，又宣布停止西班牙在华招工。

西班牙在华招工代办丁美霞一再到总理衙门游说，说：古巴并没有虐待华工；相反，我对待华工很亲切，也很热情。大清国既然准许英、法两国招工，唯独不准西班牙招，违反了条约规定的"利益均沾"原则。大清国不能捕风捉影，偏听偏信，坏了两国的友好关系。

总理衙门一时拿不定主意，有点儿想打退堂鼓。赫德让总理衙门坚持住：自己的同胞在外受到不公正的对待，连外国人都看不下去了，出来说公道话，大清国再不替那些受苦受难的华工做点儿什么，会让外人小瞧，更让自己人寒心。

为了国家尊严，总理衙门"硬"了起来。丁美霞要求赔偿蒙受的损失，总理衙门坚决拒绝，说改善华工待遇后，再来谈招工的事儿。

赫德为总理衙门出主意，去找英、俄、法、美、荷等国的公使，问问他们华工受虐待的情况，并请各国公使介入，让西班牙人老实一点儿。然后，派官员到古巴实地调查，如果证实劳工受到虐待，大清国用不着赔偿。

总理衙门去找五国公使，各国公使持与赫德一致的看法。

总理衙门与西班牙进行谈判，达成协议：派官员赴古巴实地调查后，由五国驻京公使公断。

总理衙门赶紧奏派刑部主事、选带学生出洋委员陈兰彬前往古巴调查。为了防止西班牙人事后不认账,说调查结果不公正,赫德建议江汉关税务司马福臣(英国人)、天津关税务司吴秉文(法国人)一同前往调查。

1874年3月,调查团到达哈瓦那,视察了古巴各地甘蔗种植园、"猪仔馆"、制糖厂和囚禁华工的"官工所"。调查团所到之处,华工纷纷前来控诉,有的投递禀帖,有的出示身上伤痕。六个星期内,收集到1176份证词、1665人签名的85份诉状。从这些材料来看,百分之八十的华工是被绑拐或诱骗来的,他们被贩卖为奴后,被施以各种酷刑,伤亡严重。陈兰彬为此写了一首诗:

苦力一何苦!死且不能尽;
焦骨成斋粉,增白古巴糖。

1874年5月8日,调查团回国,写成调查报告,证明华工在古巴的悲惨遭遇,并要求西班牙殖民者对此负责。

总理衙门将调查报告连同证据文件,送交五大国公使,得到五国的同情与支持。

在随后的谈判中,总理衙门态度强硬,告诉西班牙公使伊巴理,要求赔偿门儿都没有。同时,提出六条要求:一是必须遣回所有合同期满的

前往古巴调查华工

华工；二是必须对受虐待致死的华工给予补偿；三是必须给那些合同期满并希望回国的华工提供船费，还须给那些愿意留下来的人重新订约，提供住房，允许自由活动；四是禁止雇主对华工施行监禁与苛罚，所有违法案件，由中国领事处理；五是在中国领事未上任之前，请外国领事保护华工；六是允许建立华人公会，由劳工自由加入。

西班牙公使伊巴理虽然理屈词穷，但仍不肯善罢甘休，拿1864年其"索威拉纳"号在台湾沿海被劫说事儿，还放风说"正向中国调动战舰"。总理衙门听了，有点儿紧张。赫德说：这是虚张声势，吓唬人的，别上他的当。总理衙门就对伊巴理说：让你们的军舰来吧，我们沿海各省已做好了战斗准备，正等着呢。伊巴理便再也不提"军舰"的事儿了。

总理衙门的坚定立场，最终使西班牙妥协。1877年11月17日，中西签订《会订古巴华工条款》，对华工实施保护，突出体现在第一、第三两款中。第一款规定废止契约工制，第三款规定出国华人必须是"情愿而往"的移民，绝不许强制和骗诱。

条约签订后，赫德建议像西方国家一样，按照条约规定，在相关国家和地区设立领事馆，保护华工。他说如果不派官员驻扎，随时随地了解情况，提供帮助，那些可怜的华工，还会受到非人待遇。

朝廷听从了赫德的建议，任命陈兰彬为驻美国、西班牙和秘鲁公使；同时，向古巴派出常驻领事。1879年4月，陈兰彬一行从纽约出发，经40天航行抵达马德里，向西班牙国王递交国书后，立即与西班牙人商谈改善华工待遇的问题。9月，总领事刘沅亮抵达哈瓦那，首先解决华工最迫切需要的行街纸（通行证）。此前，华人领行街纸时，要有雇主发的满身纸（打工结束证明），而黑心雇主故意不给，以勒索再立合同。在刘沅亮争取下，华工不论工期满不满，有没有满身纸，一律发给行街纸。

和李鸿章一起战斗（一）

1875年2月22日，英国驻上海副领事马嘉理在云南被杀（史称"马嘉理事件"）。

英国公使威妥玛认定是当地驻军有意伏击，向总理衙门提出强烈抗议，限总理衙门24小时内答复。总理衙门也很生气，本来好心好意的，让你们英国人去云南，出了一点儿小事儿，又来兴师问罪！

像往常一样，总理衙门向赫德"请教"。赫德先把马嘉理去云南的原因讲给总理衙门听：1858年的时候，有一个叫理查德·斯普莱的军官，建议英国政府修一条由缅甸通往云南的铁路，打通中国的后门，抗衡俄国从中国西北而来的竞争，但没有人理会他，认为他是胡思乱想。斯普莱不屈不挠，谁任英国外相就向谁提。1874年，对这个计划抱有幻想的索耳兹伯里执掌印度部，便令印度政府派一探路队，从缅甸进入云南勘查。"探路队"

马嘉理事件

由英国陆军上校柏朗带领，英国驻华使馆派马嘉理前往迎接，并做探路队的翻译。

听了赫德的介绍，大臣们更不高兴了：好啊，原来是包藏祸心；当初，你老威来找我们的时候只说去探险，可没说修铁路的事儿，于是决心等事情搞清楚后再说。

真相终于清楚了：1874年8月，马嘉理沿长江上溯，经汉口取道湖南，到云南中缅边境，迎接柏郎上校带领的探路队。马嘉理进入云南，去见巡抚岑毓英时，牛哄哄的，不把岑大人放在眼里，几番出言不逊。岑毓英怀恨在心，表面上热情款待，派兵护送，暗地里指使副将李珍国在腾冲伏兵截杀。

事件发生后，英国得理不饶人，要中国进行赔偿。威妥玛又加了一些他自己的主张：对云贵总督等官员进行惩处，派使团前往英国道歉等。总理衙门说赔款可以，其他不能答应。威妥玛一怒之下，下令使馆人员撤到上海，并威胁说要和大清国断绝外交关系。

这时，不知从哪儿传出消息，说威妥玛和俄国公使达成协议，英国从印度调来军队，俄国从伊犁出兵，两面夹击中国。

总理衙门信以为真，慌了手脚，赶紧上奏朝廷，派郭嵩焘带人去英国道歉，又让赫德到上海，劝威妥玛先消消气儿，有事儿好商量。

赫德急匆匆赶到上海，威妥玛故意不把他当回事儿，晾了他几天后，才极不情愿似地见他。一见面，威妥玛拉长脸说：你还是不是英国人？！

赫德早有准备，不紧不慢地说：中、英两国的利益高于一切，我站在中、英两国的立场上看这事儿。

赫德的大话一说，威妥玛的长脸短了一截。赫德继续说：此时此刻站你这边。

威妥玛的长脸再短了半截，一脸狐疑地看着赫德。

赫德故意停了一会儿才开口说话。他说：清政府已令郭嵩焘为特使赴伦敦，郭到伦敦后，会把这里的实际情况告诉英国政府，并找出解决问题的办法。到了那个时候，英国政府会认为是您在一意孤行，从而对您的能力产生怀疑。

威妥玛不以为然地说：为了大英帝国的利益，不在乎个人得失。

赫德说：既然如此，为什么不能忍让一下，与中国人一道解决问题呢。

威妥玛说：中国人没有解决问题的诚意，总是百般拖延，企图蒙混过关。

赫德说：总理衙门已经下决心，面对现实，解决问题。

威妥玛沉思良久，同意回到谈判桌上，说：可以在上海谈，也可以在烟台谈。

赫德立即把威妥玛同意谈判的消息，报告给总理衙门，并建议谈判地点选在烟台，总理衙门立即同意。赫德选择烟台作为谈判地点，是因为如果在上海谈判，是两江总督为全权代表；在烟台谈判，则是直隶总督李鸿章为全权代表。赫德和李鸿章有多年交情，欣赏李的才干和魅力，认为老李能谈出有利于中国的结果。

为了给谈判增加紧张气氛，威妥玛从上海动身前，将英国"飞游舰队"调到大连驻扎，英国海军司令赖德兰伯也来烟台吓唬人。法、美、德三国海军则齐集烟台港，为英国人助威。

俄、德、美、法、奥和西班牙等国公使以避暑为名，来到烟台看热闹。

李鸿章动身前，有人劝他吸取两广总督叶名琛的前车之鉴，不要去。李鸿章虽然不愿趟这潭浑水，但还是以国家为重，应约来到烟台。李鸿章一到烟台，赫德就去拜访他。

李鸿章一见赫德就开始数落他，说：你把我拖进这个烂摊子，谈判失败，我要承担罪责；谈判成功，也没半点儿功劳。

赫德很有信心地说：只要我们同心协力，就不会有问题。谈判时，除了我们事

李鸿章

先商量好的，其他一概不要答应。

谈判期间，每晚10点，赫德都会来找李鸿章，回顾当天进程，商量次日安排，一直到深夜。

谈判过程中，发生了泄密的事儿。幕僚发现，内部商谈的一些内容，英国公使馆秘书很快就能知道，最大的泄密嫌疑人是李鸿章的女婿。但幕僚们不敢对李鸿章说，便来找赫德，赫德说这事儿他来解决。

当天晚上，赫德去找李鸿章，问：李大人在这儿有一艘炮艇吗？

李鸿章答：有。

赫德又问：可以下令炮艇升火待发吗？

李鸿章问：你有什么需要？

赫德答：想带一封信到天津。

李鸿章又问：给谁的信，如此急切？

赫德答：信不重要，带信的人十分重要。

李鸿章警惕起来，问：这人是谁？敢负我，砍他的头。

赫德说：在天津时，我请麦克菲逊给您带口信，当时在座的有麦克菲逊和另外一个人，那个口信的内容，英国公使馆三天后就知道了。

李鸿章何等聪明，立马明白了，说：这事儿我处理。

第二天，李鸿章就将他的女婿赶走了。

在赫德和李鸿章的努力下，1876年9月13日，《烟台条约》签订，主要内容有：向英国赔款20万两银子；派专使到英国道歉；英国派官员从印度到云南调查通商情况；增开通商口岸。

从今天的角度看，这个条约对中国没什么大的损失，如果要说损失，就是那20万两银子，怪叫人心疼的。至于增开几个口岸，不过是逼着中国进一步开放，给了洋人方便，中国人也一样从中受益。

赫德和李鸿章经此次合作，结下深厚友情。此后，赫德每次到天津，都会拜访李鸿章，并共进午餐。午餐一般非常简单，只有一荤一素两个菜，荤菜通常是一盘鸡或一盘鱼。赫德对此印象深刻，一次同一位与李鸿章也要好的朋友碰面时，感叹李鸿章身为总督，生活却如此俭朴。几个月后，赫德又到李鸿章府上，开饭时，上了满汉全席，赫德十分吃惊，一脸疑惑地看着李鸿章。李鸿章淡淡地说：这样你就不会跟人说，在我这儿吃得像苦力一样了。赫德赶紧说：其实，我很赞赏您的朴素作风，如果以后您再这样招待，我就不敢登门拜访了。

郭嵩焘是李鸿章的朋友，与赫德也保持着良好关系。1877年2月8日，郭嵩焘向维多利亚女王呈递了大清皇帝的道歉信后，便在伦敦设立中国公使馆，使馆的翻译和部分雇员还是赫德从中国海关挑选的。两年后，中国在巴黎、柏林、西班牙、华盛顿、东京和圣彼得堡也设立使馆。中国开始与国际接轨。

为了"马嘉理事件"，赫德曾令中国海关伦敦办事处办了一份《联合公务报》，专门报道中国，为中国说好话。他还动员海关中的洋关员写了大量的稿件。

刚开始，该报纸产生了一些影响，也吸引了一些有好奇心的读者。后来，因为英国人对中国的偏见根深蒂固，对报道不认同，加之一些别有用心的人的背后诋毁，报纸发行量较低，没有达到最初的愿望。

和李鸿章一起战斗（二）

1882年，法国出兵占领越南首府河内，不过法国人立即声明，不侵犯越南主权、保证其独立，清政府没有同法国计较，还同意洋商经红河到云南做生意。没多久，法国人就说话不算数了，发动全面战争，把越南变成它的殖民地。

越南传统上是大清国的藩属国，大清国有保护越南的责任。经过二十年的洋务运动，大清国的国力有了明显增强，全力和法国一战，未必会输。但此时日本、俄国在北方虎视眈眈，法国为了牵制中国，和日本勾结，使其在朝鲜生事。俄国强占伊犁未成，也不甘心，在边境蠢蠢欲动。

周边形势紧张，中国要多方应付，再替越南"出头"就显得有点力不从心了。

以左宗棠、张之洞为首的主战派认为，越南如果丢了，中国就失去战略空间，力主开战，而且认为不会败。李鸿章等人则主张大清国应放弃宗主国地位，不要管越南的事儿，全力发展洋务，韬光养晦。赫德支持李鸿章，他分析得更透彻：这场战争如果打赢了，赶走了法国侵略者，越南坐享成果，中国却得不到多少实惠；如果打败了，割地赔款是少不了的，而且还会有意想不到的损失。总之，无论输赢，对越南影响很大，对中国无关紧要，宗主国地位，本来就是个虚头巴脑的玩艺儿，可有可无。

1883年12月，正当清廷在战与和之间犹豫不决之际，中法战争爆发，双方互有胜败。

这个时候，津海关税务司德璀琳改任粤海关税务司，路经香港，法国海军少将利士比专门派其旗舰，送他到广州赴任。路上，利士比通过他向李鸿章发了个议和信息。

李鸿章害怕"兵连祸结"，立即上奏，建议朝廷和法国人"谈一下"，朝廷也同意了。

这样，李鸿章便与法国公使签订《中法简明条约》，该条约规定：北圻（旧时指越南北部十六省）归法国人保护，允许法国通过北圻与中国通商，法国不向中国索取赔款，法国与越南议订条约时，不得有伤碍中国体面的字眼。

正当人们松了一口气时，法国驻华公使巴德诺却下令法国军舰进攻基隆，驻越南的法军也开始进攻谅山。李鸿章的外交努力失败，战争继续进行。

1884年8月23日，中法海军在马尾发生海战，半小时之内，南洋11只军舰、19只运兵船全被击沉，多座岸上炮台被击毁，清军阵亡500多人，150人负伤，另有五十多人失踪，马尾船政也被严重破坏。随后法军登陆，又造成了更多军民的死伤。法军几乎毫发无伤（我们说法军阵亡5人，但法军没有这样的记录）。

法军又进攻淡水，进而封锁台湾。

清政府忍无可忍，向法国宣战。

正如赫德预料，日本人见中国对法作战自顾不暇，唆使朝鲜亲日的开化党发动"甲申政变"，驱逐驻朝清军，占领王宫，组成新内阁。

正在这时，法国又放了一个"和谈"信号。法海军先是扣留海关"飞虎"号给养船，法国海军司令随后表示，只有赫德亲自去巴黎，得到法国政府的允许，才会释放该给养船。赫德意识到，法国这是留了一手，准备和谈。他给中国海关驻伦敦办事处主任金登干发去密电，要他作为他的私人特使，以索要"飞虎"号巡逻船为名，去巴黎见法国总理茹费理，并提出议和。金登干依命赴巴黎,茹费理在波旁宫接见了他。后来,茹费理又先后四次会见他。

到了1885年3月,谈判基本完成。

4月4日,金登干代表中国政府,法国外交部政务司长毕乐代表法国政府,在《中法停战协议》(也称《中法和议草约》)上签字。协议的主要内容为:一是两国遵守《中法简明条款》;二是双方停战,中国撤出在越南的军队,法国解除对台湾的封锁,从基隆撤军;三是双方派人在天津或北京,订立条约细则和撤兵日期。

金登干

谈判是这样进行的:法国把拟好的条约草案交给金登干,金登干电传给赫德,赫德送交总理衙门,总理衙门和朝廷提出修正意见后,由赫德电传给金登干,金登干再与法国外交部谈判。

慈禧对谈判十分关注。赫德敢冒大不韪,派金登干去法国谈判,也正是得到了慈禧的许可。

赫德曾兴奋地给金登干写信说:在这次谈判中,每一项提议都经过了太后的亲自考虑和批准。

之后,法国政府又派驻华公使巴德诺到天津,和李鸿章谈判,敲定正式文本。1885年6月9日,双方签订《中法会订越南条约》(也称《中法新约》)。

《中法会订越南条约》共十款,主要内容是:中国承认法国对越南的保护权,承认法国与越南订立的条约;中越陆路边界开放贸易,日后中国修建铁路,考虑和法国合作;中法两国派员到中越边界"会同勘定界限";法军退出台湾和澎湖列岛。

现在来看,这份条约差不多都是一些空话:法国是越南的保护国,这在战争之前就已成为事实;边界开放贸易,对双方都有利;货物进出口应缴纳各项关税,在一定程度上较低,也算不上什么大事儿;至于"日后"修铁路让法国人参与,还不知道是猴年马月的事儿呢。

我们常说晚清政府愚昧无知,但从这个条约内容看,法国人也聪明不到哪儿去。

赫德成功地调停了中法战争。对此,人们有两种看法:一种认为在中法战争胜负尚难断定的情况下,与法国达成协议,损害了中国利益;另一种看法则相反,认为他审时度势,在特定条件下结束了中法战争,避免了中国遭受更大的损失。从当时的情况看,如果战争僵持不下,将会是中法相争,日俄得利。

下面说说中法战争是怎么回事儿。

越南是大清国的藩属国,国王受大清皇帝册封,但不受清朝控制。它们每年进贡的少,得到的赏赐却多。大清国对于越南,唯一需求是能使皇帝享受海内称颂和万国来朝的感觉。法国对越南没有领土要求,只是想通过控制越南的政治,来获取经济利益。认真地分析一下,法国要求的保护国地位,与大清国之前的宗主国地位,本质上是不同的,大清国要的是虚荣,法国追求的是利益。

19世纪以前,法国天主教势力就进入了越南。第二次鸦片战争时,法国侵占越南南部六省。1874年,越南与法国签订《越法和平同盟条约》,越南向法国开放红河。1882年,又签订《顺化条约》,法国取得对越南的"保护权"。《顺化条约》签订后,法国政府立即要求中国撤出驻越军队,承认法国对越南的保护国地位。法国的远东舰队开进福州和基隆海面,告诉中国人,放明白一点儿,否则就随时发动攻击,清政府没当回事儿。不久,法国军舰轰击基隆,准备登陆,督办台湾事务的刘铭传率淮军抵抗,法军没有赚到便宜。

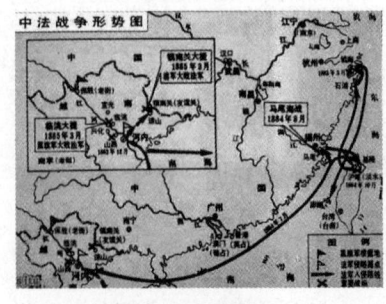

中法战争形势图

中法战争

不了解战况的法国议会授权法国政府，要求法国政府使用各种方法迫使清政府屈服。法国政府更不切实际，竟要求大清国赔款8000万法郎。

中法马江海战爆发，南洋水师尽毁，马尾造船厂和两岸炮台也灰飞烟灭，从此不复存在。法军又在基隆得手，对台湾进行海上封锁，并占领澎湖列岛。但法军在陆上的进攻，则均以失败告终。

法军第二旅进犯镇南关大败，损失千人，退守谅山，清军取得著名的"镇南关大捷"。其实，镇南关之战，清军以五万敌两千，又是在深山老林里，法军的装备优势无法正常发挥，大捷是有一定的必然性的，却也真的扭转了战争大局，使清军从战略防守转为主动出击。

镇南关一役，使清政府在军事和外交上处于有利地位，但李鸿章说：当借谅山一胜之威与缔和约，则法人必不再妄求。慈禧太后认为有理，于是以胜求和。

镇南关大捷没几天，老将冯子材联合各路将领准备分兵南下，收复河内、太原的时候，却收到朝廷"乘胜即收"的命令。

命令来得太突然，很多将士接令后，捶胸顿足。一些士兵到将帅帐外写血书，立军令状，摩拳擦掌，同声请战。冯子材等将领联合起来，致电两广总督张之洞，要求代奏朝廷诛杀主张议和的人（以李鸿章、赫德为代表），以振士气。关于这个记载，叫人半信半疑。士兵们再不怕死，也不会呆到主动为越南人送死。冯子材联合诸将领请战，倒是真实可信，毕竟英雄有用武之地。但就当时的情况看，冯子材等将领也是一厢情愿，热脸贴人家的冷屁股。对出兵越南腹地抗法，越南人压根儿就不领情，人家甚至更愿意信任法国人。谁都知道，到了别国打仗，没有别国政府的支持，这仗打起来得多难？！

清军虽然在镇南关、谅山等地大败法军，在北越处于有利地位，但法国舰队则占领了澎湖列岛，对台湾进行封锁，在海上占有优势。海战方面，如果法国舰队北上，一直打到天津，这是清政府最不愿意看到的。就战争来说，双方都是不胜而胜，不败而败。法军赢在海战，败在陆战。中法海战，南洋水师全军覆没，中国东南沿海屏障损失殆尽。

海防空虚，战争耗费巨大，清政府财政上难以支撑，这是停战求和的重要原因。中法战争，清政府耗军费3000余万两，全部损失将近1亿两，欠外债2000万两，刚刚好转的财政状况，又开始恶化。

英、美等国也不希望大清国取胜，他们认为，如果大清国打败了法国，会对西方诸国采取强硬措施。英国外交大臣曾说：大清国的任何胜利，对欧洲人来说，将发生严重后果。五国虽保持中立，但一直要求大清国对法妥协，早日结束战争。

越南人在战争中对大清国背后捅刀子，宣布断绝和大清国的藩属关系，接受法国的保护，不但如此，还将清政府颁发的玉玺、封册焚毁，以示绝情。越南人的表现，让清政府失去打下去的信心。另外，清军取得胜利的镇南关等地，靠近中越边境，后勤保障和补给相对容易，如果清军跑到越南中部、南部去打仗，就是另外一回事儿了。

整个中法战争，其实是宗主国与保护国之争，对中国来说，见好就收实为上策。

和李鸿章一起战斗（三）

鸦片战争后，葡萄牙人在澳门就不守规矩了，他们偷税漏税，拐骗丁口，给粤东一带人民带来灾难，清政府却拿他们没办法。

赫德向总理衙门建议，用银子把澳门赎回来。他说葡萄牙已不是过去的葡萄牙了，正日渐贫困，用不着害怕，如果给他们一些好处，澳门兴许能收回来。赎回来后，在澳门设海关收税，增加财政收入。总理衙门对此很感兴趣，赫德心里便有了些谱儿。

这时，西班牙驻华公使玛斯任满，即将回国，赫德劝他回国后去游说葡萄牙政府，将驻守澳门的军队撤回去，炮台等公共设施交给中国管理，迁移费、建设费由中国来出。

玛斯听了，痛快地答应，说愿以此事为己任。

赫德又来找总理衙门，说玛斯愿为中国效劳，凭三寸不烂之舌，去葡萄牙"扯皮"。总理衙门就动了心，同意出100万两白银赎回澳门。另外，总理衙门先筹集30万两银子，交给玛斯作为活动经费，还给玛斯颁发了委托书，授权他去和葡萄牙人"扯皮"。

玛斯这个人也不错，说到做到，回国后一直忙乎着这事儿。可是葡萄牙人不给他面子，让他白忙乎了几年，直到他病死了，也没有取得多少进展。

可是外商在澳门的走私却越来越严重，走私分子以澳门为基地，向国内大量走私鸦片。赫德向总理衙门报告说，因为走私，每年流失税银50万两以上。他请求在港、澳外围设立海关，征收洋药正税。由于设关会触动地方利益，朝廷拒绝了他的请求，下令两广总督派人征收。

1868年7月，两广总督下令在港、澳附近设立厘厂，征收洋药厘金。

在香港外围设立税厂，会扼制香港走私，但商人们叫嚷说这是"对香港的封锁"，极力反对。

澳门总督也跳出来反对。两广总督很生气，当即调兵遣将，组成一支舰队，由彭玉立带着，浩浩荡荡开向澳门。澳门总督见了这阵势，不敢再说三道四。可是，收税人员素质低下，组织管理混乱，征收的税款微不足道。商人们也不把税厂当回事儿，还像过去一样走私，因为一切都好像没有改变，港、澳各界人士都很高兴，就不再抗议了。

1885年，中英在伦敦签订了《烟台条约续增专条》，确定每担鸦片缴进口正税30两、厘金80两后，行销全国，不再征收任何税费。税率的确定，解决了鸦片走私问题。

清廷派赫德和上海道台邵友濂去香港谈判。谈判很容易，没怎么费口舌就签订了《管理香港洋药事宜章程》。根据这个"章程"，香港殖民政府管制进出香港的鸦片，中国在九龙设海关征税。

谈判之所以顺利，是因为香港方面也可得到好处。初步估算，加强鸦片管制，香港的鸦片税款将增加三分之二。

这个办法虽好，但澳门若不照办，香港也不愿遵守。因为港督府明白，香港对鸦片加以管制，鸦片"生意"就会跑到澳门去，这种损己利人的事儿，当然不能同意。为此，《管理香港洋药事宜章程》规定，大清国应与葡萄牙商定办法，否则这一条不算数。

关键时刻，赫德想起了李鸿章。他去找老李，说澳门被葡萄牙人占据多年，看来用钱是赎不回来了。如果强取，葡萄牙人不高兴，就可能使坏，将澳门交给法国人、德国人或俄国人，后果更严重。尤其是俄国老毛子，对中国一直有领土要求。如果葡萄牙接受《管理香港洋药事宜章程》，中国要答应将澳门永远租给他们，不收租银。李鸿章早就领教过俄国人的无耻，不但要钱、要土地、要贸易实惠，还要中国人的命，动不动就屠杀中国人（李鸿章死后，俄国还干了不少损害中国人利益的勾当）。李鸿章还知道，美、英、法等西方国家还能讲点儿理儿，没有太多的领土要求，两害相比取其轻，让葡萄牙人租住在澳门，远比他国占据省心；不但如此，还能设立海关，每年收 50 万两银子。

李鸿章就去找总理衙门，说赫德的建议是一个好主意，让他去办吧。

总理衙门也认为，澳门问题是个老问题了，即使不准葡萄牙人永远居住也不可能了，而且也不知道猴年马月才能将澳门收回来。

为了 50 万两鸦片税，总理衙门同意了。

1886 年 7 月底，赫德来到澳门，与澳门总督罗沙谈判。罗沙答应在澳门设一官栈囤贮鸦片，中国派税务司驻澳管理，但不同意"永远租"，要求"永远驻扎管理"澳门。

总理衙门很大度，没有和他计较是"永远租"还是"永远驻扎管理"，可是这个罗沙得寸进尺，又要求把拱北也交给他们管理；此外，还要求撤除澳门外围常关税厂。

总理衙门生气了，发电报给赫德，说这两项有损中国利益，断难允准！

罗沙任满即将回国，赫德请求总理衙门派金登干到里斯本，去和葡萄牙政府直接谈判。总理衙门同意了，但要求金登干悄悄地"干活儿"，动静不要弄大了（也就是秘密谈判）。

谈判进展得很不顺利，一直卡在"拱北"和"撤卡"两个问题上。

葡萄牙的外交大臣巴果罗美说：澳门地位重要，拱北要归澳门管理。

金登干也不是吃素的，说：大清国除承认你们治理澳门本地外，决不多让，如果再提拱北，就不谈了。

葡萄牙见索要拱北无望，只好退让，但坚持要求撤税厂。

在澳门地区设关收税，这是赫德也是总理衙门的主要目的，葡萄牙要求撤卡，和这一目的背道而驰，不要说总理衙门了，就是赫德也不能接受。

赫德发电报给金登干，要他吓唬吓唬葡萄牙，他让金登干告诉巴果罗美，中国已经做好了谈判破裂的准备，将禁止中国船只来往澳门，并对澳门进行封锁。

金登干本来就是聪明人，得到赫德的授意后，大话更是说得脸不红心不跳。他说：大清国不但要封锁澳门，而且大清国海关也要购买舰艇，增强澳门外围的缉私力量。

巴果罗美还真被吓住了，说：虽然可以用强力置澳门于死地，也可以使澳门饥荒，但大清国是一个文明国家，不会这样干吧？！

金登干"好心好意"地劝他们认清大局，不要再抱幻想，错过这个村就没这个店儿了。

葡萄牙知道再"扯皮"也没用了，只好放弃幻想，同意订立《中葡里斯本草约》，并派遣罗沙到北京议订正式条约。

1887年3月26日，"草约"正式签订，主要内容有：一是中国准许葡萄牙永驻澳门；二是葡萄牙未经中国同意，不得将澳门转让他国；三是葡萄牙允许洋药征税事宜，照英国在香港的办法办理。

帮总理衙门摆平法、德、俄

正如赫德预料的那样，中日甲午海战，大清帝国被打得落花流水，辽东半岛也让日本人占了。

占了上风的日本开始讹诈中国，提出2亿两赔款和割让辽东半岛的要求。俄、法、德三国认为日本人太无耻了，强烈反对，日本人只好打消了让清政府割让辽东半岛的念头，但又无耻地要求中国拿3000万两赎金。俄、法、德三国认为，日本人已给了他们面子，至于钱的事儿，他们就管不着了，反正钱是中国出，与他们关系不大。

清政府没有钱赔，日本人又要得急，唯一的办法就是借钱。

列强国家都想借钱给清政府，因为不但会有可观的利息收入，还可以影响清政府决策，为本国争取更多利益，所以列强们争先恐后地去总理衙门，逼总理衙门向他们借钱。

因为俄、法、德三国联合干涉，日本才归还辽东半岛，朝廷对三国感恩戴德，第一笔钱准备向这三国借。一时间，俄、德、法三国公使得意忘形起来，明里说大清国海关应由欧洲各国共管，以作赔款担保，暗地里却密谋由俄、德、法三国联合管理大清国海关，把英国人排挤走。当然了，必不可少的，还有商业利益和铁路特权。但英国人也不是吃素的，借钱给清政府的激烈竞争就这样开始了。

俄国外交大臣罗拔诺夫照会大清国驻俄公使许景澄,说俄国对英国长期独揽对华借款十分不满。大清国准备赔偿日本,这件事儿俄国财政部已有良策,对中国十分有益,正准备和你们商量,却听说你们的朝廷准备向不肯劝日本归还辽东半岛的英国借,对此俄国十分惊异。请你立即向你的朝廷转达,这件事儿应先同俄国商议。

几天后,俄国财政大臣威特又告诉许景澄,已筹好了钱,就等着大清国来借了。借款要以大清国海关税收做担保,海关税收不够偿还时,由俄国政府加保,俄国要派人到大清国海关摸底儿。

其实,俄国没有多少钱可借,于是就暗地里拉拢法国,共同借钱给清政府。

许景澄不敢怠慢,赶紧奏报总理衙门,总理衙门也不敢马虎,让许景澄向俄国人声明,可以借俄国的钱,但来中国海关"摸底儿"就免了。

赫德不想让大清国向俄国人借钱,于公于私他都要反对。首先,如果大清国海关由俄、法、德三国公管,势必会影响英国的利益。英国是他的祖国,此事对他来说就是国家利益,三国要排斥海关中的英国人,首当其冲的就是他。其次,向俄国借款,会带来无穷后患。吃人家的嘴软,拿人家的手短,借了俄国人的钱,有了把柄在老毛子手里,老毛子就会处心积虑地损害中国人的利益。其实,不用赫德提醒,总理衙门也知道,俄国人什么坏事儿都干得出来。

得知赫德在总理衙门说了坏话,俄、德、法三国公使照会总理衙门,说赫德继续在中国海关任职是非常不适宜的,要求将他撤换掉。

因为没有和俄、德、法一起劝日本人放弃辽东半岛,英国公使刚开始有点儿不好意思到总理衙门露面,但此时沉不住气了,拉下脸天天跑总理衙门盯着这事儿。

总理衙门不想得罪任何一方,表示可以

许景澄

借俄国人的钱,但海关须维持现状。又因为英国当时是世界上最厉害的国家,别国要看它的脸色行事,俄国人只好不再提让赫德走人的事儿。

但俄国人不甘心,其财政部、外交部又联合照会许景澄,并郑重提出:中国以后如果让出海关及其他权利,俄国要利益均占。

7月6日,中俄在圣彼得堡签订借款合同(史称《俄法洋款合同》)。

根据《马关条约》规定,1896年4月17日前,又要向日本移交第二期赔款,但清政府国库里早就空了,因而不得不再次大举外借。

英、俄、法、德四国为此又斗了起来。

第一次借款条约签订后,俄、法两国趁热打铁,准备包揽第二次借款。法国大使要总理衙门向法国借,条件是法国取代英国管理海关;同时,在粤、桂、滇三省给法国一些特权。俄国大使为他帮腔,说法国的要求一点儿也不过分。

清政府第一次借款时,英国政府没太当回事儿,没把借钱与海关联系起来。这回,英国政府又认为,法国人翻不了天。但赫德看出了问题的严重性,他提醒英国外交部说,如果法、俄这样继续联合下去,一定会影响英国在华利益。他建议英国政府出面担保,对华提供低利息贷款,取得

《马关条约》签订

政治上的优势。

经赫德一提醒，英国政府这才重视起来，赶紧去拉拢被俄、法晾在一边的德国，提议两国共同借钱给中国。

德国被俄国、法国甩在一边，正窝着一肚子火无处撒呢，不想英国人竟主动找上门来。德国人积极性比英国人还高，发誓一定要把这事儿做成。英、德驻华公使气焰嚣张地去找总理衙门，非要让总理衙门借他们的钱不可。

因为闹得太凶，总理衙门摆不平，就把这件事儿交给赫德。

果然，赫德没让总理衙门失望，第二天就把事儿搞定了，一方面让英国、德国人满意了，另一方面还让俄国人、法国人窝的一肚子火发不出来。他建议英、德两国以利息低、期限长的条件借款给清政府，俄、法不愿意接受，而英国汇丰银行、德国华银则很乐意。俄、法放弃了，问题就好办了，但也许正是因为没有俄、法的掺合，借款合同上就有了霸王条款——规定借款必须用36年的时间还清，不得提前；这期间，不得变更海关行政——这等于给英国人写了一张保证书，保证英国继续控制中国海关36年，这无疑是赫德做的手脚。

借款合同签订后，赫德抑制不住内心的激动，对金登干说：英国人在中国海关的地位，可以维持到下个世纪中叶不变。后来的发展证明，赫德的预言基本实现了。

英国暂时保住了其在大清国海关的地位，但俄、法两国并不就此罢休。清政府计划第三次借款时，俄国要求大清国在其海关总税务司职位空出时，任命俄国人担任。

英国政府听说后自然不高兴，一面抗议俄国，一面要总理衙门接受英国贷款。

俄、法两国联合反对，两国公使轮番到总理衙门威逼利诱。

英驻华公使窦讷乐急红了眼，照会总理衙门说：即使不借英国的钱，海关总税务司一职，无论现在还是将来，都要由英国人担任。

总理衙门又成了洋人的角斗场，你来我往，好不热闹。

俄国驻华代办巴罗夫说：如果不借俄国的钱，俄国一定会问罪。

窦讷乐也不示弱，说即使打一场战争，也要借钱给中国。

巴罗夫说：如果向英国借款，俄国就与中国绝交，责任由中国承担。

各方都是大爷，总理衙门都不敢得罪，提出向双方各借一半，但他们都拒绝了。实在没招了，总理衙门只好又把赫德请出来。

窦讷乐

赫德仍然是哪壶不开提哪壶，仍然是以低利息和期限长为条件，谁能满足，就借谁的钱。俄国人无法做到，只好放弃。

俄国人哑巴吃黄连，有苦说不出，对赫德恨之入骨。

由英国一家借款，借款合同也就由英国人说了算，借款以大清国海关税收为抵押，再加上苏州、淞沪、九江、浙东四处货厘及宜昌、湖北、安徽三处盐厘，由海关派员征收。霸王条款是仍少不了，还款期限规定要用45年，依然不得提前。

这样，英国在中国海关的统治地位，从原来的36年延长到45年。

为了延长英国对中国海关的统治，赫德在两次借款合同中加入36年和45年的还款期限，损害了中国的权益。这也是赫德为中国服务的几十年中，干的几件不光彩的事情之一。

美国的政策，在华英国人的主意

甲午战争后，列强掀起瓜分中国的浪潮，瓜分形势大致是这样的：俄国占领满蒙新疆；德国以山东为中心，南至吴淞口，北到秦皇岛，触角向内地延伸至西安和宜昌；法国人霸占广州湾，将西南中国变成它的"势力范围"；日本独占台湾、福建。原来以整个中国为其势力范围的英国慌了手脚，赶紧占了九龙，巩固其香港老巢，还想拿下威海以对抗沙俄，但威海是德国的势力范围，它又不敢冒犯。此外，英国还想侵占粤东和西藏。

列强们的如意算盘是这样打的：先强迫清政府拒绝第三国在他们各自的势力范围内享有租借土地和筑路开矿的权利，第二步是将势力范围划为"保护地"，第三步是各自建立海关和行政系统。如果三步走顺利完成，"瓜分中国"将成定局。

此时的大清帝国气数将尽，举国瘫痪、振作无力。为了抗衡来自日本的压力，李鸿章与沙俄秘密谈判，想借俄国人的力量打压日本；为此，清政府把旅顺港、大连港租给了俄国，但俄国人向来是喂不饱的白眼狼，紧接着又宣布长城以北是它的势力范围。此举侵犯了英国的利益，英国殖民大臣张伯伦于是宣布：势力范围，从未承认；利益范围，从未否认。

在中国海关任职的英国人贺壁礼意识到，要防止中国被瓜分，就要维持大清国的"领土完整、主权独立",取消列强划分的"势力范围"。如阻止成功,不但有利于中国,也有利于英国。为此,他想出了一箭双雕的"门户开放"政策。为此,1898年至1901年,他利用回国休假之机,游走英、美,推销他的"门户开放"政策。

先说一下贺璧礼这个人。贺璧礼生于1848年,卒于1939年。1867年进入中国海关,在粤海关、津海关、江汉关、淡水关任过税务司,还在总税务司署任过汉文文案、总理文案,清政府先后授予他四品、三品、二品官衔。1907年至1908年间,曾出任邮政税务司,1908年退休回英国。贺璧礼长期任职中国海关,熟悉中国的财政经济情况,并有自己的见解,美、英等国政府对他很看重。

1901年,浚治黄浦江作为一个国际条款,被写进《辛丑条约》。该条款规定一半的浚治费由中国支付,还规定设立"修治黄浦河道局",由国际委员会管理。两江总督刘坤一极力反对,贺璧礼也认为欺人太甚,说:河道局里,列强有13个代表,而中国只有3个,严重损害了中国利益。他以中国主权被剥夺为由,站出来反对,并与中方一起抗争,最终黄浦江修浚管辖权归了上海政府和海关。《辛丑条约》签订后的中英商约谈判中,贺璧礼以中方人员身份参与谈判;谈判中,他让盛宣怀向英国谈判代表声明:在修约全部完成以前,中国不能接受任何条款。贺璧礼曾向英国政府建议:英、俄南北瓜分中国。

《辛丑条约》签订

本来，英国对瓜分中国的意愿并不强烈，对其他国家瓜分中国也没有引起警惕，但经贺壁礼这么一说，英政府认识到这件事情的严重性。英国若想要维持自己的"利益范围"，就必须打破别人的"势力范围"。英国人虽然认识到"门户开放"是个好东西，但若由英国提出，很难让人信服和支持，若假手他国推销，则可坐收渔利。他们想到了刚打败西班牙的美国。西班牙本是个老牌帝国，竟被美国打得一败涂地，一夜之间，美国成了世界强国。

英国人还知道，让美国人认为有利可图后，事情就好办了，但英国政府向美国说"门户开放"好，美国人会起疑心。贺壁礼的身份特殊，既是英国人，又是中国政府的官员，加上对中国的了解深入全面，去游说美国人能让对方信服。于是，在英国政府的支持下，他便去美国找好友柔克义（柔是时任美国国务卿海约翰的好友，任美国国务院远东顾问），建议美国领头倡议"门户开放"政策。柔克义认为贺壁礼的建议符合美国的利益，立即把他介绍给海约翰。贺壁礼告诉海约翰，美国如果有中国这个完整的大市场，大清臣民每人多穿一条裤子，不需第二条，就能保证美国的纺织工人一辈子不失业。这句话深深地打动了海约翰，他开始认为"门户开放"政策是个好东西了。

贺壁礼还不放心，又专门起草了"门户开放政策"备忘录给海约翰。

美国人有兴趣了，事情就好办了。此时，美国刚打败老牌帝国主义国家西班牙，成了非同一般的强国，英、美携起手来，远东的均势就会变成一边倒，俄、德、法、日等国虽然仍有瓜分企图，但英、美态度强硬，他们也只好收手。

1899年9月，美国向英、法、俄、德、日等国提出"门户开放"照会，主要内容：一是中国领土完整；二是主权独立；三是列强利益均沾。各国不得不对此表示同意。

美国的"门户开放"政策暂时消除了各国瓜分中国的冲动，使中国的领土和主权得以保持，也算是"歪打正着"，起到了"以夷制夷"的效果。

本来"瓜分中国"这事儿就算过去了，可是突然间兴起的义和团，不分好歹地杀了数千皈依上帝的基督徒、传教士和外国公民，又焚毁了许多教堂和西方人居住的村庄，这下又捅马蜂窝了。西方列强组成联军攻入北京，把北京分成若干个占领区并各占一区。

有些国家本来对"门户开放"政策就不感兴趣，碍于美、英两国的面子，勉强答应，但又不甘心。就在这个时候，半路上杀出了个程咬金，为瓜分中国提供了一个千载难逢的机会。俄国首当其冲，联军刚攻陷天津，就召集各国军官开会，成立天津临时政府，企图自任首脑，因他国反对没能如愿。最后，俄、日、英（后来加上德国）成立一个联合行政首脑机构。此外，俄国还抢占了海河东岸地区，并将那里划为俄租界。英、德、日不甘落后，也要求扩大他们的租界；奥匈帝国、意大利和比利时等国，在天津本来没有租界，现在也要求建立。

早已失去自由，在国内说话没人听的光绪皇帝，以社稷为重，给美国总统麦金莱写信求救。他在信上说：中国长久以来，与美国保持友好关系，并且深深意识到美国在中国的目的是从事国际贸易。中美双方对对方均无怀疑和不信任。最近爆发的中国人与基督教传教士之间的相互憎恨，引起了列强对朝廷的不满，他们认为是清政府鼓动人民歧视传教的。为了解决眼前的冲突，清政府对美国寄予特别的信赖。我诚恳率直地致信于您，希望阁下想方设法，采取行动，协调各国为恢复秩序与和平做出努力。恳请您，并万分焦虑地期待您的回复。（据著名历史学家唐德刚考证，光绪皇帝的信是李鸿章伪造的，目的是让美国出面为中国说话，同时也让美国有说话的借口和理由。）

麦金莱看了光绪皇帝的求援信，很是高兴，一方面认为这是美国和他本人的光荣，毕竟被人信赖是好事儿嘛；另一方面，他认为这是与清政府高层取得联系，并施加影响的好机会，

光绪

有助于美国在华的利益。他很快就给光绪帝回了一封信，说：美国政府和人民，对中国除了正义和公平的渴求外，别无其他。我们派部队到中国的目的，是从严重危险中营救美国公使馆，同时保护美国人的生命财产……本政府在取得其他国家的同意后，将乐于以此目的，为陛下进行友好的斡旋。

美国开始为谈判进行活动，海约翰推荐柔克义为"特使"来华，致力于将战争地方化。在赔款方面，因美驻华公使康格力主强硬报复，与柔克义格格不入，美国政府将康格力解职，改由柔克义为驻华公使。柔克义本来就是"门户开放"的推动者，再加上光绪皇帝的书信，在《辛丑条约》的谈判过程中，成了大清国利益的"代言人"，面对列强国家的瓜分要求，柔克义再推"门户开放"政策。

与柔克义一起战斗的，还有李鸿章及赫德等人，李鸿章用"调拨离间"计，赫德则大造国际舆论，各国最终接受了"门户开放"政策。

与第一次向各国发照会不同，美国的第二次照会，没有要求各国做出回应，也就是说，不管各国同意不同意，大清国都要"门户开放"。

客观地说，在当时的情形下，"门户开放"政策遏制了列强在中国的势力扩张，对保全中国领土完整有积极意义。

四年之后，日俄两国集重兵在东北打"日俄战争"，这一打，中国的"领土完整""主权独立"和列强的"利益均沾"都没有了，"门户开放"政策寿终正寝。这是后来的事儿，人家贺壁礼的初衷可是不是这样的。在这里顺带说一下"日俄战争"。1900年，沙俄一方面积极参加镇压义和团而组建的八国联军，同时，单方面出兵中国东北，向远东地区紧急调派了177000人的军队，东北各主要城市和主要交通动脉均被其占领。《辛丑条约》签订后，列强陆续撤军，俄军也没了赖在东北的理由，与清政府签订《交收东三省条约》，规定俄军在一年半内分三期从东北撤军。但沙俄不但没有撤军，还加强了军队，并染指朝鲜。日本人忍无可忍，向沙俄发出最后通牒：如果不能满足日本在朝鲜的特权、从大清国退兵等6个条件，就要开战。1904年2月6日，日本又向沙俄递交"绝交书"，两天后，突袭沙俄旅顺基地,"日俄战争"正式开打。开战前,在日本的强烈要求和列强安排下,清朝对外声明"严守中立",实际上却全力支持日军。日本海军消灭沙俄海军主力,陆军也获得几场大会战的胜利后,在美国的调停斡旋下,日俄双方签订《朴茨茅斯和约》,内容包括:俄国承认日本独占朝鲜;18个月内从中国撤军;俄国将之前从中国租借的旅顺、大连转租给日本;俄国将中东铁路南段(宽城子至大连段)转让给日本,铁路沿线的行政、司法和警察及驻军等权力,一并转让。

清官员会见沙俄军官

和李鸿章一起战斗（四）

全副武装的义和团团员

1900年6月，义和团进京，很多人以加入义和团成为时尚，上自王公卿相，下至娼优皂卒，没有不"入团"的。一时之间，人人皆可入团，入团皆可杀人。城外姚家井一带信教的人多，团民们浩浩荡荡地开过去，准备大开杀戒时，发现人都逃进了使馆，甚是不快，遂将房屋尽付一炬，仍觉不解气，又把崇文门内教堂统统烧掉，杀了300多个没来得及逃走的教民和家属，才算罢休。义和团还破坏了几乎所有的教堂、银行、电灯厂、造币厂、铁路、电话线等，一些洋人的居所，包括海关总税务司署也被焚毁。

不久，董福祥带着甘军入京，还造谣说朝廷默许诛杀教民，义和团是先锋，他们甘军是后应。

各国公使惶恐不安，联名发电催在天津的洋兵入京保护。他们估计救兵11日抵达，日本使馆书记官杉山彬自告奋勇去迎接，一出门就被老董的士兵杀死,还被开膛破肚。其实,不杀他也迎不到洋兵,因为铁路早被义和团毁掉,又加上沿途袭扰,联军行动迟缓。

赫德早就看出了问题的严重性,曾再三向总理衙门建议,保护铁路、保护教堂、保护洋人、保护教民。如果任由义和团无法无天地"玩",大清国也许就"玩"完了。朝廷当时由载漪等主战派掌权,总理衙门早就靠边站了。

董福祥

慈禧主持了三次御前会议,战和难决。光绪皇帝不同意战,说开战容易,战局难料。为了与洋人开战,载漪带着几十名义和团民,欲闯宫杀光绪,被慈禧喝退。载漪怒火中烧,把五位主和大臣的脑袋砍了,心里才舒坦。

光绪帝闭嘴了,主和大臣的脑袋被砍了,开战就没有障碍了。6月19日,朝廷对外宣战,并照会驻京十一国公使,限他们这些洋鬼子12小时离京。各国公使接到照会后,聚到西班牙使馆商量,决定好汉不吃眼前亏,先暂时撤离北京,但限期太短,连收拾行李的工夫都不够,又决定次日一起到总理衙门,请求派兵护送公使离京。

那时的北京是主战派的天下,哪有可靠的部队送他们!

一直不见总理衙门的回复,德国公使克林德不听劝,去找总理衙门交涉,行至东单牌楼时,路遇清军巡逻队,一个叫安海的士兵,二话不说,一枪把克林德放倒,翻译高德士一看情势不妙,顾不上伤痛,一溜烟逃到附近的教堂躲了起来。克林德一死,各国公使彻底绝望,决定固守待援,誓死抵抗。1900年6月11日,清政府下诏,

德国驻华公使克林德

对西方十一国宣战。自以为刀枪不入的义和团和战无不胜的甘军，早就摩拳擦掌，准备大干一场。他们一接到宣战诏书，立即围攻东交民巷使馆和西什库教堂，团勇们异常英勇，挥舞大刀长矛，一波波地往前冲，喊杀声震天。

经过四天的激战，终于取得"辉煌"战果：比利时、奥地利、荷兰、意大利四国使馆被焚烧或占领，各国公使和卫队退守英、美、法等使馆。久攻不下，清军和义和团便火烧英国使馆北面的翰林院，《永乐大典》几乎全部被焚毁。

其实，义和团没赚多大的便宜，外国人也没多大的损失。人家洋人衣丰食足，军火充裕，根本没有生命危险，把用枪打义和团民当狩猎消遣。有一对叫A.F.Chamot的夫妇，是打靶老手，在被围的55天内，用来福枪射杀义和团民约700人。

8月15日，八国联军攻入北京，慈禧太后和光绪皇帝仓惶出逃。曾经神气活现、不可一世的义和团和清军也逃得无影无踪。联军一入城就恣意烧杀、奸淫、抢劫，无恶不作，苦了北京城的老百姓。

八国联军进入北京后，处死义和团团员的场景

10月，7000名德国兵赶到，开始第二轮"杀奸掳掠"。北京城折腾够了，他们又沿铁路向城外用兵——南到保定，北至张家口，想杀便杀，想烧就烧，恣意妄为。联军司令瓦德西组织联军进占保定时，当地文武官员由直隶巡抚廷雍率领，持白旗备厚礼出城门迎接。联军一一笑纳后，马上就变脸，将廷雍、保定守卫奎恒、驻军统领王占魁等人的头砍下来。独留道台谭文焕没杀，谭道台以为躲过了一死，不想几天后，又将他押解天津，斩首示众。品级高的官员尚且如此，小官小吏、平民百姓更是朝

不保夕。

联军四处为害，倒给一些传教士提供了发财的良机。传教士起初是义和团运动的受害者，认为不但大清国政府要赔偿他们的损失，百姓也要赔偿。此时，教士教民一哄而出，理直气壮地强令绅民加倍赔偿。此外，又勒令乡民集资，重建被毁的教堂，而新建的教堂比原来的还要大。

当初，义和团围攻使馆区后，使馆的对外联系中断，又有谣言说赫德被义和团杀了，南洋大臣、两江总督刘坤一听说后，下令在上海设立临时总税务司署。对此，英国的《泰晤士报》刊登讣告，英国政府计划7月23日为赫德举行追悼仪式。

其实赫德没有死，他和其他洋人一样，被围困在使馆里。这期间，他一直想办法与总理衙门保持联系。八国联军打进北京城时，赫德又喜又悲，喜的是义和团被打跑了，自家性命无忧了；悲的是百姓要遭殃了，大清国不知还能不能存在。

总理衙门总办舒文知道赫德没有死，就写信给他说："八国联军攻入北京，见人就杀，尸体堆积如山，无数家庭虚无一人，遗尸未敛，蛆出户外。联军恨义和团入骨，凡设坛处，无论官衙、寺院、民房，一律火烧，整个北京城，半数房屋建筑被毁。联军还到处搜寻妇女，强行奸污，稍有不从就刺死。许多妇女为免受辱自尽，或受辱后含恨自尽，自尽的妇女无人解下，经时已久，项断身落，而头还悬在梁上，惨不忍睹。此外，八国联军占领北京后，特许士兵公开抢劫3天，致使皇宫、民宅被洗劫一空，金银珠宝、古玩玉器都被抢走。法军从礼王府抢走白银200万两和无数珠宝，用车拉了

八国联军在紫禁城里合影

7天。经过如此浩劫,中国自元明以来的积蓄,上自典章文物,下至国宝奇珍,扫地遂尽,数十万万不止。为了使大清江山转危为安,生灵免遭涂炭,您快点儿出面,帮助结束这种局面。"

赫德的心情也十分沉痛,他回信说:"愿为中国效犬马之劳,上付圣主恩遇之隆,下以辅助朋友之谊。"可他是一个外国人,再怎么尽心尽力也会受人猜忌。赫德请朝廷立即派庆亲王奕劻、两广总督李鸿章来京议和。

李鸿章并没有"立刻"动身,他深知列强的态度关系着身家性命和使命成败。他接旨后致电驻英、法、德、俄、日5国公使,请他们探询各国政府的想法和态度。不久,各国就相继做出反应:日本支持李鸿章"先清内匪再退外兵"的方针,德国怀疑李鸿章不会北上和谈,英国表示不会乘机强令中国变易政体,俄国声称一意保全大清国。

慈禧知道了马王爷的厉害,开始向列强谋求妥协,令朝廷通知各驻外使臣向所在国政府声明,中国不会依靠"乱民以与各国打仗",会像过去一样,派兵保护使馆,并惩办"乱民";又向俄、英、日三国乞和,把战争责任推到义和团头上。

过了一段时间,抢得盆满钵满后,英、法、美、俄等国才"欣然"同意奕劻、李鸿章来谈赔偿问题。即使如此,列强的烧杀劫掠仍没有停下来。

赫德也应朝廷的要求参与谈判,为了掌握局势,他提出全部卷宗要让他看,来往公文抄送一份给他。奕、李二人当然有求必应,尤其是奕劻,又没多少主见,就把各国的照会交给赫德去研究、拟复。

北京对外的电讯早被义和团毁坏,好在与山东济南间的驿马还能跑,说是八百里加急,但往返一趟也要六天。因济南与各省电讯畅通,一时间,济南成为全国的通讯中心,每天都有驿马从北京来,也有驿马往北京去。李鸿章派他的儿子李经述常驻济南,监管电讯情况,以免误传误报。

李鸿章人虽不在北京,但已有了对付洋人的"离间计"。他吩咐中国驻外使节,为达此目的,不要心疼钱。大使们根据老李的授意,和俄国人秘密交涉；对美国人、法国人请求调解；对德国人说打死了你们的公使，我们会正式道歉；对日本人说我们都是黄种人；对英国人说，我们保护你们在长江流域的商业利益。

根据以往的经验，打了败仗，赔钱是必须的，割地也有可能，老谋深算的李鸿章这样应变是为了：在国际公法里，把中国由交战国变成受害国；拳匪是叛逆者；两宫被劫持，宣战诏书是假的；入侵洋兵是来华助剿叛逆者的；大清国对来华助剿的洋兵，有赔偿军费的义务，但没有割地的理由。这样，大清帝国就可避免被瓜分了。

尽管如此，谈判的时候，瓜分中国仍是公使们的唯一选项。赫德不同意，他劝公使们说："数十年来，中国受尽欺辱，人人有雪耻之心，但人人无雪耻之力。遇上愚昧迷信的义和团，那些不明时势、不辨利害关系的守旧大臣竟盲目相信，才酿成不可收拾的局面。义和团虽然盲目排外，但不畏生死的精神也使人震惊，4万万人同属一个大民族，并没因宗教信仰不同而分裂，中华神胄的自尊精神依然存在。领土能够分裂，统一精神和民族自尊心是不能动摇的。"

德国皇帝威廉二世煽动说："崛起的中国，将重演元蒙大帝国的历史，蹂躏欧亚大陆，只有瓜分中国，才能防止黄祸出现。"

赫德坚决反对，他不顾西方国家和社会的责难，在德国《双周评论》上发表《中国与重建》，批驳瓜分中国的言论。他说："有人认为中国人缺乏军事性格，很容易统治。瓜分中国不仅不会遭到反对，而且还会受到欢迎。事实并不是这样，不论中国有哪一部分领土被割去，都必须用武力来统治。像这样割去的领土越大，治理起来所需的兵力就越多。中国如被瓜分，全国就将协同一致来反对参与瓜分的外国统治者。"

赫德还说："中国是一个背着沉重历史包袱的民族，保守而骄傲。中国历史有自身的发展规律，任何外部力量都无法改变其民族凝聚力。"

赫德的这些话，起到了一定的效果。

尽管自己差一点儿被义和团给杀了，但赫德却写文章为义和团辩护，他说这个民族已经酣睡了很久，如今终于醒了，"中国是中国人的中国，把外国侵略者赶出去"是每一个中国人激起的信念。义和团运动既是官方鼓励的产物，也是自发自愿的运动，目的是使中国强盛起来，结束列强在中国的统治。今天的这段插曲，是一个要发生变革的世纪序曲，是远东未来历史的主调，公元2000年的中国，将大大不同于1900年的中国！民族情感是一个恒久性的因素，不该把它排除掉；中国人以中国的制度自豪，轻视外国的一切。在中国人民心中，郁积了深不可测的愤怒，这种被压抑的愤怒一旦爆发，将具有无法估量的威力。中国人是爱好和平的，中华民族既不是一个惯于侵略的民族，也不是一个长期甘于忍受被侵略的民族。"

有人建议推翻清王朝，另外建立一个新的政权，给慈禧判罪，李鸿章不同意，他的话老外们不听；赫德也来附和，他说不能建立新的王朝，否则中国会四分五裂，如果列强去扶持一个王朝，这个王朝将带有软弱和耻辱的标记。当前，这个王朝还未衰老，它的命令通行全国，这是中国恢复安宁的最简捷的办法。

赫德的观点和文章，产生了巨大影响，刊登《中国与重建》一文的《双周评论》，不到一个月被加印了7次，对政局产生了重大影响。由于他是

赫德与八国联军官员商讨议和条件

中国通，在西方国家又有很高的威望，他的话有人听，他的文章有人认真读，他找到了中国和列强都能够接受的方案，那就是这时美国政府再次提出的"门户开放"政策。

八国联军还在抢劫。公使们开始讨论如何向中国索赔，只是对赔款数额拿不定主意。为此，赫德拟定了一份《关于中国偿付赔款的备忘录》，他在备忘录中说，中国有 4.5 亿人，按每人 1 两银子来计算，赔偿总额可定为 4.5 亿两。他说："无论赔多少钱，朝廷都拿不出来，按年付银子，用 50 年的时间还本带息，每年 2000 万两。如需借外债，可付高额佣金。"

公使们对他的建议不当回事儿，俄国、德国的国库空虚，竭力要求最大限度的赔款；英国在中国的贸易和投资较多，对华经济关系较密切，不希望赔款过多。美国与英国的观点相同，主张各国要求的赔款尽量合理一些。

公使们讨价还价，争吵不休。各国教会、私人也相继提出赔偿，你说他多了，他说你少了，为此争执不下。

八国联军对付义和团和没落的清军，根本没有多少损失，但各国公使昧着良心，将损失无限夸大，以便勒索更多赔款。

谈判过程中，贺璧礼在美国活动，希望美国政府出面，限制各国的赔款要求。他致函美国国务卿海约翰，提出赔款总额不能超过 2 亿美元，假如超出中国的偿付能力，不仅危害中国的独立，也会损害西方各国间的友好关系。美国政府采纳了他的建议，据此拟定旨在减少赔款的方案。美国驻华公使柔克义在谈判会上说，各国向中国要求的赔款，不能超过中国的支付能力，总额不能超过 4000 万英镑。因德国公使拒绝，最终公使团把赔款总额定为 6500 万英镑①。《辛丑条约》规定的 4.5 亿两赔款，俄国独得 1.3 亿两还多，占总赔款额的 29%。俄国又单独出兵，

---

① 合 4.5 亿两白银，加上利息约为 9.8 亿两。1908—1930 年，部分国家减免和取消赔款，中国实际支付的赔款额大约为 3.2 亿两，不到原来的三分之一。

攻占秦皇岛、山海关的同时，分五路对东北实行军事占领，制造了海兰泡惨案，数千名居住在海兰泡的中国人全部惨死；还把江东六十四屯居民万余人，赶至黑龙江边枪杀或用斧头砍死。到1940年还清。贺壁礼的减赔计划没能实现，但经他的上下活动，各国在确定赔款数额时，考虑到了中国的财力。

英国政府本来认为6500万英镑的赔款过重，应该降到5000万英镑，但其他国家不愿意削减。而英国如果单方面削减则会吃亏，于是改变主意，不但不减，反而再加，将先前要求的480万英镑，改为650万英镑。这个数目大约是各国实际"开支"和"损失"的十几倍。以当时的情况看，列强只要求"赔款"而没有要求"割地"，对清政府而言也算是万幸了。

37年后，义和团运动的后果再次浮现。《辛丑条约》第九款规定："中国应允诺诸国会同酌定数处留兵驻守，以保京师至海道无断绝之虞。"根据这个规定，英、美、法、意、日5国在华北派军队驻扎，各国司令部设在天津。最初约定驻军人数为8200人，其中日军为400人。辛亥革命后，日本将"清国驻屯军"改称"中国驻屯军"，偷偷扩大编制，将驻军人数扩大到数千人。1937年7月7日，挑起卢沟桥事变的，就是这个日本的"中国驻屯军"。

"东南互保"保住了大清国的大好河山

义和团的事儿,与洋人在中国传教有很大关系。

洋人在中国传教很早就有了,明朝来中国的利玛窦就是一位名气很大的传教士。此后,来中国传教的洋人陆续增多。《南京条约》《天津条约》签订后,来中国传教的洋人更是有增无减,在通商口岸,甚至内地设立教堂。1900年,在华传教士有886名,土著牧师500名,教徒70万人。建立的教堂、学校、医院和慈善机构数千个,尤其是教会学校,可谓是造福社会最多。传教士创建了很多大中小学和女子学院,仅大学就有15所,

外国传教士在中国

除燕京大学外，还有东吴大学、圣约翰大学、之江大学、华中大学、齐鲁大学、金陵大学、金陵女子文理学院、沪江大学、福建协和大学、华南女子文理学院、岭南大学、华西协和大学、辅仁大学、震旦大学、天津工商学院，这些学校为中国培养了一批泰斗级名人，如教育家陶行知、建筑大师贝聿铭、外交家顾维钧、政治家宋子文、实业家荣毅仁、文化名人邹韬奋、费孝通、雷洁琼、金庸、林语堂、冰心……

我们应该承认，传教士从国外筹集巨款来中国办学校，传播现代科学知识，无论在哪种社会制度下，都是功德无量的行为。

但在那个年代，人们还认识不到这一点，总认为中国人应该去私塾学习四书五经，到洋人学校学习走的不是正道，认为洋人的科学知识是雕虫小技，所以看不起人家洋人，权贵尤其如此。

权贵之所以排斥洋教，还有另外一个原因，入天主教要放弃全部"异教徒"的宗教和习俗，如不参加民间节日，星期天不工作，不纳妾，等等。这些要求，穷人容易接受，他们本来啥都没有，放弃和不放弃都一样。权贵们就不一样了，洋教要求放弃的正是他们愿意干的，如不纳妾这一条，尤其不能接受。他们不愁吃穿，整天想的就是多娶几个小老婆（饱

晚清时期的私塾教育

暖思淫欲嘛）。不但如此，他们对穷人信教也很不高兴，穷人本来终日为生计奔波，愁眉难展，但信了教以后，脸上的表情渐渐平静下来，甚至还有点儿祥和。对这一点，权贵们越看越不顺眼，所以就从中作梗。洋教士为更好地传教，发展更多的信徒，不可避免地利用不平等条约，对地方官府施加压力，对抵制势力进行打压，这又使权贵们认为洋教和帝国主义是一路货色，传教就是侵略。在一些教徒和非教徒的官司中，由于传教士对衙门施加了压力，不管教徒有没有理，衙门都做出偏袒教徒的裁决，加剧了中国教徒与中国普通百姓之间的摩擦。19世纪60年代以后，反基督教的冲突此起彼伏，据不完全统计，从那时到19世纪末，全国发生的大小教案有800多起。

还有一个造成民众反对传教士的重要原因，是当初传教士和鸦片贩子两大群体之间达成默契（贸易和圣经结成同盟），传教士在中国走村串户，一手发放教义小册子，一手出售鸦片。传教士们深知鸦片之害，但出售鸦片的利润可支持其传教事业，个人也有可观收入，也就丧心病狂起来。1828年，传教士郭实腊用鸦片贩子提供的经费，招募了一个40人的间谍组织，刺探中国海防情报和水文信息。（鸦片战争中，郭实腊还是英军翻译和舰队向导。）传教士办的宗教报刊，也刊登鸦片贩子、鸦片贸易支持者要求"自由贸易"的文章，他们的行为，让率"远征军"来华的额尔金感到难为情。额尔金曾在日记中说："好不容易才在福建见了一个一心传教的传教士，能在一批洋人中，见到几个不是一心来赚钱的人，已经算是不错的了。"

因为德国占领青岛并把山东划为势力范围，引起了山东人的反感，1898年10月下旬，山东冠县梨园屯的"响马"们奋起反抗，使义和团运动在华北地区如火如荼地发展起来，他们不是烧就是杀（主要针对洋人），令洋人胆寒。

当时，在保定的传教士赫瑞·培特金在信中描述说：……干燥得像火药末，难以忍受的尘暴，上帝赐我们雨吧！暂时平息一下事态……我们朝不保夕。

到了 1900 年 5 月，义和团势力大涨，京城内外，千百成群，扬言"助清灭洋""专与传教士和洋人教堂为难"，并打出"扶清灭洋"的旗帜。

6 月 9 日，赫德发电报指示广州海关税务司保罗，让他马上去找两广总督李鸿章，告诉李鸿章局势极端危急，各国公使恐遭袭击，一旦出事，外国军队一定会进行大规模联合干预，清王朝可能会灭亡。他请李鸿章速发电报给慈禧太后，请求保证各国使团的安全。李鸿章看了电报，也很焦急，但他也无能为力，不要说在千里之外，鞭长莫及，就是身在北京，他也只能一边凉快去。

慈禧倚重的端王载漪、军机大臣刚毅等顽固派把持朝政，推行"联拳灭洋"方针。李鸿章对此深恶痛绝，他看出"群小把持，慈意回护，必酿大变"，又深感势单力薄，无法挽救。此前，朝廷曾让他"迅速来京"，却又不说去干什么，也没给任何职权。自己有权有势时，尚且拿那些顽固派没有办法，此时若无兵无权地去了北京，不仅难改朝局，且有身首异处之忧。为了争取慈禧，打击顽固派，他上下其手，连续五次电奏，冒死恳请"先定国是，再议办法"。他所说的"定国是"，就是改变"联拳灭洋"的方针，"先清内匪，再退外兵"。他一再强调"非清内匪，事无转机"，只有镇压义和团，保护使馆和洋人，才能"徐图挽回，否则大局不堪设想"。他的想法虽好，但慈禧听不进去。

湖广总督张之洞认为拳匪酿祸，必将贻误国家。他严饬各州县，禁谣拿匪，敢有生事者，立即正法，全力保护洋商教士。不但如此，他还向慈禧建议对义和团"坚决剿灭，以绝后患"。

两江总督刘坤一与李、张的看法一致，他发布告示，说义和团是无法无天的暴徒，悬赏缉拿。

李鸿章又向朝廷发了一封电报，强烈要求"先定内乱，再弭外侮"。他的这封电报到达的时候，德国公使克林德已经横尸崇文门街头了。

次日，八国联军攻陷大沽炮台，局势急遽恶化。慈禧又接到谎报，说列强将勒令她归政光绪，激起她极度的记恨，决定向英、美、法、德、意、日、俄、西、比、荷、奥十一国同时宣战；同时，她还嘉奖义和团。

八国联军在大沽口登陆

宣战诏书犹如火上浇油，整个华北立即陷入混乱，并向全国蔓延。

如果"义和团"的星星之火向南方转移，各国会以保护侨民安全为由，派兵干预，遭殃的就不仅仅是北京的百姓了。当时，长江三角洲一带不但是中国经济重心，外国资本也多集中于此。对英国来说更是如此，两江、两湖地区尤为重要，是他们在华利益最多的地域。

上海江海关税务司安格联看在眼里，急在心里，去找英国驻上海代理总领事霍必澜，说要采取措施，避免骚乱蔓延。霍必澜认为他说的有理，立即致电英国政府，建议"有效支持"汉口、南京的总督，使他们能够在辖区里维持秩序。

也是因为形势紧急，霍必澜的建议立即被英国政府采纳，授权他和驻汉口总领事法磊斯，向两江总督刘坤一、湖广总督张之洞保证：如果他们采取措施，稳住阵脚，将得到英国军舰支持。

根据霍必澜要求，6月16日，安格联致电金陵关税务司韩森，让他去试探刘坤一。当天晚上7时，韩森见到了刘坤一。那时刘坤一寝食难安，正担心各国借口义和团说事儿，派兵占领两江地区呢。听了韩森的话，他一下子激动起来，说：愿意维护和平，使长江一带的贸易照常进行。这事儿说白了，就是刘坤一对义和团零容忍。其实，他已经这样做了，但他对义和团能掀起多大的风浪心里没底儿。刘坤一让韩森告诉安格联，只要英国愿意提供帮助，他什么都肯做。

韩森立即向安格联汇报，说他和刘坤一谈得很好，在目前危险气氛中，刘坤一完全不理会朝廷的指示。刘坤一还说将与张之洞合作，维护长江流域的和平，一旦形势恶化，他愿意在英国人指挥下统一行动，保护各国利益。

安格联表扬了韩森，说刘坤一肯维持这一带地方的秩序，他韩森起了作用。安格联认为刘坤一是一个重要人物，想策动他以南京为中心另建"中华帝国"，但刘坤一没这个打算，也没这个胆，安格联只好放弃。

安格联立即将南京的情况通报给江汉关税务司何文德，并让他去转告法磊斯；同时，指示何文德随法磊斯一同去见张之洞。

当二人向张之洞建议，如果发生变乱，由英国提供军事援助时，张之洞并不太激动，表示对英国愿意提供军事援助表示感谢，但不能接受。因为英国军队一到，别国的军队也会跟着来，那好比火上加油，后果难料。

张之洞估计暂时不会发生严重的事情，如果需要援助时，再找他们商量。

张之洞最后告诉他们，他已与刘坤一商量好了，要同心协力，保护洋人。

打发走法磊斯和何文德，张之洞与幕僚连夜筹谋对策，次日致电驻英公使罗丰禄，让他告诉英国政府，长江地区的兵力足以维持秩序和保护洋商、教士。

英国政府对张之洞、刘坤一的态度感到满意，遂向长江各口岸英国军舰发出训令：不要有任何刺激中国民众的行动。

张之洞、刘坤一的态度也被各国接受，列强于是宣布联军仅对义和团和反对派进行战斗，如果不破坏和平、不从事战争，无须害怕联军袭击。

张之洞

李鸿章支持刘坤一、张之洞与驻上海各国领事订约，实行"东南互保"。当时，李、刘、张三大帅鼎足而立，"联络一气"，构成轴心，李鸿章处于关键地位。不过，李鸿章将精力和目光放在北京，刘坤一、张之洞、盛宣怀等人也不想让李的精力集中在东南这盘棋局上，这盘局他们足可应对。

促使东南各省督抚联合起来，与各国协议保护东南的，还有实业界。在义和团闹得正欢的时候，招商局"高管"郑观应写信给盛宣怀，说大清国军队、义和团对天津租界进攻，将使局势严重恶化，影响东南和平与稳定，联军极可能在上海登陆，进入长江流域。果真如此的话，东南大局不堪设想。为避免不必要的损失，不妨将一些大清国公司转换到外国名下，联军来了，这些产业或许可以保全。

郑观应的提醒，启发了盛宣怀，他致电李鸿章、刘坤一、张之洞，提议与各国领事订约互保，上海租界由各国保护，长江内地由督抚保护，两不相扰。

刘坤一赞成这个建议，东南各省督抚也积极响应。

在张、刘的授意下，上海道台余联沅与各国驻上海领事取得"谅解"，制定《东南保护约款》和《保护上海城厢内外章程》，规定上海租界归各国共同保护，长江及苏、杭地区归各督抚保护。随后，山东、广东、广西、福建等省也先后宣布参加"东南互保"。

所谓"互保"，简单地说就是不支持义和团杀洋人，不承认朝廷对各国《宣战诏书》的合法性，采取措施保护洋人在华的安全和利益；洋人遵守中国的法律和道德礼仪，维护和平状态，进行正常贸易。

从形式上看，"东南互保"违背了朝廷宣战的旨意，有分庭抗礼之嫌。张之洞、刘坤一当然有点儿担心，订

盛宣怀

立《东南互保约款》的当天，二人电奏慈禧说："北事已决裂至此，东南各省若再遭蹂躏，无一片干净土，饷源立绝，全局瓦解，不可收拾矣。惟有稳住各国，或可保存疆土。……总之，能联络一日，长江以内尚可使外人无从逞志。倘各国必欲以干戈从事，派兵舰来攻，实逼处此，臣等受恩深重，有守土之责，自当尽力抵御，存亡与共。"

正是在安格联等洋人的策动下，刘坤一、张之洞、李鸿章三位总督和福建巡抚许应骙，联合保持华中、华南中立，使中国最富庶的地区避免了一场战争。

东南互保是一个"创举"，也是"良好的外交成就"，对东南各省而言，"避免了兵祸，保全了民命"。对清政府而言，"财赋"得以保全，此外，对于日后议和索要东北，在外交上增强了力量。

假如没有"东南互保"，而是听从朝廷命令杀洋人、对外开战，中国将会陷入与世界列强的全面战争。

可以说正是凭着"东南互保"，大清国又多活了十年，满大人又多过了十年的好日子。

第五章 洋人的中国海军梦

第五章　洋人的中国海军梦 | 177

洋人中国海军梦的缘起

道光和咸丰当皇帝的时候，认为炮重要，战船不重要，所以只搞炮不搞船。

第一次鸦片战争期间，为了对付英国人，林则徐花了很大的价钱，从美国商人手里买下了装有34尊英制大炮的"剑桥"号战船船，很有战斗力。可是林则徐却不让战船开到海里与英军战船对轰，而是停在珠江口内当炮台用。结果英国水兵偷偷爬上去，杀死上面的士兵后，连船带炮偷走，用来轰清军的炮台和阵地，对于"剑桥"号的轰击效果，英军很满意。

尽管如此，在林则徐眼里，英国海军却是这样的：英军船只适合外洋作战，一进入内河将无计可施。他发布告说："彼若敢来内河，一则潮退水浅，船胶臌裂；再则伙食尽罄；三则军火不继，如鱼处涸河，自来送死，安能生全？"在英军已攻陷定海时，林则徐还在给皇上的奏折中说："夷船所恃，专在外洋空旷之外，其船尚可转掉自如。若使竟进口内，直是鱼游釜底，立可就擒，剿办正有把握。"其实，林则徐对英国陆军的看法，很不靠谱。他认为："英国士兵，浑身裹紧，腰腿直扑，一跌不能复起。凡我内地无论何等之人，皆可诛此异类，如宰犬羊，使靡有孑遗，方足以快人心而彰国宪。"

林则徐的"军舰"观点，深深影响了一任又一任的大清国官员。

沾过林则徐的光、受过林则徐恩惠的吴健彰，为了打击小刀会，也搞了一条战船。老吴对战船的认识比林则徐进了一步。他知道洋船很厉害，对付小刀会这群乌合之众绰绰有余，所以他向洋商买了一条430吨的战船，取名"孔子"号（不知道为什么要与我们的先贤联系在一起？），雇了一些洋水手开船开炮，战斗效果十分显著。打败小刀会后，老吴觉得"孔子"没什么用了，送给江南大营的向荣。向荣非常高兴，就令"孔子"去长江里战斗，可是战斗效果不但不理想，还尽吃亏。原来"孔子"太胖太大，在长江里一点儿也不灵活，稍不注意就搁浅。那些划小舢板的太平军，却是来去方便，要么躲在小河湾里，要么开进芦苇丛中，"孔子"开足马力去追，眼看着要追上了，却搁浅了，一时动弹不得。那些躲起来的太平军们，就开着小船上来袭扰，虽然其鸟枪鸟炮奈何不了"孔子"，但看着让人窝心。向荣对其失去好感，让"孔子"去坐冷板凳，最后锈蚀坏掉。

"孔子"坐冷板凳的时候，李泰国去找上海道台兰蔚雯（时间是1856年3月的一天），说：英国新造小火炮船与俄国人作战时，多次攻下俄罗斯炮台，很有成效。现在中国兵乱，去买几艘回来，可以一举扫清狂寇。兰蔚雯不相信。

李泰国说：中国人见过的所有外国战船，都不如这种战船好使，这种新式炮船轻巧灵活，哪儿都能去，炮打得也准。

兰蔚雯还是不信，认为李泰国在忽悠他。

李泰国急了，将新式战船绘成图纸，把炮船的战斗情况一一注明，又来找兰蔚雯。他一边讲解，一边让老兰看图。

兰蔚雯听也听了，看也看了，还是半信半疑。

李泰国急了眼，打赌说船买回来后，他愿带领这些炮船去打仗，如果不把太平军打得七零八落，他就赔偿买船买炮的钱。李泰国一再来劝，老兰终于"上心"了，向上级作了汇报。

本来，李泰国的建议是个好主意，但朝廷上下都认为，他这个英国佬有不可告人的勾当，不敢听信。两江总督怡良对兰蔚雯说，中国有能力打败太平军，不用他洋人费心劳神。这事儿，还惊动了咸丰皇帝，告诫江苏官员：千万别上他的当。

在李泰国建议购买战船前，俄国向总理衙门建议，派一支小舰队来中国，炮轰被太平军占领的南京；法国想帮清政府购买一支完整的舰队。朝廷怕他们"黄鼠狼给鸡拜年，没安好心"，统统拒绝了。

1862年4月，形势发生了变化，太平军攻下杭州、宁波后，准备向美国汇50万两银子，购买战船，并以宁波为基地，直捣天津。北京的满大人们听说后，又恐慌起来。

把持朝政的慈禧太后倒还镇静，说杭州、宁波失守，沿海州府皆要严加防范，购买英国炮船的事儿也要尽快办理；又给江苏巡抚薛焕发旨，要他不得再拖延。薛焕赶紧让人飞马快报两广总督劳崇光、广东巡抚百龄、闽浙总督庆端，告诉他们快点儿筹款并汇往英国买船。

朝廷又下旨给两江总督曾国藩，让他考虑统兵将领和舰上兵丁配备。曾国藩对洋船洋炮的认识比较深入全面，思想也更开放，所以他接旨后，上奏朝廷说：如果能买洋船洋炮，很快就能灭太平军，灭了太平军，外国人就不敢再轻视咱大清国了。又说：洋船洋炮为英法独有，我们购买一批，若能熟用，英法就不敢硬气了。

在这之前，曾国藩曾上奏朝廷说：太平军攻占常州、无锡、苏州，进逼上海，长江下游一带成为主战场。水战越来越重要，但造船不能解燃眉之急，建议购买外国战船。

总理衙门也替曾国藩着急，因为没有战船配合，仗打得甚是艰难，国外的炮船虽好，却没有钱买。这事儿，让赫德知道了，他来找文祥，说大的炮船一艘几十万两，在内河行驶很不方便，就别买了；买十几艘小火轮船，配上先进的枪炮，费用也不过几十万两，既可以打击海盗，又可以用来对付太平军。

文祥一脸愁容地说，洋船洋炮虽好，可没

曾国藩

钱买呀？

赫德说钱不是问题，征收洋药印票税，每年增收几十万两，足够买船的了。

恭亲王奕䜣听了，很是兴奋，说先让海关汇钱买船买炮，等洋药印票税收上来后，再归还原款。

文祥又发愁了，说：把洋船洋炮买回来，没有人会用啊。

赫德哈哈一笑，说：先雇几个外国人，让他们掌舵、开炮。广东、上海有大把的能人，让他们学习，然后上船替代外国人。

恭亲王和文祥二人听了，放下心来，去向慈禧报告，慈禧也兴奋不已，于是下旨令赫德负责购买。船运到中国后，交给广东、江苏督抚，招人学习驾驶。技术人员从英国雇佣，水兵将士从广东、福建、山东征招。

朝廷又令江苏巡抚薛焕办理，但薛焕认为，购买军舰的问题十分复杂，急不得，要先调查研究。

这事儿一时又搁置了下来。这回慈禧太后发了话，各级官员不敢再马虎。

赫德打起十二分的精神，特意把对各海关的例行巡视提前到年初。元旦刚过，他便启程南下。他首先来到广州，与两广总督劳崇光讨论买炮船的事儿。

因为有圣旨，劳崇光对赫德不敢敷衍，两人研究了一番后，商定花65万两银子，购中号船3艘、小号船4艘。由粤海关、江海关先拨20万两银子汇往英国。船上的舵工、炮手、水手在英国招募，聘一名既可靠、又懂海战的船长帮助训练。

广州这边说好了，赫德又去福建，找福州将军文清。文清没有劳崇光那样痛快，说福建是海防前沿，经费不足，拿不出10万两银子。赫德开导他说花钱买几艘炮船是值得的，炮船买回来后，可以增强海防力量。

文清思想上的弯还没有拐过来，薛焕通知赫德终止巡视，立即赶回上海，和他讨论购战船的事儿。

在英国采购军舰并不顺利

正在英国休假的李泰国收到赫德的信后,又高兴又生气,高兴的是当初的梦想终于可以实现;生气的是 6 年前,他提建议时,中国人认为他居心险恶,到如今,中国人想通了,愿意做了,英国人态度又变了。英国已宣布在清军与太平军作战时,保持中立。生气归生气,他还是像上了发条的闹钟一样,劲头十足地开始张罗起来,因为这是他早就想做的事儿,而且他认为很有意义。

他首先去找参议员约翰逊,请他帮助做工作。

约翰逊表示无能为力,说这事儿办起来很困难,政府不会同意。只有把这支强大的舰队置于英国军官统率之下,女王才会批准。只有女王同意了,才能解决法律上的一些程序。《中立法令》要求英国人在清军与太平军作战中保持中立,现在如果准许英国海军军官和士兵为清政府效力,就必须废止这个法令。废止这个法令,牵涉到内阁、外交部、海军部、殖民部、内务部、枢密院。

李泰国说为了这一天等了 6 年,太不容易了,决不轻易放弃。

约翰逊被李泰国的精神感动,说如果把这事儿与中国海关联系起来,说成是为了打击海盗、缉私和维护贸易秩序,就好办了。

李泰国说这也是他的初衷,但中国要先用来剿太平军,消灭了太平军,再用作海上巡逻缉私。

约翰逊提醒他说：中国人办事儿，反复无常，要防着点儿。

李泰国说：岂止是反复无常，简直就是不可理喻，非要在被强迫时才会去做一些事情。如果只用作剿匪，匪剿灭之后，舰船便会失去应有作用，可能会被解散或归地方督抚。如果用作缉私，就可以成为海关的常备武装。

李泰国还说，他想把总税务司署现代文官行政制度，与海军舰队结合在一起，在他的领导下，建设一支海军兼海岸巡逻舰队，并把这个舰队叫"欧华舰队"。

约翰逊被说动了心，表示将全力提供帮助。

炮船在英国采购，在英国招水手，需要英国政府批准。李泰国开始对英国政府进行游说。

他还请求英国政府批准英国军官和船员，自由地接受清政府雇用。

由清政府出钱，建立一支由英国人指挥的舰队，太有吸引力和诱惑力了，一时成为英国朝野最感兴趣的话题。

1862年6月15日，英国海军大臣萨默赛特写信给外交大臣罗素说：这是一件大好事儿，应鼓励和支持。一支由中国政府维持的舰队，将肃清那里的海盗，巩固我们的贸易，并平定太平军叛乱。可以考虑把驻在香港的一些炮舰售给中国政府，这样可以减少我们在中国沿海的力量，节省开支。

英国政府还预见在不远的将来，李泰国买的这批舰船，可能成为控制中国海军的一个契机。为方便李泰国开展活动，英国女王特别授予他三等男爵勋章。

经李泰国这么一倒腾，中国要购买的几艘"炮船"，变成了一支"舰队"；雇用几个外国人当教练，也变成组织和指挥这支"舰队"了。因为李泰国的游说，英国议会的文件也把这支不存在的舰队称为"英华舰队"。

本来这样大的事儿，应该请示中国朝廷，但李泰国却一厢情愿地认为，朝廷不会有什么异议。另外，他还认为，没有必要告知朝廷，他办成后，让朝廷点头就行了。

事情终于有了转机，枢密院发出敕令，同意英国人为清政府服役，但首席检察长艾瑟在呈枢密院的报告上又提出："不论陆上、海上，任何人只能通过李泰国和阿思本，才能合法地为中国皇帝服役，防止英国臣民应募后被中国官佐指挥，或与中国皇帝的一般部队混杂在一起。"

李泰国不但没有异议，甚至认为本来就该这样。

英国这边搞定了，但大清朝廷的授权文件还没有拿到手。李泰国写信给赫德，要他催总理衙门，尽快发授权文件。从这里可以看出，李泰国是多么胆大妄为，事情都到了这个地步，朝廷却还没有给他授权。此外，他没有把艾瑟的要求向总理衙门汇报，认为只要能买到军舰，这些都不算什么。

接到李泰国的信，赫德急忙从上海赶到北京，催总理衙门给他发授权札文。

李泰国组建的舰队包括六艘炮艇、一艘军需船、一艘补给船。有三艘炮艇是向英国海军购买的，分别改名为"北京"号、"中国"号和"厦门"号。另外三艘炮艇，一艘在南安普顿建造，两艘在莱兹建造，分别取名"江苏"号（1000 吨 300 马力）、"广东"号（552 吨 150 马力），"天津"号（445 吨 80 马力）。"江苏"号为旗舰，是当时海上速度最快的战舰，补给船"图勒"号是从私人船主手中购买的。整支舰队装备 40 尊大炮，配备 400 多名水手。

为了免缴港口税和防范途中被扣押，船上要挂官方旗帜。李泰国建议舰旗为绿底，加一对黄色对角线，但英国海军部表示，大清国批准采用前，拒绝承认。为这事儿，英国驻华公使卜鲁斯去询问恭亲王，恭亲王也拿不定主意，因为当时中国还没有国旗。恭亲王认为这是个大事儿，为此推动朝廷颁布了"国旗"法：国旗为三角形，黄色作底，上面绣一条龙，龙头向上。总理衙门据此指示李泰国，舰旗为绿底长方形，一对黄色对角交叉线，中间一块黄色三角形，里面一条蓝色的龙。

"阿思本"舰队

李泰国在游说英国政府的同时，就已开始招兵买马了，他首先想到的是英国皇家海军军官阿思本。1857 年，经额尔金介绍，他认识了阿思本，在天津谈判前后，他和阿思本一直共事，交往密切。后来，阿思本因病回国，两人交往渐少。

当李泰国想起这位在中国认识的老友时，阿思本正率英舰"多尼戈"号，沿墨西哥海岸出勤。李泰国本来担心阿思本不愿意来中国，可出乎他的意料，阿思本收到信后，立即回伦敦与李泰国商谈。

在中国统领更多的战船，对阿思本来说太有诱惑了，如果在英国，他的这种欲望可能永远不能实现。

一直不把中国人放在眼里的李泰国，还没有得到朝廷授权，就赋于阿思本权力，要他致力于创建一支欧洲人指挥的中国舰队。阿思本又挑选了几个有实战经验的英国海军军官当舰长。

李泰国本想在法国海军、美国海军中招一些军官加入舰队，为此他去了一趟法国，但法国海军对此不感兴趣，美国海军正在忙着自己的事儿，无暇他顾，李泰国只得作罢。

1862 年 10 月 24 日，蒙在鼓里的恭亲王以"和硕亲王"名义，发给李泰国授权札文，主要内容有两项：一是购买船只、弹药、煤及各种零件；二是招募炮手、水手。

这份授权书还没有到李泰国的手上，李泰国就同阿思本签订了十三条合同。这份合同与总理衙门和赫德议定的内容完全相反：

第一条，阿思本做海军总司令四年；除阿思本之外，中国不得另请外国人做海军司令。

第二条，在中国的所有外国样式船只，均归阿思本统一管辖。

第三条，朝廷要正式任命阿思本为海军司令。

第四条，凡朝廷给阿思本的一切文件、指示，均由李泰国转达，阿思本必须遵办；如果别人转达，不予执行。

第五条，阿思本不能照办的事儿，李泰国不能转达。

第六条，兵丁、水手均由阿思本选用，李泰国应允，方可准行。

……

第十一条，如果四年之后，李泰国身故，或阿思本身故，仍应照办，不得以二人中一人身故，将协议废而不用。

……

按照合同，李泰国和阿思本是这支舰队的实际统帅，他们不但打算垄断大清国海上武装，甚至连陆上的统帅权也想掠夺过来。李泰国说：朝廷不能雇用其他外籍军事人员，上海、浙江所雇佣的洋枪队，应由阿思本来统领。

李泰国还想自立银号，把全国海关税款直接存进去，作为舰队的开支。

李泰国和阿思本还制订了舰队章程，规定捕获的走私船、货，变卖后的银子，或没收的钱款，三分之一归中国，其余由舰队人员分领。

在李泰国的影响下，赫德对舰队的前景也十分看好，他在做海关预算时，把海、陆军经费也考虑了进去：从1864到1870年，海军经费每年100万两，陆军经费每年180万两。

总理衙门"雄起"了

1863年5月初,李泰国带着三艘舰船,趾高气扬地回到上海,宣布恢复总税务司职务后,去找新任江苏巡抚李鸿章。

李鸿章问候他一路辛苦了!

李泰国也不谦虚,说他为中国办了一件十分有意义的事儿,虽苦也荣。

李鸿章当然知道他所说的"有意义的事儿",就是指在英国代购炮船。李正想知道详情,就顺口问:都办妥当了吧?

李泰国神采飞扬地说:兵船七艘,已陆续购齐,两月后可到中国。以前汇的80万两银子不够用,必须再从海关提银12万两,汇往英国,作为船炮和兵士路费。他还说为了使舰队发挥巨大作用,他已任命阿思本为舰队司令,并雇佣了600名水兵。舰队一抵达中国,就可以立即投入战斗。

李鸿章心里一惊,他从李泰国的话中听出,这事儿与赫德在总理衙门时说的大不一样。

送走李泰国,李鸿章立即写了一封密信给总理衙门,把李泰国来拜见自己的情况描述了一番,最后告诫说:舰队如果让李泰国做主,后患无穷。这个家伙动不动就胁威人,对他要早做提防。

总理衙门接到李鸿章的信后,吃惊不小,但还是选择不露声色,暗地里却做好了对付李泰国的准备。

一个月后，李泰国在赫德的陪同下，气势汹汹地来到北京。

李泰国抱着"中国的事情非挟迫不能办成"的想法，一到总理衙门，就很不客气地对大臣们说购船用了107万两银子，养活这个舰队每月要用10万两。文祥等大臣们说：购船缺的钱，大清国会补上，其他经费另论。

李泰国说：大清国一直缺钱用，如果想用银子，我可以向外国商人借1000万两，分年带利归还。

文祥说：大清国没有借钱花的习惯，也没想过借钱，不劳你费心。

李泰国说：有一件事情，我已经下定决心，今后将为总理衙门而不是为各省官员征收关税；如果总理衙门不同意，我就不再担任总税务司，海关所有的英国人也要撤走。

文祥说：你想辞职，我们会考虑，但要撤走海关中的所有英国人，不能同意。这个问题要同英国公使讨论。

英国驻华公使卜鲁斯为李泰国撑腰，写了一封措词强硬的信给恭亲王奕䜣，说：朝廷要用海关税收保证舰队的军饷，舰队应直属于朝廷，只接受朝廷的命令，对朝廷负责。舰队可与地方当局协同行动，但不受地方当局的节制，否则，不批准雇用英国军官为大清国效劳。

恭亲王答复他：是否准许英国军官为大清国效劳，是英国公使决定的问题。如公使不批准，这事儿就作罢；如果同意，这些军官由何人统领，饷银如何开支，由大清国决定。

问题越闹越僵，难以调和。

在此后的半年时间里，李泰国和总理衙门一直争吵，他态度蛮横，动不动就用"公使不高兴"来吓唬大清国的大臣们。他对总理衙门大臣们说，他丝毫不信任他们，却要求大臣们完全信任他，他把自己称为大英钦差，自称可以和任何人平起平坐，可以发号施令而不与人商量。对中国人来说，他认为他自己就是一切的一切。

李泰国向总理衙门提出要住肃王府，总理衙门告诉他没有这个资格。李泰国说出门要坐八抬大轿，总理衙门告诉他，在中国不是所有人都可以坐八抬大轿，你虽然是总税务司，却没有官衔和品级，所以不能坐。李泰国说中国人办不好外交，政府的一切对外交往应统统由海关来办理。总理衙门不客气地告诉他，中国的事情，不容外人插手。

李泰国又威胁说，要把购买的炮船转卖给太平军。总理衙门大臣说：这事儿，你说的不算数。

总理衙门对李泰国早有防备，不管他如何吓唬，不为所动，只答应再往英国汇20多万两银子，补足107万两，对于他和阿思本订的"十三条合同"，坚决不承认。

针对如此无理的李泰国，恭亲王奕訢亲自去找英国公使卜鲁斯论理。

恭亲王气愤地说：赫德和李泰国同办这事儿，赫德承办在前，李泰国接办在后，本来应该一致，但实际上却变成了两回事儿，还订了个十三条合同。最不能接受的有三条：一是凡朝廷对阿思本的一切命令，经李泰国转达，阿思本就执行；如果别人转达就不执行。阿思本并不是李泰国的下级，朝廷有什么事儿，何必由李泰国转达，如果照这样办理，我国就要受他束缚。我们并没有给他这样的授权。二是如有阿思本不能办的事，李泰国不转达。而阿思本不能办的事儿，可以与我国官员商议嘛。根据李泰国的要求，我国官员与阿思本不能沟通，将会耽误军国大事儿，我们自然不能批准。三是李泰国要求提前领取舰队和人员4年的经费，还要以炮船和兵器作为质押。他不相信总理衙门，我们又怎么能相信他。

卜鲁斯一时也找不出合适的应对办法，只好顾左右而言他。

经赫德斡旋，李泰国和总理衙门定了个《现议轮船章程五条》，大体内容是：由中国选派一名将领为总司令，阿思本为副司令，以4年为限；阿思本应听从中国督抚调遣，舰队每月经费7.5万两；舰船是中国出钱买的，必须对中国有益，随时挑选中国人上船学习。

李泰国勉强接受，然后气冲冲地回上海了。

1863年9月，阿思本带着第二批舰船到上海，李泰国的火气又上来了，便鼓动阿思本不要接受《现议轮船章程五条》。

阿思本也不是省油的灯，立即把几艘炮船开到烟台，并牢牢控制在自己手中，以此要挟总理衙门。

到达烟台不久，阿思本接到恭亲王颁发的札谕，任命他为舰队副司令，同时告诉他，总司令将由两江总督委任，他必须听从督抚的命令。

阿思本十分恼火，去找卜鲁斯诉苦，说这些指示违反了他和李泰国的协定，他到中国来是为皇帝效劳的，而不是充当地方官的下属，总理衙门的要求他不能接受，他和他的追随者到中国来，不是为了去适应中国士兵所受的待遇。

购军舰的事儿，与在长江流域和太平军作战的曾国藩、李鸿章关系最大，这支舰队除非置于他们的指挥之下，否则不可能在沿江作战。

最初，曾国藩派总兵蔡国祥为司令，统领这支舰队。总理衙门要求蔡国祥同时统领中国水师船，与阿思本统领的舰队同泊一处。另外，还告诉蔡国祥，新购的炮舰已有外国水兵，不再增加。曾国藩对这个决定很不满意，对总理衙门说：大清国购了船，船就是自己的东西，应由大清国的将领调遣。但阿思本盛气凌人，视我大清司令如堂下厮役，根本看不起蔡国祥。

李鸿章则上奏说：蔡国祥来上海，虚拥司令之名，没有说话的份儿，他很生气，又回安徽了。

李鸿章还断定，中国水师船与阿思本舰队同泊一处，将无法和睦相处。

曾国荃这时已攻占九江。曾国荃反对阿思本任副司令，说江路已通，长江水师的帆墙如林，与陆军通力合作，一经合围，不久将扫荡南京，可以不用炮船参战。

总理衙门在曾国藩、李鸿章的建议下，作出解散舰队的决定。他们又怕英国人找借口闹事，带来祸害，决定先给这些无理的英国人讲讲理儿，让那些趾高气扬的英国人先把解散的话说出来。

事情果然照着总理衙门的想法在发展。1863年10月25日，阿思本向总理衙门发出最后通牒，限48小时内批准他和李泰国签订的合同，否则立即解散舰队。

恭亲王等大臣也不退步，发誓说：朝廷宁可退到长城以外去谋生，也不能屈服。

恭亲王又去找卜鲁斯论理。他说：阿思本可以把他带来的 600 人解散，但船是中国政府购买的，要留下来。

卜鲁斯不同意，说舰船是英国的军用物品，既然中国拒绝使用英国水兵，那么这些船也不能留给中国。

恭亲王说：英国不愿意把这些舰船留在中国，应该归还中国购船的钱。

卜鲁斯说：只有把船卖给其他国家后，才能把经费退还中国，但英国水兵工资及往来经费，要由中国负责给。

恭亲王只好答应。

恭亲王知道不给洋鬼子们一点儿好处，他们就会赖着不走，可能还会闹出事端，那就不是几十万两银子能摆平的了，于是发给 600 名英国水兵薪金和回国经费 37.5 万两。

总理衙门怕阿思本回去后挑拨，专门赏他一万两银子，让他"拿我们的手短，吃我们的嘴软"，回到英国后，少说大清国的坏话。

第二年夏天，这些船分别卖给了印度和日本，共卖了 57 万两银子。（卖给日本的舰船，后来多次来中国作战。）

中国为此白白损失了近百万两银子。

这之后，总理衙门开始考虑炒李泰国的鱿鱼了。

卜鲁斯和外国驻京公使们也知道，李泰国这样一闹腾，在中国已没有待下去的基础了。

总理衙门还不放心，去找美国公使蒲安臣帮忙，说大清国对李泰国已失去信任，打算撤掉他，想听听你的意见。

蒲安臣说：这件事要和各国公使会商后再答复。蒲安臣和各国公使说起这事儿，公使们一致认为，中国政府本来就有这个权力。

蒲安臣把各国公使的看法告知了总理衙门，总理衙门下决心炒李泰国的鱿鱼。

卜鲁斯听说要撤了李泰国，也没有坚决反对，只是努力为李泰国多争取点儿好处。总理衙门也怕如果对李泰国太绝情,他回英国后反咬一口,颠倒是非,处心积虑地与中国过不去。这时,英国公使馆参赞威妥玛在英国休假,他在北京时经常和文祥会晤,所以两人关系较好。为此,文祥又写信给威妥玛,把李泰国承办炮船的事儿,前前后后述说一遍,最后,在信中言不由衷地说:这件事儿解决后,愿两国和好如常,彼此照常交往。

文祥的这封信是想力争威妥玛的支持,以便在今后有人拿这件事做文章时,威妥玛能从中排解。

总理衙门又特意拨给李泰国住京经费8000两、旅费6000两,还加倍发一年薪水,把他打发回英国了,对外则说李泰国任职期满回国。

海军梦实现了又破灭了

　　1871年12月10日，琉球国贡船在海上遇飓风，两艘船被吹散，"八重山"船漂到台湾海边一小岛上，当地居民将45名船员送到台湾府城。"太平山"船则没这么幸运，在台湾南部北瑶湾触礁沉没，3人淹死。贡船沉没前，船员不忍心贡品沉入海底，拣轻巧珍贵的物品带在身上，凫水上岸。上岸后，遇当地土著，当地土著要船员交出贡品，船员不肯，当地土著不由分说，杀死了54名船员，另外12人经"番割"（在番地专营贸易者）杨天保营救，保住性命，护送至台湾府城，与先前到那里的"八重山"船员一起，乘船转道福州回国。

　　不久，日本借琉球使者到访之机，突然强行"册封"琉球国王为藩王，并入"华族"。又派外相到中国交涉，硬说琉球人是他们的国民。

　　赫德开始留意日本人了，他提醒总理衙门早做准备。

　　总理衙门认为，小小日本，没有兴风作浪的本钱。

　　赫德说日本学习西方经验，国力大大增强，已不是过去的日本了。

　　总理衙门说，蕞尔小国，还能强到哪里？！

　　赫德说他每年到沿海各关巡视，对中国水师装备状况十分了解，以目前的装备，对付不了日本。日本是中国最大的威胁，中国如果想赶上日本，必须立即向外国购买舰艇，组建新式海军。

赫德的建议并没有引起朝廷的关注。

1874年5月7日，日本以"琉球渔民"事件为借口，派兵3000在台湾登陆。朝廷急派沈葆桢率大军前往抗击，因双方兵力悬殊，日军被迫撤离。由于日本一直是一个被瞧不起的落后小国，得到几艘外国军舰，居然也敢冒犯大清帝国的虎威，朝廷上下大为震惊，终于认识到日本"将为中国永久大患"。

此时，李鸿章也力主购船，组建海军。原因是李鸿章出任北洋大臣和直隶总督时，日本派使来华，要求与欧美各国享有相等的"条约权利"，令李鸿章十分吃惊。自古以来，中国一直把日本视同藩属，没想到这个蕞尔小邦，竟以帝国自居，要在中国发展殖民地。此后，日本的一系列挑衅行动，也深深地刺激着李鸿章。日本人先是在朝鲜制造"江华岛事件"，强迫朝鲜断绝与大清国的宗藩关系，并与日本订立条约；又在朝鲜制造了"壬午事变"、"甲申事变"；现在竟把琉球也侵吞了。李鸿章认为，欧美列强远在万里之外，日本之祸近在肘腋。建军抗日，刻不容缓，遂上奏朝廷，请求筹建新式海军。

因国内无战事，国力恢复，朝政由开明派掌握，赫德的建议开始受到重视，又加上有李鸿章"加持"，恭亲王不再顾忌，提出"练兵、简器、造船、筹饷、用人、持久"等六条紧急机宜，筹建海军之路正式开始。

1875年5月30日，朝廷令沈葆桢和李鸿章速建南北水师，又决定每年从海关和厘金收入中，提400万两银子作为海军军费。考虑到主要敌人是日本，南洋大臣沈葆桢从大局出发，认为"外海水师以先北洋创办为宜，分之则难免实力薄而成功缓"。朝廷采纳了沈葆桢的建议，优先建设北洋水师，等北洋水师实力雄厚后，"以一化三，变为三洋水师"。

在海军创建初期，李鸿章对英国小型炮舰很感兴趣，认为这些炮舰适宜江河与港湾防御。

最初，中国海军分为南北两个大方向建设，按地域分为四个舰队：北洋水师负责山东及以北之黄海，主要基地在威海卫、旅顺、大沽口；南洋舰队负责江苏、浙江沿海，主要基地在上海、南京；福建水师负责福建沿海及台湾海峡（福建水师又称船政水师，马江海战后式微，但建制依然存在），主要基地在福建马尾；广东水师负责南海海域。由于北洋舰队负责守卫京师，故清廷特奏准优先集全力建造。

因中国人对国外的情况不了解，也无驻外使领人员，总理衙门便把购买军舰的任务交给赫德。

为了采购军舰，征得总理衙门同意后，赫德对中国海关驻伦敦办事处进行改组，由金登干主持，其中一项主要工作就是采购军舰、机器设备、弹药。一时之间，海关成了大清国军火采办机构。

1874年后的相当一段时间里，赫德和金登干的通信内容，约有一半篇幅讨论军舰问题，从价格、设计、质量、交货日期、验收，到舰艇安全抵达中国港口，他们都想到了。

1877年4月23日，李鸿章在赫德等人的陪同下来到大沽海港，视察刚从英国买回来的"阿尔法"号和"贝塔"号军舰。一行人在岸上对两艘军舰进行一番端详后，又登上"阿尔法"号看演练。

李鸿章本来抱着很大期望前来观看，但见水手们懒洋洋的样子，很不高兴，又看到炮塔和船舱脏乎乎的，就气不打一处来。正在这时，一个水手的枪走火了，子弹擦着津关税务司德璀琳的耳朵和李鸿章的头皮飞了出去。幸亏李鸿章坐在太师椅上，否则就会被击中，而且很有可能要了他的命。

李鸿章不愧是久经沙场的人物，即使子弹从头顶上飞过去也照样"面不改色心不跳"，但对这些洋水手更加鄙视。

通过这次视察，赫德发现炮架难看，炮身装得不合适。此外，炮身上还需要打眼，才能安装击发安全栓和排气嘴。他立即发电报给金登干，要求对另外四艘炮舰和大炮仔细检验，要工厂出具正规证书。大炮装在甲板上以后，试射三发，以证明装置良好。

此后，采购的军舰陆续驶至中国，但李鸿章已没有当初激动的心情，不再亲临观看，而让赫德和其他官员去查看验收。

李鸿章是有远见的政治家，购军舰虽首选英国，但不局限在英国，他通过法国人日意格和中国驻德国公使李凤苞与德国接洽。1880年年底，他令李凤苞在德国订购了一艘5350吨的铁甲舰,这艘铁甲舰后来成为北洋水师主舰。赫德后来从金登干那得到消息,深受刺激,他为此对金登干说:英国在国际事务中干得太不体面,可以预期,中国在聘用人员和采购军用物质时,将转向别国。

1877年6月,赫德到香港接收另外两艘军舰时,留给他的印象也不好,尤其是水手们的肮脏仪表,使他无法忍受。他认为这些人不过是一些粗野的低级工匠。有一个叫维克斯的家伙,在香港是有名的酒鬼,整天醉醺醺的,竟然也被招到军舰上,要做中国人的教官,赫德当即把他解雇了。

从1875至1879年,清政府从英国阿姆斯特朗兵工厂定购了"镇东"、"镇南"、"镇西"、"镇北"等8艘炮船;另外,还定购了两艘巡洋舰,分别取名为"超勇"、"扬威"。这样,北洋海军初具规模。

1880年,在天津设立了负责海军事务的机构——海军营务处。1881年,在旅顺和威海修建海军基地,又设立北洋水师学堂,修筑旅顺和威海卫军港。北洋舰队各主要战舰舰长及高级军官,几乎全为福州船政学堂毕业生,大部分还到英国海军学院留过学。

李鸿章想聘请西方海军专家训练北洋海军,并授予他们中国军衔,赫德大力支持李鸿章,他劝李鸿章任命琅威理担任中国海军的主要职务。琅威理曾作为"飞霆"号舰长来华一段时间,帮助训练北洋水师,和李鸿章很熟。此时已回国任"茶隼"号舰长的琅威理有些犹豫,担心为中国海军服务影响自己在英国皇家海军的前程。赫德派金登干去做英国海军部的工作,希望把他在中国工作的时间,连续计算为英国海军军龄。

这事儿惊动了英国外交部。英国外交部明白由一名英国军官担任中国海军领导人的意义,因而全力支持赫德的建议,但连续计算服役时间是违反英国海军规定的,要得到内阁的特别批准才行。

赫德告诉他们,李鸿章同意任命琅威理,

琅威理

并不是认为他是最合适的人选,而是因为他俩有交情,所以内阁要是不同意,这个职位可能会由别国人担任。

在赫德的催促下,英国外交部和海军部继续寻找解决办法,他们想立即提升琅威理为海军上校,但怕引起非议,因为有不少资历比他深的军官,还没有晋升。如果有人闹起来,可能会通过议会质询,那么事情就会公开化,而这事儿是不宜公开讨论的。

最后,海军部向琅威理做出承诺,他在大清国任职,不会影响他将来的晋升。

琅威理虽然同意辞去英国海军职务,却又提出要求,必须由中国皇帝对他进行任命。李鸿章告诉赫德,自己要和琅威理见面,双方取得一致看法后,才能任命。

经过赫德居间调解,1882年琅威理终于被任命为北洋水师副提督。

赫德听到消息后很高兴,专门组织了一个舞会,进行庆祝。

南洋水师也通过海关,向英国订购了4艘炮舰。这些炮舰和前4艘不同,有两个船头(船头和船尾一样),前进航速为10节,后退航速为9节。舰长125英尺,宽29英尺,排水量440吨;装有一门35吨重、口径11英寸的前膛炮,外型比前4艘舰上的30吨炮略小一点儿,但威力更大,射程更远,穿透力更强,用235磅火药推动536磅重的炮弹,射程7500码。这些舰炮,比世界上任何国家的舰炮威力都要大。不久,海关又为山东采购了2艘炮船、为广东采购了1艘炮船。

致远舰

中国海关驻伦敦办事处最后购买的两艘大型军舰是巡洋舰"致远"号和"靖远"号,有9.5英寸厚的装甲列板,长270英尺,排水量2850吨,有3门8英寸"克鲁普"炮、两门6英寸阿姆斯特朗后膛炮。

1888年12月17日,北洋水师正式成军,有大小军舰25艘,辅助军舰50艘,运输船30艘,官兵4 000余人。赫德又挑选了三名海关缉私艇长,到北洋海军任顾问。

缉私艇

赫德本想自己指挥和管理北洋海军,总理衙门也认为,赫德管理中国海关富有成效,指挥北洋海军也不会逊色。但李鸿章、沈葆桢等人极力反对,洋务派大臣薛福成上奏折说,赫德的权力已经很大了,如果再让他管理海军,几年之后,他就不会再听话了。赫德陷入被动,只好作罢。

成军后的大清海军相当可观,每次操演都旌旗蔽空,气势非凡。据当时世界军事年鉴统计,这支海上武装居世界海军排名第八位,仅次于英、美、俄、德、法、西、意七国。

此时,日本也雇了大批欧美专家和军官,一心发展海军。甲午前夕,日本海军全部吨位炮位及海战潜力,世界排名第十六。

海军刚成立,清政府就认为可以一劳永逸了,在户部尚书翁同龢(光绪皇帝的老师)的主张下,严禁北洋水师再添加新的"舰、炮、军火"。(以翁同龢为首的帝党和李鸿章为代表的北洋洋务派关系一直不好,帝党认为淮军畏缩惧敌。光绪皇帝深以为是,对老李没有好印象。1894年7月16日,光绪皇帝命令李鸿章将北洋的全部军队送上前线。同时,帝党们几乎对所有淮军将领和北洋人物都进行了弹劾。)

李鸿章只能通过天津机械局给北洋水师生产炮弹。天津机械局生产的炮弹,多是不中用的"铁疙瘩"实心弹——"穿而不炸",且尺寸不合格。人家日本军舰打出的炮弹,含有烈性炸药,威力很大,能燃起熊熊大火,飞溅的弹片可以杀伤舰上人员。

1892年,李鸿章令丁汝昌率北洋海军舰艇,去日本"秀肌肉",想吓唬吓唬日本人。在横滨访问时，日本人登舰参观，看到大清国的军舰比他们的军舰先进，吨位大、装甲厚、速度快、火力强，尤其是"定远"号旗舰，被称为"亚州第一舰"。日本军舰与之相比，简直是小巫见大巫。日本人对中国战列舰、巡洋舰巨大的舰体和强大火力很是敬畏，越看越没精神，越看越认为打起仗来不是北洋水师的对手。但有一位海军大佐别具慧眼，看出北洋水兵执行命令时动作迟缓，舰炮和舷侧设备缺乏保养。日本人又高兴起来，认为打败这样的水师，也是可能的。

其实，北洋海军早就危机重重了，只是日本人不知道罢了。

由于翁同龢领导的户部为减省开支，舰队经费被挪往他处。经费的大幅度削减，令北洋水师举步维艰。首先是燃煤问题，北洋水师的用煤来自开平煤矿，丁汝昌曾向开平煤矿的总办张翼写了一封信：……煤屑散碎，烟重灰多，难壮气力。张翼没有理会。因为北洋水师的报价太低，买不起优质煤；二是朝廷大员和张翼多有瓜葛，甚至连直隶衙门也有开平煤矿的股份。北洋水师军舰的锅炉也有问题，大部分军舰的锅炉需要更换。

此时，世界海军技术突飞猛进，日本"以国赌运"，购买了大量新式战舰。北洋水师战舰开始落伍，虽火力远在日舰之上，但无论航速、火炮数量，皆落后于日本海军。

北洋海军继承了晚清军队落后的制度和习气，后勤管理腐败，福建人把持着整个舰队的日常职能。甲午海战已经打起来了，舰长还在岸上嫖妓呢。

北洋海军的另一个缺陷是缺乏与日本联合舰队抗衡的快速巡洋舰，航速太慢，对北洋海军的影响是致命的，交战队形转向慢，难以协同作战。

北洋水师没有制定战略计划，而日本海军则制定有以夺取制海权为中心的制胜方案，掌握了战争主动权。1894年9月，中日海军在黄海北部展开遭遇战，日本海军因远洋作战，且不熟海上地形，首先退出战斗。李鸿章怕被日军反击，提出"保船制敌"，将水师藏在威海卫的避风港中，导致黄海、渤海制海权的丧失。次年，日军发动威海卫战役，北洋水师遭到陆上和水上的四面包围，覆没于山东半岛。

关于"避战保船"株守军港之说，在这里顺带提一下。这其实依据的是姚锡光《东方兵事纪略》一书。姚氏早年是李鸿章门下的僚客，因李鸿章不赏识，转投山东巡抚李秉衡帐下；李秉衡与李鸿章对立，与帝党是一伙儿的。甲午战争期间，姚在山东巡抚衙门做文案。当时，李鸿章使用有线电报直接指挥北洋海军，如何指挥，连李秉衡都不知道，他老姚就更不可能知道了。甲午战争一结束，老姚就编写了记述这场战争的《东方兵事纪略》一书，在民间刊行。战争后，李鸿章受到处分，差不多成了过街老鼠，人人喊打，尽管书中有诸多失实之处，却没有知情者站出来指正，反而使谬传流传开来。有人考证，李鸿章与北洋海军间的往来电报，没有发现任何一封是的严令北洋海军"避战保船"株守军港。甲午战争初期，李鸿章曾电令丁汝昌注意保存战舰，牵制日军。这是一种"保船制敌"的方略，与"避战保船"株守军港，不能混为一谈。此外，李鸿章的作战命令，丁汝昌没有坚决执行，也为抹黑李鸿章提供了方便。后来，就再也说不清道不明了。

甲午战争结束后，部分北洋海军舰船被日军俘虏，在威海等地战沉的一些舰船则遭拆解。

打败大清国海军，在日本人的预料之中。有一个叫福岛安正的日本特务早在海战十年前就说过：清国的一大致命弱点，就是公然行贿受贿，这是万恶之源。但清国人对此丝毫不反省，上至皇帝大臣，下到一兵一卒，无不如此，此为清国之不治之症，如此国家，不是日本对手。

福岛安正是日本陆军军官，1883年他31岁时被派到大清国，冒充外交官，借政绩考察的名义调查了张家口、山海关、天津、奉天、营口等地。一年后，他回到日本，将调查笔记、心得编辑成《邻邦兵备略》一书。

1885年，福岛安正又随伊藤博文的代表团来大清国，交涉签订《天津条约》。这期间，他趁机搜集辽东半岛、渤海湾沿岸情报，回日本后，提出了一份对华作战方案，建议培养熟悉大清国情况、通晓中国语言的士官；同时，增派高级军官来华实地考察，熟悉大清国情况。

福岛的建议得到采纳，更多的日本间谍被派到大清国，对大清国进行实地"考察",为日本制定对华侵略政策提供依据。

甲午海战大清国战败,李鸿章失去权力,也失去了北洋海军。

中日第一次正面对决,中国输给了弹丸小国日本,人们将之归罪于李鸿章,原因是陆上海上战略部署、人员调动、后勤补给都是老李一人操办的(所以有"老李一人敌日本一国"之说)。光绪皇帝和帝党们除了高调批评、上书弹劾外,基本没干别的事儿。可以说,正是帝党的攻击、组织决策的失误,葬送了北洋海军,使李鸿章背负骂名。

战争期间,赫德曾派海关运输船为北洋水师提供补给。

赫德早就看出日本人的狼子野心,日本在甲午战争前曾在广岛成立"战时大本营",统一领导战时陆军、海军,筹划战争事宜。赫德当时认为:日本在广岛设立大本营,明看是针对朝鲜,实际上他们的目标是大清国。朝鲜是大清国的附属国,日本侵占朝鲜,大清国必会反对,并出兵朝鲜干预。"赫德去找英国驻华公使窦讷乐,希望他能想办法让日本人老实一点儿,但窦讷乐说:"英国的政策是与日本人结盟,防止俄国人在东亚扩张。"

甲午战争失败后,大清国海军精华尽失,原北洋舰队官兵被遣散,总理海军衙门及海军学堂全部撤停。清政府中的顽固派认为,因办海军招来灾祸,所以主张韬光养晦,彻底停办海军,否则会"欲御侮反而适以招侮"。

1896年,在直隶总督王文韶等人的坚持下,重建北洋舰队。经过数年努力,1899年,重建后的北洋舰队初具规模。1900年八国联军入侵中国,北洋舰队停泊在大沽口的四艘驱逐舰被掠走,海军建设再受挫折。

1908年,全国四支舰队(北洋、南洋、福建、广东)统一改编为远洋和长江两个舰队,从此北洋水师不复存在。

与北洋海军有关的两个人,值得单独说一下。

一个是琅威理,他从英国来中国后,负责北洋海军的组织、操演、教育和训练,严格按照英国海军的条令训练北洋海军,使北洋海军战斗水平在很大程度上得到提升。1886年,醇亲王以其训练有功,授以提督衔,使其成为北洋舰队名义上的二把手(一把手为丁汝昌)。丁汝昌对他的敬业精神赞誉有加:"洋员之在水师,最得实益者,琅总查为第一……平日认真训练,订立章程,与英国一例,曾无暇晷。即在吃饭之时,亦复手心互用,不肯稍懈。去秋退处烟台,已经禀辞薪水,尚手订舢板操章,阅两月成书寄旅。此等心肠,后来者万不能逮。"

琅威理不仅有丰富的海军知识和训练经验,也很敬业,深怕有负于中国,对北洋水师要求极为严格,训练一丝不苟,以至于在北洋水师当中,流传"不怕丁军门,就怕琅副将"的话。琅威理还主张中国应利用北洋水师的强大实力,提升国家威信。1885年,北洋水师的两大主力战舰——

北洋海军提督丁汝昌

"定远""镇远"舰到日本长崎访问,"镇远"舰上的水兵上岸后,与日本浪人和巡捕爆发流血冲突,多人受伤(这次冲突事件被称为"镇远事件"),琅威理得知消息后,十分气愤,要求丁汝昌用舰上的重炮轰击长崎,警告日本,遭丁汝昌拒绝。从这件事儿上可以看出,琅威理对中国海军是有感情的。

镇远舰

北洋水师创建初期，大部分的海军将领来自福建船政学堂，但李鸿章不希望长期如此，于是开办天津学堂，想让新生人才代替来自船政的将领。到甲午海战的时候，天津学堂的毕业生已经开始担任二副、水手长等职位。但这段期间内，北洋水师内部产生了矛盾。留学英国的刘步蟾，为人跋扈，对屈居于丁汝昌之下感到不满，利用乡情，联合闽籍军官，与丁汝昌明争暗斗，形成闽党。

老琅上任初期，北洋的士官生们知道技不如人，尚能服从琅氏严格管理。等这批人逐渐升上管带（舰长）后，就再也不能容忍一个洋人在他们面前指手划脚了。刘步蟾等人对琅威理颇为不满（北洋海军内部对琅的严格管理一直有厌烦情绪）。1890年2月，琅威理率舰队到香港维修时，刘步蟾强行降下五色提督旗，换上总兵的三色旗，说他才是舰上的最高长官。琅与刘交涉未果，致电李鸿章，对清政府给予自己的地位提出质问。李鸿章从中调和，提出为琅制做一副四色旗的方案。琅不服，6月与丁汝昌一起拜访李鸿章，面谈撤旗事件，李鸿章告诉他刘步蟾做得对，琅威理听了，很是气愤，当场提出辞职，李鸿章立即接受（琅威理回国后，继续在英国皇家海军服役，累升至海军上将）。琅威理走后，刘步蟾等人则"每当北洋封冻，海军例巡南洋，率众淫赌于香港、上海"。

北洋水师为琅威理的辞职付出了沉重的代价。当时，大清国无人具备琅威理那样的水平，更不具备他那种敬业精神，舰队开始懈怠腐化。

日本海军同样与英国人合作，却很成功，日本人封英国海军上校英格思为贵族，让他进入日本的上层社会，与日本的高级将领交际。英格思等人回英国后，日本海军不但保持了原来的训练水平，甚至还有进一步的提高，为中日甲午海战胜出奠定了基础。

另一个值得一说的人是黎元洪。黎元洪战前从德国留学回来，先是被分配到"定远"号当"炮弁"，又转至"广甲"号。"广甲"号被日舰击沉时，老黎泅水逃生，到陆军混，不想混出了名堂。武昌起义时，被革命军强迫做了革命"元勋"，又做了两任中华民国大总统。

第六章 洋人与"洋务运动"

上海"洋"起来了

英国商人胡夏米果然没走眼，十年后，他说过的话得到了应验，上海由"丑小鸭变成了白天鹅"。

上海开放的第一年，也就是1843年，有8家英国洋行开业；五年后，英国人又开了24家商行、25家商店。其他国家的商人，也纷纷前来，建洋房、修教堂、办医院、开银行。广州还在为老外进城闹得不可开交的时候，"洋鬼子"们在上海与本地人已相处得很不错了。租界内更是洋房林立，洋人穿梭往来（官方统计为1666人，不包括行踪不定、海盗之类的"洋"家伙）。

老外们在上海发了财，上海自然也得了实惠，西方先进的东西也来到上海，让市民开了眼。

1851年，缝纫机在美国刚问世，上海就有了。此时，在西方国家，缝衣机也还是个稀罕物。一些好事儿而又无事儿的文人写诗赞叹：鹊口衔丝双穗开，铜盘乍转铁轮回。纤纤顷刻成千缕，亲见神针手制来。

1855年，西式马车一出现，上海工匠就仿造并卖给有钱人。有

上海外滩的琼记洋行

头脑的商人，还开发出马车游街观景项目，坐洋马车成为一种时髦。

英国传教士麦都思开设的墨海书馆，印刷机以牛为动力，读书人觉得神奇，作诗说：车翻墨海转轮圆，百种奇编宇内传。忙煞老牛浑不解，不耕禾陇种书田。

照相机也来到上海，洋人还开了照相馆，好发感慨的文人照例要感慨一番：照相乃西洋术，能以药水照人全影于玻璃或纸上，神采必肖，令观者称奇。一时之间，照相也成了时尚。尤其是来上海的外地人，都要照上一张，既体验新鲜，又可把照片拿回老家炫耀。妓院为招揽嫖客，给妓女照相后，把相片挂在外面的墙上，供嫖客们品头论足。

本来，洋货很早就进入了中国，主要是眼镜、钟表、玻璃制品及一些玩物，但数量少，主要供高官和有钱人把玩，一般人都没听说过。此时，洋货在上海一下子多起来，洋布、洋火、玻璃、洋针、洋小刀、自鸣钟、八音盒、洋琴、晴雨表等随处可见。尤其是法租界工部局，在楼顶上装了一个大自鸣钟，四面可观，钟声悠扬，声闻数里，成为上海一大景观。

洋货比较贵，一般人只有看的份儿，所以有人说：凡物之贵重者，皆谓之洋，高楼曰洋楼，彩轿曰洋轿，灯曰洋灯，火锅叫洋火锅，颜料呼洋红洋绿。

因为工业技术的改进，洋货的生产成本下降，洋人开始降价，在马路上设摊，甚至到居民家中推销，久而久之，购买洋货的人多了起来。

对洋货的到来，有人说好得很，认为洋货精美，不可思议；有人说糟得很，洋货是"奇技淫巧"，没有多少实用价值，浪费人力物力，导致民众贫困，与我们勤劳节俭的消费观念水火不容。一个叫管同的老学究，忧心如焚，专门写了一篇《禁用洋货议》痛批洋货：洋人用无用的东西，换我有用的钱财，中国的银子流到洋人手中，最终导致国家和民众陷入贫困。

1860年以后，上海成为全国最大的通商口岸，洋货充盈，西方国家新生的物品，几乎转眼间，就能在上海出现。每种洋货的出现，都会有人提出质疑。

1865年10月8日，煤气灯在上海挂起时，有人散布谣言，说地火盛行，马路被烧烫了，不能光着脚走路，否则地火就会攻入心脾。洋人挖地沟埋煤气管道，有人认为洋人居心不良，要埋地雷、火炮，使上海陷落。刚开始，点煤气灯比较贵，只在租界区的街道和洋行、茶楼、戏包、妓馆之类场所用。因煤气灯的使用，上海被照得灯火通明，人们再也不会为晚上出门看不清路发愁了，有文人形容这种情况为"夜行常在月明中"。

这个时候，西方盛行的广告也在上海出现，就连美国还在试飞的飞机，上海的报纸上也有了报道，不过那时人们称飞机为"火飞车"。《上海新报》是这样报道的：美国新创一火飞车公所，已造一火飞车，长三丈七尺，首尾尖而中宽，尾有舵，左右有二翅。用翅而能借火力以飞，又奇之又奇也……用此火飞车可入天宫。

电话、电报、自行车、自来水，也出现了……

一些酸腐文人开始发扬"阿Q精神"，酸溜溜地说，这些东西，本来在先秦诸子典籍中，保密工作没做好，被他们洋人窃走了。

中国人办的商号和店铺也多起来，有洋货店、洋布店、五金店、西药店，还有经营出口生意的丝栈房、茶栈、钱庄、银号、米店、布店。

娱乐业也发展起来，茶馆、酒楼、客栈、戏馆、书场、烟馆、妓馆等，大大小小商家铺面有千家。后因太平军一路从广西打到南京，江南富商纷纷来上海避居，一时间房价飞涨，出现"一屋之地数千金，一楹之赁数十金"的局面。有一家叫"一洞天"的妓馆，为了节省地皮和哗众取宠，建了一座三层楼房。

商业的发展，使商人的地位得到提升。在封建时代，中国商人的地位低下，历来被主流社会鄙视和压制，"重农抑商"更是历朝历代的基本国策。此时的上海，这些传统的思想

上海滩

没有市场，商人们做生意，组建会馆、公所，并依靠这些组织和团体维护自身利益，成为有钱、有势的群体，租界里的洋人不但要让他们三分，遇到棘手难办的事儿，还要依赖他们。

中国自古以"伦理道德"为立国之本，历代帝王所推崇的儒家学说自诞生起，就把"利"与"义"对立起来，"无商不奸"的观念在国人思想中根深蒂固。但这种观念被不断改变。

商人们的经济实力让官府刮目相看，因为他们有大把的银子，一些公共设施、公益事业需要他们捐款；发生了天灾人祸，政府也号召他们拿钱。商人们也都有政治觉悟，乐意掏腰包，以期得到政府奖励和社会称赞（用现在的说法，是捞取政治资本）。

商人们一掷千金的气派和奢侈生活，叫官员们眼红，市井小民更是羡慕不已。官员们眼红，便傍大款，与商人们密切往来。小民们没这个福份，只能给商人打工。

在中国，上海商人最先改变了自己的地位。

最终人们形成共识：商人与洋人争利，有益于民族利益。不知不觉中，商人有害说被抛诸脑后。

清政府实行卖官政策，为了吸引更多的人来买官儿，不仅明码标价还不断打折促销，如买京外道员一职，1851年需要11808两，1854年降至7084.8两。越往后打的折越多，导致官员数量大增，素质降低。对商人来说，钱不是问题，一夜之间便可得到梦寐以求的乌纱帽。这事儿，让读书的人很不忿，自己寒窗苦读十年、数十年，到头来一场空，商人们因有几个臭钱，居然不费力地就有了功名，真是岂有此理。不过朝廷有规定，卖官是封顶的，捐的银子再多，也只给道台当（倘或给个巡抚、总督，有兵有势，再加上有钱，可能会闹出事儿）。

一时之间，上海商人纷纷穿起官服，招摇过市，就连到妓院也是一袭官衣。

不光上海在发展变化，其他沿海城市也在变，只是变化没这么快，也没这么夸张。

1865年的"改革"和"开放"

赫德长驻上海,对晚清中国的现代化进程感受最直接,也最深切。与此同时,上海甚至整个中国的"改革"和"开放"也正是他所期待的。

赫德经常到各沿海城市出差,对海关工作进行检查指导,深入了解了中国社会的现状,对中国民众有一份同情心。加上他是清政府雇来的官员,本着为社会谋发展的责任,不遗余大力的呼吁清政府"改革开放"。

当总理衙门大臣还在为落后找借口时,赫德已经不再苟同了,他直言:清政府腐败的官僚作风和落后的管理体制,才是大清国落后的根本原因。官场腐败不堪,尽职者少,营私舞弊者多;官员的任用和提升,以贿金多少来决定,清政廉洁的官员备受冷落。地方官向老百姓要的多,上缴国库少。教育制度早已过时,士人所学非所用,对于日常事务一窍不通,虽然擅长诗赋,作为行政官员却十分无能。尤其是军队,兵员人数虚报,武器原始落后,训练流于形式,长官们拉帮结伙,瞒上欺下,克扣军饷;十个士兵中,仅有一人有战斗力,绝大多数是老、弱、懒、愚。平时士兵专注于多挣银钱,而不是专心操练;打仗时,士兵等敌人退走后才肯前进,然后找几个没有剃头的农民,把他们的头砍下来邀功请赏。如再不改变,大清国就有亡国和被瓜分的危险。大清国要走出困境,维护国家独立,唯一的出路就是学习西方,进行"改革开放"。

赫德还说：自有记载以来，历数千年，莫古于中国，而今四海各国观之，竟莫弱于中国。今日之"外情"，系由前日之"内情"所致，也必由"外情"而变。中国官员狂妄自大，藐视洋人，不遵守条约，外国人不服气，就派兵来，战事又起，而且常常是一国干预，诸国从之。

他还提醒说：既然订有条约，就应该执行，如果不遵守，就一定有人出来找事儿；如果发生战争，俄国会派军队占领中国的土地；如果不保护传教士，法国人就会借口派兵入侵；如果贸易方面受到破坏，英国就会出兵干预。打起仗来，外国人不会损失什么。

总理衙门大臣董恂越听越觉得有道理，偶尔拿笔在纸上记一些要点。听了赫德的一番"高见"，董恂叹口气说：要是有一个像康熙一样的皇上就好了。

董恂让赫德把他的"高论"写出来，上奏朝廷。

赫德在谈话的基础上，系统提出了改革中国内政外交的建议，并于1865年11月6日呈给总理衙门。他给这个说帖取名为《局外旁观论》，共4 000余字，以汉字写成。

赫德在说帖中，进一步阐述了兴办铁路、电报、矿业、学校、西法练兵以及派驻使领人员的好处。他说他的劝告如果得到采纳，中国将会变得强大。这些改革措施也有利于西方各国，但中国受益更多。如果不予理会，中国就会被奴役。他提出的改善方案主要包括以下几方面：

一、凡是外国好的做法，就学习借鉴。铸银钱便民用，做轮车利于人行，造船便于航行，用电报机提高通信速度。

二、皇帝召见各国大臣，以免外国借端生事。

三、委派大臣驻扎各国，与各国政府直接沟通。

四、准许洋商和华商共同建筑铁路、建造轮船。

赫德的观点切中了要害，建议也很有见地。中国是农业社会，几十年、几百年都不见得有什么大的进步，生产方式没有改变，人们的生活也是年复一年。近代化的核心是近代科学和近代思想，所谓近代化就是要学习西方。其实，这条近代化道路，是全世界共同的道路，只不过在这条共同的道路上，西方先走了一步。

总理衙门将《局外旁观论》说帖呈御览，并奉上谕交各督抚讨论，但赫德和他的《局外旁观论》却招致了各方的批评：封疆大吏们先后专折上奏，大加指责；湖广总督官文说他"包藏祸心"；江西巡抚刘坤一说，千万不能听他的，他这是把大清国往阴沟里引；闽浙总督左宗棠说，学习造船术就可以了，洋人的来福枪还比不上广东的鏊枪，另外赫德这个家伙太不厚道，我们待他这么好，他还如此张狂。

曾国藩似乎有远见一些，说：不要得罪他们这些洋人，应委婉地拒绝他们提出的修筑铁路、设置电报、内地通航等要求，这些都有损于中国民众的生计。不过，矿业是潜在的利源，初创阶段可以利用外国的开采工具。

面对封疆大吏们的指责，赫德很失望，也很难过，文祥安慰他说：慢慢来，"心急吃不了热豆腐"。

继赫德之后，英国驻华大使威妥玛也向总理衙门提交了《新义略论》，建议大清国改革。他告诫清政府说：今日之外国人，与昔日诸如匈奴等夷狄迥然不同，中国若不承认这一事实，并按照西方的道路寻求进步，前途将会多灾多难。世界各国交往，应互相谦让。在国外派驻外交代表会很有好处，相互交往，可使政府之间感情融洽，避免发生纠纷。中国在寻求指导时，不应向过去看，而要向将来看。

《局外旁观论》和《新义略论》影响了一批手握重权的洋务派人士，为中国近代化起步提供了思想资源，成为清政府全面推行洋务运动的重要参考。《局外旁观论》在高级官员间讨论后，中国的洋务运动逐渐兴起。（1861年1月11日，即咸丰十年十二月初一，恭亲王奕訢会同桂良、文祥上奏《通筹夷务全局酌拟章程六条》，建议推行以富国强兵为目标的洋务运动，因顽固派的顽强阻挠，基本是纸上谈兵，没什么动静。）

如果这一时期算中国人睁眼看世界的话，也比西方晚了三个世纪。

中国最早的西式学堂

《北京条约》签订后,外国公使进驻北京,涉外事务越来越多,急需要能说外国话的人去应付。于是,恭亲王与桂良、文祥三人联名上书,奏请开办外语学校,取名为"同文馆"(亦称"京师同文馆"),学生从八旗子弟中挑选(十四岁以下)。

英、法文教师本来想在上海、广州聘请,但广东回复说无人可派,上海说虽然有这样的人,但水平不高,当不了老师。

1862年6月,同文馆终于开学了。英语老师是英国人包尔腾,法语老师叫司默灵。司默灵是传教士,总理衙门对他不放心,专门把他召过去相了一次面,感觉他不像坏人,但还是将丑话说在前面:老老实实地教学,不准传教,否则就辞退。

京师同文馆是在俄文馆的基础上建起来的,俄文馆编制是24人,改设同文馆后,总人数不变,但要空出一定的名额以招收学英、法文的学生。

1865年秋,"外语学校"学期结束,准备考试,以检验那几

京师同文馆

个八旗子弟的学习成绩。监考本来应该是大臣们的事儿（那个时候，官员都乐意干这事儿，尤其是乡试，到各省去当考官，是一件很光荣的事儿，一般人，皇帝还不让去呢），可是总理衙门大臣们不懂外语，就下令赫德、包尔腾、司默灵一起阅卷打分。成绩优秀的六个学生，授予八品或九品官衔，继续留馆学习。学习期间，每年领俸银五十两或四十两五钱。这一措施，为贫寒的八旗子弟，提供了一条升官捷径。

洋人都住进北京城了，却没有既懂外语、又懂外交的人，那几个还在学习的八旗子弟，尚无法将所学用于实际。于是赫德建议打破常规，在同文馆增设天文、算学馆，招收举人、贡生、翰林、进士出身的官员进馆学习，三年后，成绩优秀的可直接授予官职。

逢"洋"必反的守旧士大夫们，又开始攻击了，硬把这事儿与洋教扯到一起，说："胡闹，胡闹！教人都从了天主教！"

御史张盛藻上奏说：借升官发财为诱饵，让取得过功名的人去学那些洋人的东西，连气节都没有了。大学士倭仁也跳出来反对，说：立国之道，在礼义而不在权谋；根本之图，在人心不在技巧。中国的优秀人才师从洋人，正气将得不到伸张，邪气弥炽，几年后，中国人都会归附洋人。

恭亲王反驳说：洋人敢在中国肆行无忌，就是因为会说中国话，了解中国国情。但我们对洋人什么都不知道，洋人都到家门口了，还空谈道义，这样下去，我们面临的局势将很危险。

恭亲王对办学始终持坚定的态度，因为他负责总理衙门，专门与洋人打交道，对洋人的了解远在他人之上。他知道，只有从学说外国话开始，逐渐拉近与洋人的距离，才能拯救大清国于危亡。

恭亲王的话也没多少人听。赫德替恭亲王想了一个妙计，说：既然倭仁认为中国有大把精通天文算学的人，就让他也开一个学馆，与同文馆比试。上朝的时候，恭亲王就把这话说了出来，皇帝认为有道理，当即允准。

老倭这下难堪了，遵旨吧，就是自己打自己嘴巴子！推辞吧，又没理由。只得承认以前说的话，只是在推测和想象，保举不出合适的人办学。为避免难堪，倭仁便托病在家休养，比试之事，后来便不了了之，天文、算学馆总算开张了。

同文馆从一开始设立就不顺利，受到多方的制约和反对。有一年久旱无雨，灾害严重，直隶知州杨廷熙逮着这个机会，上奏朝廷，说久旱不雨，缘于同文馆之故，要求撤销同文馆。朝廷批复他说：呶呶数千言，甚属荒谬。老杨本想以此引起朝廷重视，却讨了个没趣，而且还得罪了位高权重的恭亲王，为此郁闷了很长时间。

后来，情况逐渐改观。1876年，同文馆的学生除了学习英、法、俄、德语外，还要学习数学、物理、化学、天文、航海测算、万国公法、政治学、世界历史、世界地理及译书等课程。这一变革，使同文馆变成了一所以外语为主，兼习多门西学的综合性学校。1888年，同文馆添设格致馆、翻译处；1895年又添设东文馆。

这期间，有一个叫李善兰的中国人，认识到清政府搞"开放"，必须要有科学基础，因而主张不仅要学习西方的技术，还要学习西方的科学。他在任同文馆数学总教习时（相当于今天的数学系主任），把牛顿的经典力学体系介绍到中国。

同文馆的发展，受到西方国家的关注，一些西方国家的大学，先后与其开展交流活动。1872年9月，法国公使代表法国京都大学，向同文馆赠送了188本图书，有化学、医学、物理、算学、地理、农田、兵法、字典、文学等，供学生学习用。法国公使说，中法两国长期相互学习，加强文化交流，将会加深两国间的感情和友谊。但中国人不这样想，朝廷认为，法国主动赠书是输诚向化之举，两个月后，总理衙门向法国京都大学回赠了一百多套书，有《康熙字典》《御选唐诗》《唐宋八家帖》等，回赠的数量远多于法国赠送的，颇有上国回赏藩邦之意。

洋老师带给同文馆的，除了西学知识，还有不同于中国传统教育的教学方法和风格。

洋老师们都很敬业。1865年，美国人丁韪良被聘为同文馆英文老师；1869年11月，经赫德推荐，总理衙门又聘他为总教习。在总教习任上，丁韪良按照西方教学模式，引进西方的教学方法，编译教科书，严格考试制度，使同文馆逐步与西方教育接上轨。

丁韪良

同文馆的学生毕业后，大多从事外交工作，其中担任出使大臣或驻外公使的有张德彝、唐在复、陆徵祥、杨枢、刘镜人、刘式训、戴陈霖等人，其中陆徵祥曾任中华民国外交总长。

译书是同文馆的另一重要"课程"，丁韪良任职期间，同文馆师生译书近30种，由他亲自翻译和鉴定的书籍有11种。所译图书除国际知识和科学知识外，还有外语学习工具书。当时的翻译程序是这样的：洋人把每句话的意思用汉语说给华人听，华人一一记下来，再根据汉语语法改正润色。

京师同文馆开办后不久，李鸿章仿京师同文馆，在上海和广州设立外语学馆。

1902年，同文馆归入京师大学堂，但直到1905年科举取仕制度废除后，新式教育才逐渐在中国发展起来。

其实，在中国只要科举制度不废除，无论本土新学堂还是留学教育，都办不好。那时候，留学生归国后，要放下所学的知识，去参加科举考试。同样，在国内新学堂就学和毕业的学生，也要准备科举考试。不参加科举考试，就没有社会地位，让人瞧不起。科举选仕制度实行了一千多年，早已深入人心，只要制度还在，学子们就心向往之。当时，严复是国内最懂西学的人，归国后任天津水师学堂教习，但他却一直为一个举人的名分在福建和京师两地奔波，就是为了参加科举考试。然而，他直到科举制度被废，他也没有考上。

几乎在同文馆开设的同时，福泽谕吉建立了日本第一家教授西方文明的"洋私塾",为日本培养了大批"西化"人才。他批评"仁义礼智"是彻头彻尾的虚饰外表的东西,没有真理原则和见识。1885年3月16日,他发表《脱亚论》,提出日本与西方文明共进退和全盘西化的主张。他的离经判道的激进观点,不但没有引来杀身之祸,甚至还引起了日本政府的高度重视。

日本的强大,其实是教育的成功。通过甲午战争,日本政府感受到"新教育"的好处,把大清国的赔款大量用于日本公立中小学的建设。

甲午战争后没几年,日本又击败了俄国。日俄战争改变了西方人的"东方民族"弱小无能的观点,但这只是对日本,对中国仍然不放在眼里。

中国菜从此名扬天下

1851年,英国人在伦敦举办第一届万国博览会(世界博览会的起源,翻译到中国时,叫法五花八门,如赛会、奇会、炫奇院、炫奇公会等。)。当时有一个叫徐荣村的上海商人,认为参展一定会有好处,于是不管别人的冷潮热讽,坚持把自己的丝绸拿去参展,没想到一下子夺得金、银奖项。评委们称赞说"推君丝为会中第一,中外人无异词",维多利亚女王亲自为他颁发奖牌和奖状。徐荣村可谓是中国参加世博会的第一人。

1867年,清政府接到巴黎世博会邀请书时,不知道博览会是个什么玩艺儿。总理衙门赶紧把赫德叫来,问这是什么,赫德告诉他们,博览会汇集了各国商品和新发明,既可以展示实力,又可以促进贸易和交流,从而提高国际地位。总理衙门的大臣听了,觉得没什么大不了的,是可有可无的事儿,决定以"路途遥远,运物艰难"为借口,告诉法国政府不参加了。赫德极力劝阻,说:参加博览会是参与国际事务的一种新形式,中国去参加博览会,不但可以让世界了解中国,而且还能使中国与外界建立友好联系。总理衙门犹豫再三,才改变态度。但朝廷上下对这事儿一窍不通,索性将邀请书交给赫德,让他和海关试着参加一届,看看效果如何。

得到总理衙门授权后,赫德立即建立了一个筹办机构,监督和推动筹备工作。同时,成立专门委员会,负责征集和布置展品。

各海关接到总税务司署通令后,张贴公告,在社会上征集展品,指定专人对有特色的展品进行复核,看是否符合参展要求。北方地区的展品运到天津的津海关;南方地区的展品运往广州的粤海关;华东、华中地区的展品运往上海的江海关。最后,展品再集中到上海,装船运往法国。

为减少旅费开支,赫德让在欧洲休假的税务司作为中国代表出席博览会。休假税务司参与筹展工作,不但可以省下路费,还可以省去在举办国聘请管理人员的费用;此外,对税务司本人也有利,既可以延长假期,还有工作津贴。本来税务司休假只领半薪,但是他们参加博览会工作就可以领全薪,只是食宿由个人负责,没有额外补贴。

这届巴黎世博会,中国展品受到好评,产生了很好的影响,引起了朝廷的重视。

1878年,巴黎再次举办博览会,照例是赫德和海关代表中国组织参

1878年清政府参加巴黎博览会展馆

1910年南洋劝业会举办博览会

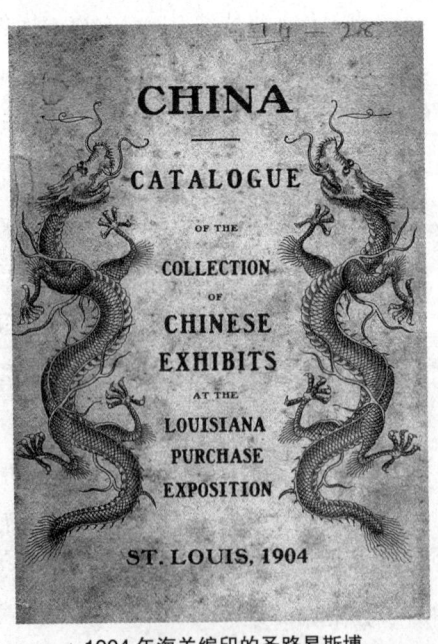

1904年海关编印的圣路易斯博览会中国展品目录

展的。中国工匠建造的中国馆威严壮观，像一个衙门，左右两辕门，飞檐正厅三间，陈设螺钿几榻，院中央一小亭……展品也很有中国特色，包括瓷器、茶叶、古铜器、雕刻象牙、折扇等。

5月1日，博览会开幕。赫德带领身着中国海关礼服的税务司们列队立在中国展馆门前，迎接法国总统麦克马洪和外国使节参观。中国驻英、法公使郭嵩焘也去参观了。

这次博览会，中国展馆获得103个获奖证书，包括6个金奖、29个银奖、29个铜奖、39个荣誉奖。组委会授予赫德荣誉军团司令称号，其他税务司被授予荣誉军团军官称号。

赫德筹办世博会有一个指导思想，就是通过展品，让世界了解中国。因此展品要能代表中国的工艺水平，从而进一步了解中国的文化底蕴。

通过参加博览会，中国商人不仅学到了外国的先进理念，也认识到自身的落后与不足。博览会上所展示的各国新技术、新产品，让中国代表大开眼界。

1883年和1884年，伦敦连续举办国际渔业博览会和世界卫生博览会，总理衙门最初不太热情。赫德劝总理衙门说，参加这次博览会，有助于英国人了解中国。他又指示中国海关驻伦敦办事处向新闻界吹风，说大清国这次参展，是在向关心展览会的威尔士亲王表示敬意（英国王储威尔士亲王是本次博览会的名誉主席）。

总理衙门虽然同意参展，但批给的经费不多，赫德要求把钱花在刀刃上，于是在展品方面采购了九江的花园座椅和花盆，广州的轻便藤椅、灯笼、地席、地图、字画、帷幕等，以装点中国展馆。博览会结束时，这些东西送给了威尔士亲王，供他在自己的庭院中陈设。

中国展馆在开幕前就引起了英国王室的注意，威尔士亲王亲自参观了中国展区。

国际渔业博览会一结束，又开始了世界卫生博览会的筹备工作。此时，中国和法国关系紧张，正要打仗，由于经费不足，赫德犹豫不决。

金登干劝他说：参加在英国举办的博览会，一定程度上能威慑法国在中国的扩张，引起公众对中国的同情，花一点儿钱算什么。

赫德认为金登干说得有理，决定参会。总理衙门还算通情达理，在赫德的一再劝说下，决定提供经费。

按照计划，中国馆设一家餐馆、一家茶馆、一家土特产店和一家古董商店，从北京选了6名厨师、6名乐师、2名店员、1名油漆工、1名泥瓦匠、1名木工，从九江选了14名店员，从广州选了2名店员、4名厨师、1名主食师傅、1名侍者，另外还有6位能歌善舞的演员。

赫德指示金登干在伦敦安排一家剧院，找一流的英国乐队和中国演员同台演出，让英国民众了解中国音乐。为了表示对英国的友好，金登干要求不会识谱的中国乐师跟着钢琴和八音盒学习演奏英国乐曲《上帝保佑女王》《快乐的家庭》《再见吧老友》等乐曲。中国乐师的学习能力很强，很快就能熟练地演奏那些乐曲了，演出受到英国人民的热烈欢迎。

这些人都不会说英语，中国海关伦敦办事处便给他们每个人制作了一张卡片戴在身上，卡片上面写着"系博览会工作人员，若是迷路，请指明回博览会的路"。

赫德创建的西洋乐队

时任驻英公使的曾纪泽（曾国藩的儿子）对博览会十分重视，要求展品必须是世界上独一无二的东西，如中国字画、旗袍、臭豆腐。

曾纪泽

1884年7月9日，中国展区开幕，曾纪泽和夫人、女儿，伦敦市长和夫人等名流出席，中国乐队无论演奏什么曲子，都受到热烈喝彩，中国展区成为最吸引人的地方。

威尔士亲王等王室成员纷纷前来，喝了中国茶和燕窝汤后，称赞说"味道好极了"。他们回宫后，又向女王进行了详尽介绍，把女王也说馋了。女王于是颁旨，请中国厨师到温莎堡烧中国菜品尝。中国厨师给女王做了一顿丰盛的午餐，女王吃得津津有味，赞不绝口。随行记者把女王的赞扬向全世界进行了报道。

中国菜从此名扬天下。

这次博览会，中国展品获金牌7项、银牌1项。

从1867年到1905年的国际博览会，中国海关承担了29次，赫德为此签发了45道海关总税务司署通令。

海关筹备世博会初期，效果和反响都很好。每一次参加世博会，都能使中国和其他国家的关系变得更紧密、更友好、更有益。总体来说，海关承办博览会，为中国自主参加博览会起到了引导和示范作用。

20世纪初，世博会评委会认为中国展品陈旧、没有创新。筹展的洋人就打起了歪主意，走上了猎奇、哗众取宠的路子。1904年，在美国路易斯举办的国际博览会上，中国展馆展出了小脚妇女、案犯、乞丐、娼妓、大烟鬼等下层人物的服饰和照片，丑化了中国人的形象和民族声誉，产生了极其恶劣的影响，激起了中国留学生和华侨的愤慨。

中国驻比利时公使杨北均上奏，说海关洋人选择的展品不适当，传为笑柄，应将其博览会展出权力交给商部。

事情越闹越大，影响越来越坏，全国上下一致声讨，朝廷顺应民意，下令商部接管国际博览会的展出。

李鸿章请旨嘉奖

晚清时期，洋式船只出入中国通商口岸，中国海关要征收船钞（也称"吨税"），用于海务设施的建设和改善。1858年英、法、美三国胁迫清政府签订的《通商章程善后条约》第十款规定：总理大臣邀请外国人帮办税务，并严查漏税，派人分设浮桩、号船、灯塔、望楼等，经费在船钞下拨用。这个条款一直停留在纸面上，没有人去做，直到李泰国、赫德建立新式海关后，才开始征收。这个时候，清军和太平军正打得不可开交，军费开支巨大，征收的船钞都充做了军费，哪儿还顾得上"助航"这等小事儿。

洋商们很生气，说中国政府不守信用，不顾外国商人的死活，嚷嚷着要组织一个国际委员会来管理征收来的船钞。

洋商们很生气，问题就复杂了，公使们去找总理衙门唠叨这事儿，又提出要把船钞交给领事馆管理。法国公使火气最大，要求把过去收的100多万两船钞还给他们法国商人。

赫德提醒总理衙门统统拒绝。

这事儿越闹越大，连朝廷也关心起来，问是怎么回事儿。总理衙门赶紧起草了一份奏章，说钱被地方政府挪用了。

公使们不依不挠，眼看总理衙门招架不住了，赫德便站出来说：把这钱交给海关来管，我去对付他们。经他这么一说，总理衙门开窍了，与其把钱交给外国的领事们，不如交给海关，好歹海关算自己国家的部门，将来可以过问钱是怎么花的。

赫德去找英国公使阿礼国，让他支持自己。他对阿礼国说：中国政府对改善航运设施还是高度重视的。1855年，苏松太道租赁了'柯普顿爵士'号铁壳船作为灯船，放在长江口铜沙浅滩；1861年，在长江狼山水道设置了一艘灯船，在吴淞口沙滩设标桩3座；1865年，在甬江口外七里屿和虎蹲山，各建了一小型灯塔。这些灯船和灯塔，足可说明中国政府不是光收钱不干事儿，所以没有必要把船钞交给一个国际委员会。现在中国政府已经授权我来管这项工作，不久的将来，航道设施就会有很大的改善。

阿礼国认为赫德说得有道理。他让赫德整理了一份备忘录，向英国外交部建议，由中国海关负责海务工作，以发挥更大的效率。此外，他还向各国公使说明船钞由中国海关管理的重要性。

英国当时是世界强国，英国人说话，别国公使一般都会给面子，船钞的事儿就没有再闹了。

1865年，太平军终于被剿灭，清政府财政有了好转，助航设备的经费不再被挪用，赫德便开始规划海务工作。为了执行这项任务，要组建一个部门，专司其事，但另搞一套机构，另配一套人马，会把经费吃掉不少，他想组织一个和海关绑在一起的机构，两个部门互相帮助，既节约经费，又可提高工作效率。为此，设立了海关船钞部，用以建设、管理沿海和内河的灯塔、浮标、雾角和其他航行标志，同时清理航道沉没船只，修浚港口航道，管理航船停泊。

1871年始燃的佘山灯塔

赫德聘请他的同胞霍士担任船钞部税务司（也叫海务税务司），海务人员的募用采取海关的招人原则——不分国籍，具有"国际性"。

外国人进入中国海关前，沿海虽然有一些指示航向的标志，如宝塔、守望塔、石椿等，少数险要地方设置了油盏，引导船只航行，但设施简陋原始。为了满足航船需要，海关按照西方标准，在沿海险要地点设置灯塔、灯船、浮椿、浮筒、雾角等助航设备，构成联锁体系。在长江、湘江、洞庭湖、珠江、西江、松花江、黑龙江等内河，也设置了助航设备。

1871年，设置在长江口铜沙滩的气笛、雾炮，听程只有4海里。1899年，改用双响气压雾笛后，5海里外就能听到。

1901年后，沿海凡险要的地方，均设雾炮或雾笛，有雾时，每隔10分钟或15分钟放一炮。

因管理有效，中国沿海港口的海务水平达到欧美水平。

客观地说，海务工作虽然服务了外商轮运业，但也有利于中国商轮、民船和海军舰艇的航行，具有公益性。

1895年5月，李鸿章乘军舰从上海回天津，一路顺利。回到天津后，他立即上奏朝廷说：中国海面辽阔，港汊纷歧，绵延万余里。海关在沿海、内河设立260多处警船、灯塔、浮椿后，往来船只即使遇风、遇雾，也不会迷向触礁，对军舰、商船的行驶大有好处。请朝廷降旨嘉奖海关。

中国也有了气象站

1869年,中国海关设立气象站。

海关设立气象站之前,中国没有专门的"气象"机构,只有钦天监负责观察天象,推算节气,制定历法。当然,钦天监的一项重要工作就是仰望天空,看哪儿有星星掉下来,然后预测会带来什么"祸福",再上报给皇帝。会推算历法的人,当时被认为懂占星术,受到官员和民众的崇拜。尽管如此,其工作性质一半是科学,一半是迷信。一些文学作品说钦天监掌察天象,推算节气,可以除魔驱邪——其实,这些都是胡扯。

在中国的历史上,德国人汤若望在这个领域最受推崇,他不仅有天文学方面的专业知识,在机械制造方面也在行,明朝末年曾帮助崇祯皇帝制造出威力强大的红夷大炮,让清军吃过大亏。

满族人掌权后,要编制新历法,以代替前朝的旧历。汤若望的"西洋新法"被满大人看中,赐名为"时宪历"。因这事儿有功,老汤被任命为钦天监正。后来,他的官位升到正一品。不仅如此,顺治帝还常御驾到他那里聊天。因为顺治皇帝的厚爱,老汤得到了尊贵的地位。

中国有关气象的记载很早,可追溯到商代。在几千年的历史长河中,民谚曾是天气预报的一种流行形式,如"天气新晴,是夜必霜""布谷催春种""朝霞不出门,晚霞行千里"。东汉时,张衡在空旷的地方立一根五丈高的杆子,上头装一只可灵活转动的铜鸟,根据铜鸟的转向确定风向。

中国设立专门的气象站,是在鸦片战争以后。1849年,俄国教会在北京建立地磁气象台,法、英、德等国传教士也设了一些气象观测站,但这些气象站零零散散的,没有成系统。当然了,那个时代的天气预报准确率很低,基本上是"东西南北风"都有可能刮,仅供参考。

1869年11月,赫德颁发第28号总税务司通札,要求各海关建立气象观测站,从在编人员中选择观测人员,除了支付购置仪器的费用以外,不需要其他开支。他说这项工作很有意义,不但可以帮助航海人员,也可以帮助揭示自然规律,为科研人员提供可靠详细的资料。

通札下发后,各海关立即行动起来,一年内就设立了气象观测站。赫德于是在欧洲物色人才,来中国管理海关气象工作,同时,通过海关驻伦敦办事处采购了一批气象观测仪器,分发给各海关。

海关气象观测站分为两种:一是海关测候所,用以在口岸开展气象观测;另一类是灯塔、灯船观测站,灯塔、灯船上的人员兼顾。海关气象观测站创建初期,每日观测2次或3次;1882年10月后,增加至每日8次。

海关气象观测主要观测气压、气温、雨量、风向、风力、云状、海浪等方面的状况。

赫德本来想在北京建一个气象台,负责管理、指导全国海关的气象观测,但清政府认为这是扯淡的事儿,下什么雨、刮什么风,这是老天爷安排的,此等天机,凡夫俗子岂能预测。尽管赫德有钱,也有地皮可用,但他的愿望没能实现。

此时,上海徐家汇观象台初具规模,可开展沿海气象观测。台长能恩施神父曾根据海关发布的气象观测数据,判断将有台风袭击上海,并向商船发出台风警报,商船民船提前做了准备,避免了损失。这事儿,在航海界和商界产生了很大影响,大家希望观象台能常发这样的天气预报,以便商船预先防范。为了能使恩施神父更好地开展工作,赫德通令各海关将气象观测记录,除每天电送徐家汇观象台外,还要发送香港及远东其他地方气象台，为天气预报提供依据。

海关气象观测站的气象观测，如汉口、重庆等台站，延续到了中华人民共和国成立后。

海关与气象台的合作，改变了天气预报"风向不定、天气多变、可能有雨"的状况。

海关先后建立了70多个气象观测站，分布在中国沿海的一些重要口岸、岛屿、长江沿岸和边关城镇，通过多年观测，收集、积累了大量的气象资料。

海关气象观测站的建立，使中国东部沿海和内陆通商口岸，形成一个气象观测网，这个观测系统所获得的气象资料，对预测、研究中国和东亚地区的天气、气候具有重要价值。在近代中国气象观测史上，中国海关气象观测站的观测记录，有着举足轻重的影响。

20世纪徐家汇天文台

"大龙邮票"一印出来就珍贵

历史上,中国邮政以邮驿制度为主,快件时常由专人以快马加鞭的方式,由一个驿站传往另一个驿站。驿站的头儿叫驿丞,送信的叫邮差。元朝时,中国有 1 万个驿站,每个驿站相隔 70～80 里,驿站养有 30 万匹马。那时的"驿站"是军事化组织,如大清国时,驿站归兵部的车驾司管,各省由按察司指定专人负责,各县则由县丞负责,一级套一级,层层负责,专为官府服务。

"邮驿"是官方通讯手段,民众不能使用,就连一般官员的私人信件,也只能托人捎带或派人投送。老百姓写封信,要么寄不出去,要么等哪天

河南邮差用小车运送邮件

有民间邮差走村串户时,让他们给带走,能不能到收信人的手中,发信人心里没谱儿。

晚清的时候,政府每年花费大量银子维持驿站,但由于吏治腐败,经费多被克扣;驿马"公车私用"也很严重,造成投递延误,且屡屡发生泄密现象。对泄密这样的事儿,中国人习惯了,但外国人则受不了,不再信任中国的驿站,于是就在中国境内设立"客邮局",既投送本国邮件,也代办中国民间邮递业务,从中取利。

1834年,英国商务监督律劳卑在广州设立"英国邮局",开外国在华办邮政的先例。1842年4月15日,英军占据香港后,开办"香港英国邮局",并以香港为基地,在广州、上海、宁波、福州、厦门五个通商口岸开办邮局。法国、美国、日本、德国、俄国也竞相效尤,从此贴着各国邮票、盖着各国邮戳的信件,在中国大地上到处传递。(到1918年时,"客邮"机构已达340余处,其中属日本和俄国的最多。)

此外,租界工部局和国内一些投机商人,也开办了形形色色的"书信馆"。

最早的"书信馆"是1864年上海租界董事会设立的"上海工部局书信馆",经营项目不是通信,而是印制各类邮票,骗取钱财。

"客邮"及"书信馆"的邮件,均用他国邮袋装运,中国海关不能检查,

1868年英国在上海开办的邮局

不法之徒借机走私、贩毒。

《天津条约》规定，大英钦差大臣并各随员的文件，由大清驿站负责递送。清政府对此很是不爽。赫德看上眼里，记在心里，1866年，他请求总理衙门，将上海寄北京的邮件由海关派人开袋分送。总理衙门认为，这样做可以减轻驿站负担，便很快批准了。

从此，海关参与邮递工作，但仅限于公文类。

1875年，赫德向总理衙门提出，由海关兴办邮局和银局，总理衙门征求李鸿章的意见。李鸿章说银局关系国家命脉，由大清国自办；邮局没什么大不了的，又牵涉洋人，就让海关去办吧。

九江关税务司葛显礼向赫德建议，海关在各通商口岸办理邮政，并接管各国在上海设立的邮政机构，可给大清国增加财政收入。

赫德认为葛显礼说得有理，就下令津海关税务司德璀琳建立北方海关和上海间的邮递业务。德璀琳遂借鉴西方国家邮政经验，以天津为中心，在天津、北京、烟台、牛庄（今营口市）、上海设立"海关书信馆"。

为了与国际接轨，1877年5月，赫德令海关造册处设计了六和塔图、云龙图、万年有象样票，广泛征求意见，最后决定以云龙图案作为中国首套邮票图案。邮票上写有"大清邮政"或"大清国邮政"及英文"CHINA"。

1878年7月，德璀琳写信给造册处，要求尽快印制3分银、5分银和10分银的邮票各10万枚。一个月后，上海造册处就给德璀琳寄来了25 000枚面值5分和3分的邮票。运到天津海关书信馆后，又分发给北京、牛庄、烟台等五个海关邮局。

这次发行邮票，前后酝酿一年多，图案既有象征意义，又是中国首次发行，若干年后必是珍品。德璀琳想到了这一点，发行前拿出一部分邮票，高价卖给外国集邮家。

大龙邮票是洋人设计的，但总体构思符合帝王思想和中国文化。大龙邮票的发行，

大清邮政徽章

大龙邮票

万寿邮票

是中国邮政事业的一个新起点。

邮票在当时是个新玩艺儿，不被中国人看好，就连上海滩的人对大龙邮票也不理不睬。

从1878年7月到1896年3月，海关除发行大龙邮票和小龙邮票外，还发行了一套"万寿邮票"（为祝贺慈禧六十大寿而发行）。

海关投递的邮件，由上海轮船招商局及英国太古轮船公司免费代运，李鸿章还下令北洋海军军舰无偿提供帮助。无航路或冬季封冰季节，雇佣信差，组成天津—牛庄、天津—镇江、天津—北京间的骑差邮路。邮差头戴制式帽，身穿镶有红边和白色盾形胸补的黑色号衣，上面有"津海关信差"字样。

1884年，改任浙海关税务司的葛显礼，见海关书信馆在外国邮局的压迫下难以发展，想开办中国邮政，取代外国邮政机构。浙海关道薛福成赞同他的想法，认为各口岸邮政局应由海关税务司管理，开办经费由海关支付。两江总督、闽浙总督、浙江巡抚也都同意他的建议。

1886年，李鸿章一锤定音，按葛显礼的建议开办邮政，但赫德又犹豫了，他怕引起其他国家的忌恨，便以海关兼办国家邮政

上海轮船招商局

上海邮政局信差合影

需要增加人员、经费为由,请求推迟。他这一犹豫就是十年。1895年9月,他指示葛显礼去南京,谒见南洋大臣张之洞,请他催办。在张之洞等高官的努力下,中国的邮政事业终于迈开大步向前走。

1896年8月20日,总理衙门委任赫德兼任"总邮政司"。

赫德将总税务司署的寄信局改为邮政总局,各海关的寄信局改为邮政局,下设分局,业务由通商口岸向内地及边远省份扩展,与铁路、电报及航运相辅而行,有电报线、铁路和通航的地方,均设邮局通邮。邮政局是海关的附属机构,人员、经费由海关提供。

邮政局设立后,西方"客邮"与国内民信局勾结,破坏邮政专营,外务部为此照会驻京公使,要求他们迅速撤回在华邮局,各国公使置之不理。赫德一狠心,下令海关邮局大幅度降低国内平信邮资,扩大经营范围、揽运报纸杂志、开办快递;并让轮船公司实行"海关特许费"的优惠办法,要求他们只装载大清邮局的邮件,拒载或少载其他邮件。此举惹得各国公使老大不高兴。

朝廷也出台政策,规定铁路只准带运海关邮局邮件。

海关邮局投递邮件数逐年递增,1901年收发邮件突破1000万件。邮差邮路、轮船邮路、火车邮路,总计19万多公里,形成由南到北、由西到东的全国邮政网络。

1911年5月28日,邮传部接管邮政时,全国设有总局、分局、支局、代办处等邮政机构6201处。(其中,1922年英、美、法在华邮政机构撤销,但英国在西藏的邮政机构,直到1955年才由印度政府交还中国;日本"客邮"1945年战败后撤走。)

能让马拉火车已是进步

用马拉火车,这事儿听起来很荒唐,但在中国历史上,却真实存在过。

1862年,英国驻广州领事馆翻译梅辉立提议,修建广东至江西的铁路,没人理他。赫德和其他洋人也不断呼吁,还是没人理。1865年,赫德在《局外旁观论》中,再次呼吁中国修筑铁路,他诚恳地说:修铁路可以带来很多好处。恭亲王也觉得应该修,但是阻力太大,他不

沈阳马拉铁轨车

敢多说。

　　1865 年 7 月，英国商人杜兰德在北京宣武门外修建了一条 500 多米长的铁路，用小车驶于铁路上，迅疾如飞。京城人闻所未闻，骇为妖物，军统衙门立即下令撤毁。杜兰德本来想修这么一段铁路，让中国人见识见识这个好东西，然后再由他大规模修建。可惜的是"我本将心向明月，奈何明月照沟渠"，一片好心没有得到好报，投资打了水漂（不知他索赔没有）。

　　这条一里多长的铁路，算是中国最早的铁路了。

　　1872 年的时候，李鸿章认识到铁路的重要性，说哪儿修铁路，哪儿就能致富。反对他的人说：这正好证明铁路修到哪里，哪里人心就变坏；铁路经过的地方，民风就不再纯朴了。还有人质问他，修铁路后，陌生的男女在闷罐子里几天几夜，能做出什么好事儿？此后，只要老李一说修铁路，就有人说他是"汉奸"。那段日子里，李鸿章差不多成了过街老鼠，人人喊打。

　　朝廷中的顽固派大臣，视铁路为洪水猛兽，认为洋人鼓吹修铁路没安好心——修了铁路，平时便于洋人通商；一旦战起，又利于敌军长驱直入。最重要的是，铁路会破坏风水；铁路好处再多，也不如风水重要。他们还替老百姓"着想"，说铁路修成后，会断绝车卒挑夫生计，这些人就会聚寇为匪，破坏安定团结的大好局面。

　　1874 年，怡和洋行申请修筑和租用吴淞到上海的马路，上海道台冯浚光犹豫再三才答应。怡和洋行拿到批文后，偷梁换柱，铺设铁轨。上了当的冯浚光一面上报两江总督，一面与怡和洋行交涉，令他们停工。这可是惊天的大事儿，两江总督沈葆桢和总理衙门也不敢马虎，照会英国公使威妥玛，请他下令停工。威妥玛不以为然，说怡和洋行修铁路，又没有违反条约，为什么要停工！

　　1876 年 6 月 30 日，吴淞铁路全线通车，全长 14.5 公里，最高时速 33 公里。7 月 1 日，举行通车典礼，三天后开始营业，每天往来上海吴淞间 6 次，每次乘客都满满的，很赚钱。英国商人对此很满意。

吴淞铁路

英国商人高兴得太早了，通车1个月后，轧死了一个当地人，居民大怒，群起阻止火车行驶。冯浚光闻讯，立即照会英国驻上海领事麦华陀，要其令怡和洋行停驶火车。麦华陀认为，这就是一个普通的交通事故，而且责任还在于死者不遵守交通规则，非要到铁路上散步，所以不予理睬。沈葆桢又照会威妥玛，威妥玛见死了人，才派使馆翻译梅辉立到上海，与盛宣怀等人商议解决办法。起初，梅辉立建议中外合资共同经办这条铁路，中方不同意。

沈葆桢

梅辉立又提出中方买回后，仍归英商承管，中方仍不答应，并告诉他，朝廷的谈判底线就俩字——拆掉！

一直谈到10月24日，双方才谈妥：清政府出28.5万两银子，买下铁路，然后拆毁，英国人不得再"狗拿耗子，多管闲事儿"。

一条好好的铁路，就这样给废了，叫人心痛（其实，中国人不心疼，心疼的是外国人）。

因天津机器局和轮船招商局不断发展壮大，所需燃料越来越多，又大多靠进口，耗资巨大，为从根本上解决燃料供应问题，李鸿章派招商局总办唐廷枢勘察开平矿的煤、铁储藏量，又请同文馆分析煤铁标本，结果煤、铁成色俱佳。李鸿章就令唐廷枢开采。刚开始，煤、铁一起采，兼炼钢铁；后停办铁厂，专门采煤，产量不断提高，日产煤达到900吨。

为了解决煤的运输问题，矿务局多次上奏朝廷，请求修筑唐山到胥各庄的铁路，每次顽固派都极力阻挠，而且也都取得了成功。以光绪帝的生父醇亲王奕譞为首的顽固派们说：修筑铁路，"祸国殃民，莫大乎是"。

面对这些无知无畏的顽固派，无论是洋人、国人都无计可施，只能"心烦"地等待。

李鸿章终于等不下去了，在他的努力下，清政府暂且同意，但有一个条件，不准使用蒸汽机车。

1880年5月，唐胥铁路动工，英国人金达担任工程师，设备和材料也主要购自英国，采用的轨距是1.435米（这个轨距后来成为中国铁路的标准轨距），次年建成通车。所谓通车，就是用几匹马拉着火车跑。

1881年，开平矿务局修建的中国第一条准轨铁路——唐胥铁路通车后，直隶总督李鸿章率幕僚乘车视察

英国工程师觉得这也太荒诞了，正好唐山煤矿有个旧锅炉闲着，他就带着工人造了一台蒸汽机车，拉着几节车皮上路，因为技术问题，火车开动时，黑烟滚滚，汽笛声刺耳。老百姓吓得魂飞魄散，觉得这是妖魔鬼怪。因埋葬清朝历代皇帝的东陵离这条铁路很近，守陵官员立即向朝廷禀报，说火车所过之处声闻数十里，雷轰电骇，震厉殊常，损伤地脉，震动东陵，先王陵气不安；还说黑烟冲天，有伤稼禾。

耽误庄稼生长没什么，惊扰了列祖列宗可不是闹着玩儿的。《大清律》规定，皇陵神圣不可侵犯，吓着了先皇先帝，那可是大罪，谁都担当不起。

顽固势力听说了这件事儿，大为光火，要求李鸿章把铁路拆了。

李鸿章顶住压力，没撤铁路，下令继续用马拉火车。

"三匹马拉着一节火车车厢，车厢里装着煤（约有20吨），两名马夫悠然自得地欣赏着路边风景，偶尔扬鞭抽一下马的屁股，吆喝一声……"这是中国最早的铁路"唐胥铁路"的真实描写。1881年，类似这样的描述，经常出现在西方报纸上。外国人在描述真实情况的同时，毫不例外地会对中国人的迷信、落后进行无情的嘲讽。但那个时代，能有马拉的火车，已经是很大的进步了。

中法战争后，李鸿章、左宗棠、薛福成等洋务派官员纷纷站出来，要求大规模修筑铁路，赫德更是不遗余力地呼吁。朝廷这才重视起来，设了个海军衙门，管理南、北洋水师，同时兼管铁路。虽说全国也没几公里铁路可管，不过却使铁路与海防联系在一起。

醇亲王奕譞是海军大臣，李鸿章是会办大臣，海军衙门成立后，李鸿章就请他到天津视察北洋水师。奕譞到天津一看，好家伙，北洋水师威武着呢，大大超出了他的想象，连声称赞。李鸿章借机说：军舰在海上行驶，靠锅炉动力推进，而锅炉又靠煤烧。眼下军舰烧煤靠马拉，如果打起仗来，煤就不够使，这些军舰就只能挨打。李鸿章建议他用海军衙门的名义，给朝廷打报告，在中国大规模修铁路。

奕譞本来是愚昧的顽固派，反对修铁路，但经李鸿章一说，他开窍了，明白了铁路的重要性。奕譞实话告诉李鸿章，现在不是时候，反对的力量太强大，不过可以不用马拉火车了。

马拉火车的闹剧持续不到两年，因奕譞去一趟天津，蒸汽机终于代替了"枣红马"。

从马拉火车这荒唐事儿上可以看出，大清国的任何改革都会受到重重阻力，常常是进两步退一步。

唐山的煤运往天津，从胥各庄至卢台间的运输一直靠运河，由于淤塞水浅，影响了运煤能力。在奕譞的大力支持下，唐胥铁路沿运河修至卢台，并延伸至天津；后来铁路公司又决定，修筑天津到通州的铁路（津通路）。

这下又捅了蚂蜂窝，顽固派十分气愤，说铁路修成了，一遇战祸，洋兵就可以坐着火车来京师，这不是帮倒忙吗？！另一些人虽然赞成修路，但要求把铁路修在荒僻边远的地方，眼不见心不烦。

两广总督张之洞上奏说：铁路固然要服务海防，但更要以运输土货为重，修铁路的地方多的是，没必要在'津通'上计较。既然'津通'之间不让修，那就修一条从卢沟桥到汉口的铁路，这条铁路远离海口，沿线人烟也不稠密，符合要求。

张之洞的建议突破了仅为海防而修路的局限，同时修的又是"地儿"，得到朝廷嘉许。

随即张之洞被调往武昌任湖广总督，与直隶总督李鸿章一起负责筹修卢汉铁路。这时，传来沙俄修筑西伯利亚铁路的消息，为抵御沙俄威胁，朝廷决定先修关东铁路，卢汉铁路的修建暂时被搁置下来。

中日战争时，李鸿章害怕日本夺取开平煤矿和天津铁路，准备以开平煤矿和天津铁路作抵押，向欧美资本家借款，组织洋董事会，由外国人管理，让日本人打消掠夺的念头。

赫德认为这是个好主意，在这个基础上可以兴办大业，赶紧向英国政府建议，由汇丰银行经办。同时，向总理衙门游说由海关管理中国铁路。总理衙门告诉他，铁路是天津的地方事务，不便多说。赫德知道，天津是德国人德璀琳的势力范围，没有总理衙门的鼎力支持，他插不进手，只好作罢。

德璀琳制订了一个"依照海关制度管理中国铁路的计划"，提出德国开发并管理中国铁路，由他任总管。清政府认为他一个德国人不适合"总管"，令盛宣怀任铁路总公司总办。

从盛宣怀后来的表现看，比人家德璀琳差着远呢。

1895年12月7日，朝廷颁布谕令，修建卢汉铁路。列强国家认为有利可图，纷纷请求参与，英、法、美、德等大国更是积极钻营，想把贷款权弄到手。张之洞经过深思熟虑，提出"洋商垫款包办"的方针，把铁路包给外商，限期建造。他还特别主张，不能包给大国商人，免得将来铁路权利难以收回。几经筛选，锁定了欧洲小国比利时。

之所以选择比利时，是因为修大冶铁路时，张之洞与比利时人有过接触，知道比利时工业发达，不差钱，也有实力。最重要是比利时国小地远，乍看起来，是个理想的对象。

张之洞乘坐卢汉铁路首班列车

"洋务"随老李而去

在赫德的领导下,海关的关税收入越来越多,到1866年的上半年,英、法两国的1600万两赔款全部还清。总理衙门当即上奏,按季提四成,解交部库,以备急需。这笔税款,到19世纪70年代,每年达到400万两,正好成为洋务派兴办洋务的经费来源。

时任江苏巡抚的李鸿章和上海道台丁日昌,用这笔钱在上海筹建的江南制造局有2000多名工人,内设汽炉厂、机器厂、熟铁厂、木工厂、铸铜铁厂、火箭厂(炮弹)、枪厂、轮船厂。1868年7月23日,造出第一艘轮船,取名"恬吉"号,为木质明轮,船身长18.5丈、宽2.72丈,马力392匹,载重600吨,装了9门大炮。"恬吉"号开到南京下关,两江总督曾国藩到船上体验了大半天,颇感欣慰,后上奏朝廷说:船结实灵活,可以涉重洋,中国自强之道就看它了。慈禧看了奏折也很高兴,专门把他召到北京见了一面。

在兴办江南制造局的同时,曾国藩开办了金陵机器制造局,生产炮弹、水雷、洋枪、大炮,但造的大炮总出问题。1875月11月5日,在大沽炮台进行新炮试放时,两颗炮弹未出膛就炸了,7人殉命。后来,又试放了一次,又出问题,李鸿章很生气,把洋顾问马格里撤职。

天津机器局是崇厚1867年5月创办的,历时三年建成,制造火药、子弹、水雷、开花弹和其他军需物资,与江南制造局造的枪炮相匹配,一起装备北洋海军。天津机器局下设水师学堂、水雷学堂和电报学堂。1900年,天津机器局被八国联军焚毁。

天津机器局

崇厚

左宗棠当闽浙总督时,在福州开办马尾造船厂。

总体上说,那个时代中国人对洋大炮有强烈的好感,但对洋船没兴趣。在东部沿海,如旅顺口、大沽口、吴淞口、虎门等处,建了数十座海防大炮台,装上洋大炮,防范"夷人"登陆。后来,"一·二八""八一三"期间,吴淞口炮台上使用的大炮,还是曾国藩、李鸿章时代装上去的。

洋务运动前期,洋务派以"自强""求富"为旗号,创办了一批采用西方先进生产技术的近代军事工业,几年内就具备了铸铁、炼钢、机器生产能力,可生产各种新式武器,增强了军队的战斗力。他们还开办了广州鱼雷学堂、威海水师学堂、南洋水师学堂、旅顺鱼雷学堂、江南陆军学堂、上海操炮学堂等一批军事学校,为国防事业做出了重要贡献。

随着军事工业的创办,洋务派认识到,国防基础的强大在于整个国家经济的发展。同时,为了维护民族利益,必须发展民族经济,与洋人"商战""争利"。这样,又陆续建立起自来水厂、发电厂、造纸厂、印刷厂、制药厂、玻璃制造厂,从而奠定了中国近代化工业基础。其中,最具代表性、影响最大的当属"轮船招商局"。

轮船招商局的轮船

1873年1月17日，李鸿章宣布成立"轮船招商局"，由唐廷枢为总办，徐润、朱其昂为会办，经营资本100万两。这是洋务派创办的第一个民用企业。

轮船招商局名义上是商办，实则官商合营。

轮船招商局建立前，中国沿海和长江航运被外国轮船公司垄断。

1861年，美国在香港、上海设立旗昌轮船公司，经营内河运输。英国的会德丰公司和太古洋行、德国美最时公司，也依样画葫芦，在上海、香港设立分公司，经办长江及沿海航运。

轮船招商局的成立，引起美国旗昌和英国太古、怡和三大轮船公司的忌恨，三家公司联合起来，将运费降低50%，企图挤垮轮船招商局。

唐廷枢

李鸿章很生气，决定利用国家的力量，以商业竞争手段，把中国江海航线上的外船排挤出去。唐廷枢号召各分局及漕船帮会合力对外，使航运利益尽归中国。

为了资助招商局，朝廷下令让招商局运送漕粮，各省筹拨官款借给招商局使用；又下令50年内，中国商人只能在招商局投股，不得另行设局,以免同胞火并,互相受损。在国家力量和爱国商民支持下,招商局生意兴旺,资金源源而来。经过三年经营,招商局拥有资本400万两、轮船16艘,实力仅次于旗昌轮船公司。独霸中国江海航运十多年的旗昌公司,无法同有国家做后盾的轮船招商局相抗衡。轮船招商局成立的时候,旗昌公司每年营利94万两,到1875年营利不到20万两。旗昌轮船公司认为,这样冒险竞争下去,不如变卖资产,投资其他行业另谋发展。盛宣怀、唐廷枢、徐润等招商局官员面见李鸿章,建议购买旗昌以壮实力。李鸿章老谋深算,下令继续竞争,逼旗昌彻底屈服后,再相机行事。旗昌轮船公司招架不住,找上门来,提出以260万两的价格出售全部轮船、码头、栈房等产业,并希望早日成交。徐润等人强压住内心的愉悦,说价格太高,不想购买,直到旗昌行主亲自上门,自愿减价到222万两,徐润才答应。

唐廷枢、徐润、盛宣怀三人匆忙去南京,向两江总督兼南洋通商大臣沈葆桢汇报,沈葆桢却持保留态度,担心难筹巨款,又担心激怒外商。

唐廷枢说吞并旗昌,轮船招商局实力大增,太古、怡和合力也非对手,对于任何竞争,招商局都能稳操胜券。至于筹款,可由商人筹集122万两,尊大人拨款100万两,招商局免交利息,十年还清。

听了唐廷枢一番话,沈葆桢改变了态度,毅然同意。

1877年3月1日,旗昌轮船公司资产正式换旗过户。旗昌轮船公司倒了,太古公司又跳出来,趁轮船招商局吞并旗昌公司、财政困难之机,进一步降低运费,企图将轮船招商局压垮。李鸿章、唐廷枢不为所惧,决心咬紧牙关,进一步降价,让太古公司搬起石头砸自己的脚。为此,轮船招商局把上海运往他地货物的运费,从每吨4两降到7钱。这一招果然有效,太古公司损失巨大,达崩溃边缘。所谓的杀敌一千,自损八百,轮船招商局也渐感不支。李鸿章原想苦撑两年,逼太古公司彻底屈服,又担心太古不肯讲和,两败俱伤,于是令招商局放出风声,准备与太古和解。

太古公司闻讯,大喜过望,立即派人前来求和。唐廷枢告诉他们:招商局不愿外轮垄断中国航运,意在收回中国利权,为减少彼此损失,量为变通,双方可以协商办理。

隔日，双方开始谈判，讨价还价了 8 天，双方签订 3 年期合同。主要内容为：长江航线招商局走船 6 艘，太古公司走船 4 艘；宁波口岸第一年归招商局专走，第二年起，准太古公司分走，但招商局必须分 55% 的利，太古得 45% 利；招商局若派船走广东省内河，太古公司要给予协助。合同签订后，双方同时在报纸上登出广告，宣布从 1878 年 1 月 1 日起，客货运费一律涨价。

李鸿章对合同很满意，要求招商局监督对方遵守，以使中国利权不致旁落。

在办轮船招商局时，李鸿章聘用津海关税务司、德国人德璀琳为商业顾问，德璀琳能讲一口流利的汉语，与李鸿章几乎天天接触，经常就商业和国际事务，为李鸿章出谋划策。因为旗昌轮船公司、太古轮船公司与德国没有关系，在招商局与旗昌公司、怡和洋行博弈的过程中，德璀琳一直站在中国这边，为李鸿章献计献策。

1885 年，应李鸿章请求，赫德把马士从海关调到轮船招商局工作，任职期间，马士就仓库、船坞、轮船设计、成本核算、航线、黄河治理、台湾开发、财产处理与获得、撞船事件、煤炭开挖、吊桥、国际争端、鸦片走私、轮船修理等问题，向李鸿章汇报，使李鸿章能够全面掌控情况，并做出决策。

由于中国无保险业，轮船招商局只好向外国保险公司投保，外国保险公司趁机敲诈，一条价值十万两的船只，每年缴纳的保费一万多两，而且还不兑现。1874 年 4 月，招商局"福星"号轮被怡和洋行"澳顺"号撞沉，裁定由"澳顺"号赔偿损失，但船主逃跑，招商局不仅没有追回赔款，反而被迫付船员家属抚恤金 2.4 万两。这件事儿后，李鸿章、唐廷枢决心自办保险业。经过半年筹措，1875 年，唐廷枢、徐润在报纸上刊登《保险招商局公启》，宣布"保险招商局"建立，附属于轮船招商局。第一批办理保险业的口岸为镇江、九江、汉口、宁波、天津、烟台等 12 个港口，第二批为台北、淡水、基隆、新加坡、横滨、神户等 12 个口岸。

创办保险招商局受到华商的欢迎，次年 7 月，徐润、唐廷枢在此基础上，创办"仁和"保险公司,成为近代中国第一家航船保险公司。

1877年,轮船招商局与洋人斗智斗勇的时候,陕甘总督左宗棠决定在兰州设立甘肃织呢总局。次年春天,从德国购买的全套织呢机器运到汉口,因运输问题,机器拆散后,大小部件装了4000箱,动用上千人力和大量车马,逢山开路,遇水架桥,用了一年时间,才运到兰州。织呢局建成后,因水质不好,不能全部开工生产。又因冗员过多,管理不善,入不敷出,又过了一年,锅炉爆炸,不得不停产。

兰州织呢局的情况,在其他地方也不同程度地存在。刚开始,各地官员激情高涨,盲目立项上马,项目建成后,又因种种困难,被迫停工或下马。

在大清国做事儿极不容易,洋务运动一开始就坎坷不断,每兴办一个工矿或企业,都会遇到顽固势力的反对和阻挠。恭亲王、文祥、曾国藩、左宗棠、李鸿章等人,费了九牛二虎之力,洋务运动才得以兴起,但受制于宫廷,不得大行其志。尤其是慈禧太后,驾驭群臣有余,对经济建设则力不从心。

洋务派创办的民用工业与军用工业一样,以官僚和绅士为总办,自己没有能力经营,完全听外国工程师的。这些洋工程师、洋工匠,又有许多人是来混饭吃的,并不具备专业知识,如果说有,也只是比中国人多懂得一点儿罢了。一些传教士、医生、船员因为是洋人,也被请来滥竽充数。这些洋人的品性和素质良莠不齐,影响了企业的发展。

洋务运动是一种自强运动,是晚清的一场引领国家现代化转型的尝

兰州织呢局1

兰州织呢局2

试,它的实际领导人是恭亲王奕訢和李鸿章。后来,恭亲王被罢免,只剩下李鸿章独力支撑。

李鸿章作为地方领导人,统领全国性的洋务运动,遭到中央与地方的双重阻碍,举步维艰。而国家的现代化转型,需要的是强大的中央权力。长期分裂的日本,这一时期以"搏王"为号令,统一了国家意志,成功进入转型期。

甲午战争,李鸿章既输给日本人,又输给了主战派(也就是帝党),他不但失去了北洋海军,也失去权力。与日本之战,其实是李鸿章"以一人敌一国"。在国内,李鸿章还要面对另一场战争:光绪皇帝支持下的帝党们,希望李鸿章领导的洋务运动,经此一役彻底解决(大败)。甲午战争大清国战败,帝党的目的基本实现,他们以甲午战争中国战败为由,追究老李的责任,老李苦力支撑的洋务运动也随之而去。

总体来说,洋务运动为中国的近代化开了个头,为缩小中国和世界的差距做了最初努力,虽没有使中国富强起来,但引进了西方先进的科学技术,使中国出现了一批近代企业,积累了生产经验,培养了技术力量,促进了中国资本主义的发展,为中国的近代化开辟了道路。

第七章 洋人与辛亥革命

武昌城头的一声枪响之后

1911年10月11日,辛亥革命的第一枪在武昌打响,起义军随即占领了湖广总督府。

江汉关税务司苏古敦(英国人)立即向总税务司安格联①发密电说:起义军把武昌给占了。

安格联先是生气,认为起义的清军士兵不应该如此行事。更让他不高兴的还在后头呢:不久,湖南、陕西、江西、山西、云南、浙江、江苏、贵州、安徽、广西、福建、广东等省,也纷纷宣布起义,清王朝的统治眼看着就要土崩瓦解了。

安格联再也沉不住气了,去找英国驻华公使朱尔典,说起义军眼下最缺钱用,一定会打关税的主意,税款最好能移存到外国银行。

朱尔典完全同意,还说要为他提供

第三任总税务司安格联

---

① 安格联(1869—1932),英国人,晚清时期中国海关的第3任总税务司。

一切支持。

　　安格联转移存税款的主要目的是抵制革命势力发展，维护清朝统治。

　　将税款存到外国银行，其实就是改变中国关税的保管权，这不是一件小事儿。

　　在过去相当长的时期内，洋大人虽然领导中国海关，但关税的保管权一直掌控在清政府手中，由指定的中国银号存放，税款的保管和支付遵照朝廷命令调拨。

　　清政府和各国签订的条约中，对税率做了硬性规定，对税款如何保管从来没涉及过，过去洋人主要谋求的是开拓中国市场、最低税率和航运优惠。

　　辛亥革命前，以安格联为代表的洋大人认识到取得税款保管权的重要性——有了关税保管权，不但可以充实洋人开办的银行，还可以控制中国的财政金融。

　　辛亥革命爆发，为洋人取得关税保管权提供了一个大好良机。安格联没怎么费心劳神，就想出了一个充分的理由：关税钱由外国银行保管，才能确保关税按时偿付外债和赔款，否则，列强会进行干涉。

　　革命形势的发展，安格联看在眼里，忧在心里，急忙去找税务处帮办大臣胡维德，说：我们要立即采取行动，防止关税钱落到革命党手里。如果税款由革命党支配，就会出现用清政府的钱攻打清政府的局面。

　　胡维德认为他说的问题很现实，要尽快想办法处理。

　　安格联又写信给苏古敦，让他将税款存入汇丰银行。

　　形势的发展也正如安格联预料的那样，长沙关税务司伟克非向他报告说：湖南军政府要求留用税款，怎么办才好？安格联接到报告后，又去找朱尔典，请他提供支持。朱尔典当即电令英国驻长沙领事馆，与伟克非密切合作，把税款以总税务司或领事团名义暂时保管起来。

　　湖南都督给伟克非写信，说湖南已经宣布独立，海关要改换旗帜徽章，服从军政府命令。伟克非拒绝接受说我是清政府的官吏，仅服从总税务司的命令。

安格联给伟克非连发两电，指示他同军政府做坚决斗争，还告诉他说：我正在想办法，使海关成为一个中立机构，像过去一样征收关税，税款存放在总税务司账内，保证各债权国的利益不受影响。

安格联和外籍职员合影

安格联的来电，增强了伟克非对抗到底的决心。湖南军政府建议把税款存入大汉银行，军政府和税务司都不得动用，伟克非坚决反对。军政府只能退而求其次，说可以湖南关税名义存入汇丰银行，但动用的时候，须经军政府同意。

伟克非说军政府还没有到得英国政府承认，合法地位还没有确立，不应提出这样的要求。他还威胁说，如果军政府再来要税款，就撤退所有海关人员。

在伟克非与湖南军政府对抗的时候，安格联又去请求朱尔典：在将关税置于我的控制之下前，不要限制我的行动。朱尔典让他放手去干，并说大英帝国的驻华公使，始终是你最可信赖的靠山。

安格联有了底气，立即给江海关税务司墨贤理发出指示，让他转告上海周边各海关：关税是外债担保品，为了避免外国干涉，必须以总税务司或领事团名义暂时存储。

一周后，墨贤理向他报告说苏州、杭州、九江等海关的九万八千两税款，已存入汇丰银行。

安格联又通饬全国各海关税务司，要求将税款分别汇往上海、广州和汉口的汇丰银行。

蔡锷将军先硬后软

湖南军政府与长沙关税务司交涉的情形，在宜昌、汉口、汕头、蒙自、福州等地也都如出一辙地发生过，最后也都不了了之。

11月8日，福建新军起义，福建都督孙道仁要求接管闽海关，税款以中华海关的名义暂存福州汇丰银行，等中华民国的中央政府成立后再来处理；还要求海关听从军政府的命令，改挂民国旗帜。

闽海关的税务司单尔坚决不同意，说海关是中立的文官机构，是不可分割的整体，由总税务司领导。福建省内各海关不能改属福建临时政府。

对于改挂旗帜，单尔说宁愿挂白旗，也不挂中华民国旗。

因为有外国军队和安格联撑腰，单尔对福建军政府的要求置若罔闻，孙道仁只得打退堂鼓。

安格联对各关税务司的表现十分满意，给他们发电报，称赞他们在危险情势下，克服了不平常的困难。

安格联不但想把他领导下的海关税款保管权夺走，还想把朝廷管理下的几个海关的税款，连锅带碗地端走。他最先想到的是津海关。他指示津海关税务司欧森，去找津海关道陈瑜，商议把关税存入汇丰银行。

欧森去找陈瑜说这事儿，陈瑜不同意，说津海关每月分担的六万两外债款，可以照安格联说的去办，其余税款存放在省库，用来发军饷。

欧森威胁说：凡是革命军控制的海关，都同意将税款存入汇丰银行，防止外国干涉。如果津海关不照样办理，革命党可能废止这种办法，税款就会被革命党挪用，将加强他们的革命事业。

尽管欧森费尽口舌，软硬兼施，陈瑜不为所动，说别的海关如何做我管不着，但津海关照旧办理。

欧森无功而返，安格联安慰他说不要气馁，也不要生气，这事儿一定能办成，耐心等着吧。

1911年11月9日，广东独立，署理两广总督张鸣岐带着仆人细软，乘英国驱逐舰逃往香港。根据安格联的指示，粤海关税务司梅乐和去找广东省大都督胡汉民，说保险起见，我们要把税款存到汇丰银行广州分行。因广东政局不稳，广州、香港又驻有外国军舰和水兵，胡汉民立即同意了，还让他安心在海关工作，不要受外界的影响。

梅乐和又提出，广东各关同样办理，胡汉民又爽快地同意了，并以中华民国广东军政府名义，致电潮海关、北海关、琼海关、江门关、三水关的税务司，命令他们把所收税款暂存到广州沙面的汇丰银行。

安格联听了，十分高兴，让梅乐和再去找一趟胡汉民，转达他的真诚谢意，并说将来要将税款汇到总税务司项下，以便偿还各国借款。胡汉民对此没有异议。

这样，粤海关税款的保管权和支配权，就听安格联的了。

梅乐和对此颇有点儿自负和沾沾自喜，好像这事儿是他一人干成的。安格联写信给他说：不要忘了

第四任总税务司梅乐和

领事们的支持。

安格联说的是实话,领事们确实大力支持了他。

因伟克非对抗到底的态度惹恼了湖南军政府,军政府要强行接管海关,朱尔典应安格联的要求去找德国公使"捣鼓"了一番后,德国公使令一艘德国小炮舰开出来,在湘江转圈,吓唬革命军。在武汉,当湖北革命军要接管海关时,停在汉口码头的外国军舰开出来示威,告诉革命军识相一点儿。宜昌军政府要求把税款交给商会,用作军费,宜昌关税务司葛理眼看顶不住了。这时,英国驻汉口领事带着一艘炮舰及时赶到,葛理顿时强硬起来。

云南都督蔡锷坚决要求接管蒙自海关,税务司谭安、英国驻云南领事巴特勒、法国领事韦尔登 3 人一起到军政府面见蔡锷。巴特勒首先说:蒙自关税款必须存到汇丰银行。蔡锷不答应,说将中国的关税钱存到外国银行太没有道理。两个领事听了,懒得理他,起身就走,出门的时候说:这事儿,你说了不算,我们向北京公使团报告后,再来和你计较。

北京公使团的答复是拒绝,蔡锷只好不再坚持。蔡锷和其他革命军的将军一样,不怕满大人,但畏惧洋大人。

宁波海关税务司烈悌更蛮横,他干脆不与革命军对话,来交涉的革命军一进门,他就说如果海关财产遭受任何侵犯,就让炮舰去找你们。

因受革命形势冲击,11 月 20 日,到期的英、德借款本利 8 万英镑未能如期偿付,这只是暂时现象,数额也不大。心知肚明的朱尔典与安格联密谋一番后,以英国公使馆的名义,照会外务部,说所有外债都是以关税担保的,必须将全部税款交总税务司管理。

本来哈尔滨、珲春、安东、胶州和大连等海关的税款,没有列在担保还款之列,但安格联要求这几个关的税款也由他管,还要

蔡锷

把这些海关以前存的税款,全部解交上海汇丰银行优先偿还外债。

焦头烂额的清政府不敢得罪洋大人,只好答应。税务处发文给安格联说:各关税款暂由你统辖以为权宜之策。安格联知道,在中国的暂时,往往会变成长久。

安格联终于如愿以偿,把全国海关的税款保管权掌控到手中,权势顿时倍增。

中国的钱被洋人掌管了

清政府这边搞定了,安格联还要对付公使团。各国公使可不像清政府那样好忽悠,更不会允许他把税款全部存在汇丰银行。不过安格联也没什么可担心的,到时候就是利益分配,大家都沾点儿油水罢了。

早在他着手谋求税款保管权时,就让墨贤理给上海的领事团打了招呼,说中国正兴起革命,形势发展难料,为了不影响外债偿还,准备把江海关的税款存入汇丰银行。

领事团觉得这确实是个事儿,如果不把税款掌握住,可能会出现严重问题——他们的赔款就"还"不了。不明就里的领事团,还好心好意地建议墨贤理把这事儿报给公使团领袖朱尔典。

不出安格联所料,各国公使一致同意,但对把税款存入汇丰银行的意见一大堆,有的公使要求用庚子赔款银行委员会取代汇丰银行,让签订《辛丑条约》的国家都能得到保管税款的好处。安格联当然不同意,说:借款合同明确指定,关税优先偿还英、德、法、俄四国债务,其次,才轮到偿他国的庚子赔款。应另行组织特别委员会,确保四国债务,如有余款,再交给庚子赔款委员会。

其实,安格联要确保英国的利益优先,避免他国借赔款说事介入海关,影响他在中国海关的地位。

最后，在深入研究和充分讨论后，各国一致同意将汇丰、德华、道胜三家银行作为存款银行。

税款的最后处理是这样的：各关税款汇入上海汇丰银行后，汇丰银行每月分4次，将存款按3份均分，摊存于汇丰、德华、道胜3家银行。

这就造成了一个恶果：中国的钱，装进了人家的袋子里，别人不同意，自己就不能动用。

这是一个很严重的问题，而且很快就暴露出来。

当南京地方政府去找金陵关要巡警月饷、邮电厘金和衙门经费时，税务司卢力飞说：没有安格联的指示，不能照办。

南京政府的代表说：这是清朝时定下来的惯例，无须总税务司批准。

卢力飞说：清朝被你们推翻了，时代不同了，清朝的政策不算数了。

税款保管权丧失了，税款的支配权也没了，这也不足为怪。

洋大人干涉中国内政，尤以英国人为甚。这也不足为怪，因为整个晚清的外交史，差不多就是与英国的交往史。在此之前，海关中的洋人对中国内政曾说三道四，但不太出格；辛亥革命后，也就是从安格联起，外国人开始对中国的内政指手画脚。

安格联多次对各关税务司强调，除非经他批准，不得从税款中拨付任何款项，包括拨付给中国政府部门的办公经费。

根据清政府的政策，哈尔滨、珲春、安东、牛庄等海关征收的税款，由海关监督管理，税款处理由中国政府说了算；津海关的税款，虽然是以总税务司名义存的，但如何处理安格联没有决定权；青岛、大连两海关税款，由外务部掌握。以上几个海关征收的税款，本来是用作中国政府行政经费的，但自被他接管后，中华民国政府也不能动了。

中华民国政府的防疫、河海测量及其他公共福利经费，也要申请公使团批准。公使们不懂业务，一切都要征询安格联的意见，安格联的话举足轻重。

安格联垄断了中华民国财政，成了中华民国政府的太上皇。他不无得意地说：通过垄断中华民国的财政，保障了总税务司的地位和海关的安全。

中华民国时期税款金额巨大，1911年的税收约4400万两，1927年增加到7000万两，这笔巨额现金绝大部分存进了外国银行，增加了外国银行的实力，压迫了中国银行业的发展。

孙中山也无可奈何

1917年，北洋军阀政府废弃国会和临时约法，驱走总统黎元洪。孙中山在广州召开国会非常会议，打起护法旗帜，成立护法军政府（也称广东军政府），以反对北洋政府。

辛亥革命后，中国海关关税的保管权、收支权操纵在洋大人手中，北洋政府没有计较，对此洋大人也能投桃报李。

关税收入大量增加，偿还外债和赔款后，还有不少剩余，也就是所谓的"关余"。按理说，"关余"应归中国政府自行支配，但公使团不这样想，安格联也不这样认为。

税收增加了本来是好事儿，中国政府有充分的理由从中获益，但安格联却说："不经公使团的同意，谁也不能动用税款。"暗地里他却将1000多万元的"关余"拨给了北洋政府。广东军政府知道后十分不爽，让粤海关税务司柯尔乐给安格联传话，说广东政府也要分享"关余"。

安格联没当回事儿，写信给柯尔乐说：不要理他们那些人。

广东军政府当然不会因此而退缩，于是指派两名官员以"海关帮办交涉员"的名义，专门交涉"关余"使用问题。接任柯尔乐的魏阿兰以小人之心度君子之腹，担心正缺钱花的军政府会失去理智驱逐洋关员。他请求代行总税务司包腊与外交使团商议，让出部分"关余"，缓和局势。包腊对此不屑一顾,命令魏阿兰强硬处理,不让南方政府得到一分钱的税款,如果军政府用武力,就以武力对付。

魏阿兰听从了包腊意见,没有做半点儿让步。广东军政府外交总长伍廷芳退而求其次,要求广东的税款暂停汇往上海,等达成意见后,再做处理。但魏阿兰不同意。

正在这个时候,中国南、北方暂时罢战,准备在上海开会议和,为了促成这事儿,北京公使团同意把1200万元的"关余"交给中国政府,其中包括广东省浚河费100万元和前线部队撤退费用。因南北政府没有谈出结果,和会不欢而散,公使团很不满意,那笔钱又不给了。

伍廷芳遂写信给安格联并转告公使团,要求从"关余"中拨给军政府300万元,如果摊分不成,军政府追究安格联的责任。

安格联见广州军政府态度强硬,如果继续僵持下去,闹出问题来,对他得不偿失,便去说服公使团同意广东军政府的部分要求。这样,广州军政府通过斗争,争得了一笔税款。分配比例是这样的:以南方口岸税收占全国税收13.7%为依据,拨给军政府全部"关余"的13.7%,共315.561万元,分6次拨给。第一次拨55.7万元,第二次拨44.251万元,第三次拨56.69万元,第四次拨46.58万元,第五次拨57.54万元,第六次拨54.8万元。前四次汇至广州汇丰银行,后两次汇至上海汇丰银行,皆以伍廷芳名义存储。

拥兵自重的广西军阀为排挤孙中山,把军政府的大元帅制改为联合制,选举唐绍仪、唐继尧、孙中山、伍廷芳、林葆泽、陆荣廷、岑春煊七人为政务总裁,岑春煊为主席总裁。孙中山不愿接受,以"武人掣肘,大业中沮"为由,辞去总裁职务,离开广州去上海。

伍廷芳

北京的公使团遂以南方政府分裂,形势发展难料为由,暂扣广东政府应得的"关余"份额,安格联立即执行。到年底的时候,扣留的"关余"达250多万元。

不久，粤军打败桂军，孙中山等人又回广州，重组军政府，但没有经费，于是打算把停拨了两年的"关余"要回来，以解燃眉之急。

孙中山发布命令，要求凡军政府所属各省海关，应服从军政府训令和管辖。

伍廷芳让魏阿兰转告安格联：广东军政府已经决定了，从1921年2月1日起，辖区内各省海关的税收，全部由广东政府管理。

安格联给魏阿兰发电报说：南方海关可以承认当地政府，并执行他们的命令，但不能影响关税的征收和存放，否则，英国政府将立即做出不良反应。

伍廷芳也不客气，给他回电说：作为一名中国政府官员，不要站错队，不要总是希望外国政府来干涉。

广东军政府外交部照会广州领事团，并告诉领事们：军政府任命魏阿兰为海关代理副总税务司，管理南方各海关，听军政府的训令和指示；辖区内海关征收的全部关税，分别存入外国银行和华资银行：存入外国银行的总金额，相当于偿付外债所需的数目；存入华资银行的总额，相当于"关余"部分。

魏阿兰不领军政府的情，下令将收税处搬到沙面海关食堂办公，海关印章存放领事馆。

伍廷芳也不客气了，向北京公使团发出警告：如再不拨给广东军政府"关余"，将派人接收粤海关。

英国人怕广东军政府真的采取行动，使形势进一步恶化，造成不良后果，在征得公使团同意后，把积存"关余"拨给广东军政府；但美国公使不同意，认为把"关余"款交给广东军政府，有可能引发内战，不利于中国和平。

北洋政府也利用天时、地利、人和的便利，游说公使团改变主意，对积累的"关余"款进行重新分配。到最后，广东军政府只能得到42万元水利款。

"战斗在最前线"的魏阿兰认为，这种做法十分荒谬。他气恼地对

陈炯明

安格联说：北洋政府占用"关余"，南方军政府会故意与海关过不去的。为此，他把税收处留在沙面海关食堂办公，不再迁出。

伍廷芳举行记者招待会，对安格联提出严厉批评。他说：安格联在这一事件过程中，起到了十分不好的作用，扮演了一个不光彩的角色。

就在广东军政府正准备做出进一步反应时，陈炯明发动兵变，孙中山率舰队进驻白鹅潭，接着去了上海。

从此，广州再没有人提"关余"的事儿了。

安格联松了一口气。

魏阿兰的心落进了肚子里。

主子总归是主子，仆人总归是仆人，这种主仆关系尽管有时会被弄乱，但总有理顺的时候。安格联好以洋大人自居，不把中国人放在眼里，先得罪了南方的革命政府，后来又得罪了北洋政府，把人都得罪完了，好日子也就到头了。后来被免职回了他的祖国——英国。

1927年，南京国民政府将关税保管权、税则制定权等权益收了回来。

1949年后，"洋大人"在中国海关基本消失。

第八章 几个重要的外国人

近代中国海关第一任首脑——李泰国

李泰国其人

李泰国，英国人，1833年出生，1889年辞世。其父曾任英国驻广州第一任领事。

李泰国10岁来中国，父亲曾想把他培养成"中国通"，心愿尚未完成就突然病故了。李泰国被迫辍学，经母亲再三请求，英国外交部才派他和弟弟到香港英国商务监督署学习汉语。

穷人的孩子早当家，尽管年幼，但已认识到只有学好汉语，日后才有出路。因此，他和弟弟发愤学说中国话，不到两年时间，就能说一口流利的汉语。当时，达到这种水平的英国人屈指可数，李泰国算一个。

1849年，李泰国17岁，便以译员身份到英国驻广州领事馆工作。5年后，任上海领事馆副领事。

1855年6月，因能说中国话，李泰国出任江海关"关税管理委员会"英方税务委员。他上任以后，力排众议，大刀阔斧地进行改革，制定《各国商船进出起卸货物完纳钞税条款》等规章制度，实施"外洋船只进出呈验舱单必须详尽，否则处罚或没收"，"各税须照征照缴，掣发税款收据"，使税收明显增加。受战事影响和海盗骚扰，市场不景气，洋货滞销，他实施临时"免税"办法,刺激外商对华贸易。

时任上海道台的吴煦向朝廷上奏说:自从李泰国管理税收工作后,税收大有起色,按年比较,银数倍增。1859年,江海关税收263万两,是户部定额的60倍。

李泰国对中国社会和官场很了解,他知道与官员建立良好的私人关系意味着什么,为此他到江海关任职后,主动与江苏巡抚等地方官员接触,培养相互间的感情。这期间,他做了一件被认为是"完成中外关系史上一项创举"的工作。因朝廷严禁洋人和官员接触,外国使节无法向政府表达意见。为了打破这种限制,英法联军攻入广州后,组织了一个代表团前往苏州,想把英、法政府的照会当面交江苏巡抚转达朝廷。1858年6月初,英法代表团在他的带领下与巡抚见了面。在他的帮助下,额尔金的秘书俄理范还到苏州城外做了几天考察。

李泰国也做了一些令人痛恨的恶事。第二次鸦片战争爆发后,他将清政府漕粮北运的情况和其他情报提供给英法联军,为英法联军制订作战方案帮了大忙。《天津条约》谈判时,在额尔金的请求下,经上海道台批准,他为英国使团当翻译,在谈判中起到了重要作用。如果不是他能说会写,熟悉中国事务,《天津条约》可能是另外一番模样。他本来是清廷雇员,拿清政府的俸银,却始终不忘为英国争取利益。他当时挂在嘴边的话是:英国提出的条款,没有商量的余地,一个字都不能改,必须立即同意,否则就重新开战,直捣北京。

从开始谈判,到条约签订为止,英、法等国的代表与钦差大臣只有一次礼节性的见面,其他的全由李泰国包办。

他听说美、俄两国同意把鸦片列入违禁品,这不利于英国谋求鸦片贸易合法化的努力,便立即报告额尔金,额尔金赶紧去疏通美、俄公使,在条约中回

李泰国

避鸦片贸易的问题。

恭亲王对他恨之入骨,曾下令:如果李泰国再这样无理取闹,立即拿下,就地处决。

《天津条约》签订后,李泰国回到上海,又换了一副嘴脸,极力讨好江苏巡抚等官吏。这一招果然有用,上海官员认为他是一个很不错的英国人。

看衰大清帝国

1860年,英国驻华公使卜鲁斯派威妥玛到北京,劝说恭亲王让李泰国为他效劳。

事情是这样的,总理衙门酝酿设立的时候,准备把海关划为下属部门,卜鲁斯听说后,担心总理衙门会任用他人担任总税务司职务,于是赶紧派威妥玛到北京,游说总理衙门委任李泰国。威妥玛到北京后,对总理衙门大臣文祥说:李泰国不是英国有意派到海关的,他不能被视为英国的代理人。英国政府最关心、最满意的是引进先进制度管理中国海关,但由谁来替中国征收关税,英国无所谓。

冠冕堂皇的话说了一大堆后,威妥玛还是提出:为了中英两国的长远利益,最好任命李泰国为总税务司。

英国人把大清帝国接连打败了两回,朝廷上下谈"英"色变,哪里还敢再得罪。威妥玛离开北京时,文祥告诉他:我希望李泰国被任命为总税务司。

威妥玛知道,这句话足以说明他这一趟没白来。

1861年1月30日,李泰国被总理衙门重新任命为总税务司,在此之前,南洋通商大臣、两江总督何桂清已对他任命过,但英

文祥(约1872年)

国人还不放心，毕竟总理衙门的任命更可靠。

客观地说，李泰国缺乏长远见识。1861年，太平天国运动高潮期间，他对清政府能否继续统治下去心存怀疑，他甚至估计在一年内，大清帝国就会灭亡。他不愿与一个可能覆亡的王朝联系在一起，免得将来太平天国得天下时，他的这段历史说不清楚。总理衙门邀他去北京商讨关务，他不但拒绝前往，而且以养伤为由回英国休假一年。

李泰国回英国前，给卜鲁斯写了一封信，说：太平军的力量进一步壮大后，清王朝有可能对付不了，考虑到这一特殊情况，决定回国休假一年。明年如果大清王朝还存在，我再继续工作；如果太平军得逞，我也没有遗憾。

卜鲁斯看信后，大发雷霆，发誓说决不会宽恕他的这种愚蠢行为。

恭亲王批准了李泰国的假，但要他先来北京，然后再回英国。李泰国根本不把恭亲王当回事儿，同时还自行决定，让费士来和赫德会同行使总税务司的权力。

后来，卜鲁斯写信告诉总理衙门，他已派赫德前往北京，听候恭亲王的差遣。

李泰国回英国后还是很风光的，维多利亚女王对他在华"功绩"很赞赏，赐予他三等巴斯爵位。后清政府又委托他代购战舰，高兴得睡不着觉，认为中国离不开他，甚至异想天开，认为自己是清政府的海军大臣。他在订购军舰的同时，擅自招募了600名英国水兵，并委任好友阿思本为舰队司令。他不但想指挥舰队，还打算掌握海关税收的支配权。因为有欲望，所以就有动力，尽管采购军舰有种种困难，但都被他一一克服了。

1862年5月，李泰国回到中国。一天，他去拜见李鸿章，商讨财政问题，不经意中说出自己在伦敦招了600个水兵，这些水兵将随8艘军舰前来中国。李鸿章听了大惊，发现这与朝廷的初衷有严重出入。李鸿章毕竟比李泰国老道，不露声色地与他说完话，将他高高兴兴地送走后，立即写信给恭亲王，提醒其多加留心。

1862年6月，李泰国到北京，向总理衙门拿出他与阿思本签订的合同，说皇帝的命令只有下达给他，并由他再下达给阿思本时，阿思本才能服从。另外，他"如对任何命令不满时，可以拒绝下达"。他还进一步提出要求，要亲自管理海关关税，直接把关税分配给舰队和一切外国人训练的中国军队，如果不能满足这些要求，就下令撤走海关中的所有外国人。他又要求取消南、北洋通商大臣两个高级职位。此外，他还要求把肃王府作为府第。还说在中国办事儿，非挟制其政府不可，并摆出和总理衙门大臣平起平坐的架式；口口声声说只对恭亲王负责，却连恭亲王也看不上眼。他说一位英国绅士在一位亚洲野蛮人（指中国皇帝）下面做事儿，是荒谬的。

　　总理衙门早有防备，对此答复仅有两个字——没门儿！

　　阿思本率600名英国水兵到大清国后，听说自己只是舰队副司令，非常不满。李泰国煽动他向总理衙门发出最后通牒，限48小时内承认他和李泰国签订的合同，否则立即解散舰队。总理衙门坚决拒绝，双方闹得更僵。最后，在美国公使的调解下，达成一个折中办法，即：先将舰艇变卖，再把钱退还给大清国。

不会处理人际关系

　　1862年6月11日，总理衙门大臣文祥告诉赫德说：李泰国在我们头上作威作福，我们对他的好印象荡然无存了。

　　赫德左右为难，既不能替李泰国说好话，也不好落井下石，仅说作为署理官员，他左右为难。

　　文祥告诉他，能够"署理"，就能"实授"。

　　恭亲王召见赫德说：我要把你提升为副总税务司，或其他什么相当的职位，不希望你屈居别人之下。

　　在李泰国牛气冲天，动辄以辞职相要挟的时候，总理衙门已为赫德取代他做准备了。

　　总理衙门大臣薛焕根据恭亲王授意，给李泰国打招呼，要求尽快把赫德提升为副总税务司。

李泰国认为这样赫德就会分享他的权力,坚决不同意!

赫德听到这话后,自然十分生气,遂对李泰国心生恶感。

其实一年前,二人之间就出现裂痕。

1861年,他们的同胞德都德休完假准备返回中国时,向李泰国要求和赫德相等的地位,否则就不回上海任职。

李泰国就劝赫德接受德都德的要求。他给赫德写信说:这种地位上的差别只是个形式,接受这种决定也不会有什么损失。

赫德当时已受总理衙门信任,一个人管理全国海关,哪还会听从德都德的要挟。

赫德给李泰国写信说:我是对总理衙门唯一负责的人,你的这种安排,将不可避免地对行政的顺利运行产生不利影响,因而不能听从。

双方就这样僵持了起来。

后来,因为德都德一再遭遇不幸,才使这件事情不了了之。德都德先是父亲亡故,处理了老爹的后事,妻子又难产了,短期内回不了中国;不久,他也死了。德都德死了,但李泰国却揪住这事不放,对赫德起了疑心,开始"关心"起海关事务了。赫德认为老李休假,又远在很远很远的英国,自己既然是署理总税务司,那么就有权处理一切事务。李泰国不这样认为,他说他是真正的总税务司,要过问海关中的一切。

李泰国给赫德写信说:照你的意见,我休假期间,不能颁发任何命令。我不能同意你的意见,照我看来,我的地位好比一位全权公使,而你的地位,相当于临时代理人。公使离职期间,对公使馆的事务仍有管理权,在总的安排方面有一定的权力;你把我们二人的地位倒置了,把自己视为总税务司,把我视为你的代理人。你已被胜利冲昏了头脑,失去了理智。

想必赫德读了李泰国的信,心情一定不会好。

李泰国与总理衙门发生冲突时,赫德一时不知道该站在哪一边:从英国利益来说,他应支持李泰国;如果从公平和正义方面来考虑,他应站在总理衙门这边。但李泰国已失去了总理衙门大臣的信任，而且李泰国也不领他的情，赫德为此很窝心。

李泰国被炒鱿鱼

李泰国少年得志，自视甚高，好摆老爷架子，不把大清朝廷放在眼里，总认为大清帝国要依靠海关才能长治久安。

他多次对赫德说：恭亲王像个孩子，还不能独立思考和处理问题。我们英国人和他交往时，要约束他和指导他，而不是让他约束和指导我们。我们要想办法，让大清国把所有对外交往的权力统统交给我们！

李泰国始终摆不正自己的位置，只知道骄纵跋扈，不但总理衙门十分厌恶，整个朝廷对他都没好感。

文祥给英国驻华公使馆参赞威妥玛写信说：赫德代理总税务司时，一切谦谨自守，遇事请示报告。李泰国来北京后，口口声声说他自己是英国的钦差，凡有公事，不再请示恭亲王。与恭亲王信函往来，也用平行书递。他住的勾栏胡同房子，是津海关税务司专程为他购买的，有100多间，极为宽敞，但他认为狭小，要住肃王府，如果肃王府不能给他住，就要住詹事府衙门。又想将大清国所有的轮船都交给他管理，所有配备洋枪的军队，也要归他一人指挥。他还要求在北京的生活费每月三千两。

李泰国同样向英国驻华公使卜鲁斯告状，说总理衙门的不是。卜鲁斯认为他太骄横无理，闹得人人都不高兴，使大清帝国与大英帝国之间的"友好"关系蒙上了一层阴影。卜鲁斯毫不留情地斥责他说：我对中国政府也没好感，但我们没有理由在属于人家自己的土地上，用绝对的口气向他们发号施令，你没有权力这样做。你口口声声说要辞职，我倒真的希望你递交辞呈。

恭亲王终于忍无可忍，下决心炒掉他。他向皇帝上奏：李泰国狡猾异常，中外皆知，多次想把他开除。现在他采购耽误了大事儿，正好借此把他驱逐出中国。还说，总税务司一职可由赫德担任。皇帝毫不犹豫就同意了。

总理衙门不客气地通知李泰国：四个月内将一切事务移交赫德，结清所有收支账目。

不过，总理衙门对李泰国还是比较照顾的，虽然把他免职了，但同时还发给他 4.2 万两银子。这在当时绝对是一笔巨款，对一般人来说，简直就是天文数字。

李泰国之所以能成为中国海关总税务司，是因为那个时候，朝廷并不太重视海关，对于那个职务也不怎么看得起。总税务司实际是一个有位无品、有职无衔的职务，用今天的话说，是个群众组织。李泰国不明白这一点。同时，他还不明白，清政府既然可以给他戴上这顶不"戴刺"的乌纱帽，就可以随时把它摘掉。他一个人即使本事再大，也不可能同整个大清帝国对抗。

没了中国海关总税务司的官职，李泰国灰溜溜地回到英国，后因投资失误，连维持体面的生活都很困难，只好经常向赫德借钱。

当了半个世纪中国海关首脑的赫德

赫德其人

赫德也是英国人，1835年2月20日生，1911年9月20日卒。1853年，他以第一名的成绩，从爱尔兰皇后大学贝巴斯特学院毕业后，没有像他的同学那样，到美国的加利福尼亚淘金。他隐隐觉得，还有更好的地方在等着他，于是留校攻读哲学和法学硕士学位。

正当他刻苦攻读硕士学位时，外交部来招聘优秀人才到大清国领事馆工作，校长认为他最优秀，于是就推荐了他。

1854年6月，赫德到香港受训三个月。受训期间，英国商务监督、语言学家勃林爵士语重心长地对他说："要走到哪儿学到哪儿，上街时，认路两旁的店铺招牌；到书店去，认架上的书目；走在路上，细听行人交谈。如果养成这个习惯，不但每天都有收获，而且也能找到对付郁闷无聊的良药。"赫德将勃林爵士的话牢记在心。后来，他对中国文化产生了浓厚的兴趣，学识上进步很大，很快就会说汉语了。相比之下，在中国的多数西方人对汉语还一窍不通呢。培训结束后，他被任命为英国驻宁波领事馆见习翻译，途经上海时，认识了李泰国。那时，李泰国是上海领事馆的代理副领事。

在宁波领事馆工作时，经常能和宁波知县、道台、提督接触。3年后，与清朝官员打交道时，已得心应手。总体来说，他自制、沉着、圆通，熟悉中国官场礼节和中国士大夫习气。

1855年2月，赫德升任二等助理。此时，驻宁波的英国领事被停职，日常事务由他代理。他的管理能力和冷静的头脑，给他的英国同胞留下了深刻印象。英国驻军将领斯特劳本对公使卜鲁斯说：建议你留心这个年轻人，有朝一日，他能担当重任。

卜鲁斯回答：外交部早就提醒我注意他了。

这期间，赫德在宁波找了一个叫阿姚的姑娘为情人，两人共同生活了十余年，阿姚为他生了两个儿子、一个女儿，分别取名安娜、赫伯特和阿瑟。和阿姚分手后，他把三个孩子送到英国，由戴维森夫人扶养。

1858年3月，赫德到广州任英国领事馆二等帮办，不久又任英法联军管理委员会秘书。他忙上忙下，充当了中英双方进行沟通的桥梁。他对投降的广州官员比较同情，并尽可能地保全他们的面子，深受投降官员们的好评。两广总督劳崇光非常欣赏他的才干，把他当作自己人，经常就一些军国大事征求他的意见——这为他日后在中国官场中打拼，奠定了良好基础。

劳崇光接受英国驻广州领事阿礼国的建议，仿照江海关的办法，在粤海关雇洋人征税时，首先想到他。赫德没有答应，却推荐了李泰国。同时，他还写了一个广州形势备忘录寄给李泰国，供李到广州时参考。

事后，赫德意识到，新海关大有前途；为此，他辞去领事馆职务，等着李泰国来任用他。他知道，这不是个问题。

恒祺给上海道台吴煦写信，邀请李泰国来广州，按照江海关模式建立粤海新关。李泰国一到广州，就着手组织粤海新关，任命赫德为粤海关副税务司。

粤海新关开办后，李泰国又前往汕头开办潮海关，把粤海关留给赫德管理。

进入中国政治舞台

李泰国回英国休假后，费子洛和赫德共同执行总税务司的职权。当时，赫德被调往北京，准备随时听候恭亲王的调遣。

从这一天开始，赫德进入中国政治舞台，并举世闻名。

因为广东官员的美言和赫德的能力，总理衙门大臣很快就对他有了好感，为他日后成为总税务司创造了条件。

恭亲王对赫德的赞赏溢于言表，他对英国使馆参赞威妥玛说：对赫德有最佳之印象，中国政府把他看做自己人。

后来，恭亲王在给咸丰皇帝的奏折中说：赫德虽为外国人，观察他的性情，比较驯顺，说话也比较讲理。总税务司薪水很高，他获得这个职务后，会努力为我们做事儿。

赫德代理总税务司后，四处奔波，在各新开口岸组建海关，地方官也都支持配合，只有湖广总督官文不拿他当回事儿，还派一个道台撵他走。赫德告诉道台，他到汉口来建关，是奉总理衙门之命行事，如果被地方官刁难，他将向同治皇帝汇报。道台听了，笑话他说当今圣上的年号是祺祥，不是什么同治。赫德拿出一份《北华捷报》给道台，道台接过去刚看一眼，顿时目瞪口呆。原来慈禧联合恭亲王发动政变，捕杀肃顺等顾命

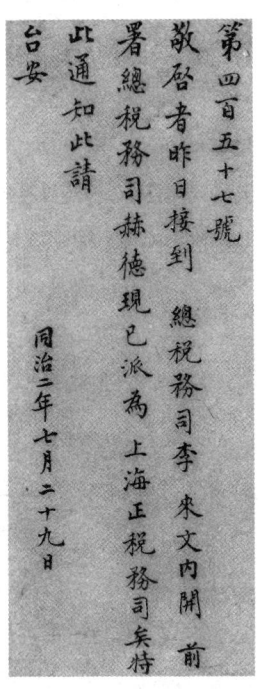

1863年7月总税务司李泰国派任赫德为上海正税务司通知

海关第二任总税务司赫德

大臣，已改年号为"同治"，由于消息闭塞，汉口的官员还不知道这回事儿。肃顺本是顾命八大臣之首，权倾于朝，湖广总督官文唯其马首是瞻，对恭亲王不买账。道台赶紧回去报告。官文见风使舵，请赫德尽快建关，并提供一切便利。

组建江汉关后，赫德乘"鄱阳"号火轮回上海，路过安庆时，约见了两江总督曾国藩。曾国藩的一番话，让他牢记了一辈子：凡是对大清国和贵国都有利的事儿我定会支持；对贵国有利而对大清国无害的事儿，我不会反对；如果对大清国有害的事儿，无论对贵国多么有利，我都会以死相抗争。

赫德将曾国藩的话牢记在心，在日后帮助总理衙门处理外交事务时，始终秉持曾国藩的教导行事。

1887年，英商"固凌"号轮船试航重庆，四川总督拒绝，引起纠纷。在赫德的调节下，问题基本解决，不料签字的时候遇到了麻烦：英国送来的条约不是由全权大使签字的文本，而是一份由女王签字批准的印刷本，英国的国玺被印成无数碎片，装在一个廉价的铁皮盒里。总理衙门也没有太计较，奏请皇帝加盖玉玺（这是中国批准文本的通常方法），准备互换批准书。英国驻华公使华尔身节外生枝，说女王已经签字，中国皇帝也必须签字。总理衙门告诉他，皇帝从来不签字。华尔身说，如果这样就拒绝收文本。双方僵持不下，赫德想出一个办法，打破僵局，在原来的换文证书上，对实际情况如实记录，说明英国的批准书上有女王的签名和国玺，中国的批准书上仅盖有皇帝玉玺，各方都是按照各自的习惯和惯例办。

作为大英帝国的子民和清政府的官员，赫德既要维护大英帝国的利益，又要对清政府鞠躬尽瘁。当然，他也知道，维护清政府的统治，促进大清国的繁荣富强，尤其是贸易发展，大英帝国也可以从中获益。

赫德和李泰国一样，精通中国语言。他到达北京的第十天，就见到了恭亲王，但恭亲王对他比较冷淡，似乎有点儿看不上他。但他有备而来，用文件和数据说话，最终打动了恭亲王和总理衙门，得到了充分信任，并被要求留在北京，协助总理衙门处理外交事务。

这期间，赫德还为清政府翻译条约、官方文件等。

赫德认为：大清国国运不昌却自命高人一等，知识贫乏却自命不凡；说没有物质力量，却奇特地掌握着国民的生计；大清帝国的政治、军事、财政都是腐败的，远情不能上达，上令不能远行。

应该说，赫德感觉是正确的，是当时中国官场和社会现状的真实反映。

后随着中外交往的增多，民族矛盾逐渐缓和，列强决定支持清政府。英国驻华公使卜鲁斯认为，海关各部门的主管人员都来自资本主义国家，有较高的文化水平，受过高等教育，获得有博士、硕士、学士学位。有的是领事馆和殖民地官员，具有财政、经济、行政管理、科学技术等知识。这些人员组成的海关，管理制度先进，工作效率高，税收大幅度增加，将会得到清朝统治者的信任，成为改造清政府的核心。

赫德根据这个理念，积极参与清政府的内政外交，常开导总理衙门的大臣说：中国要面向西方，融入世界。

1865年，总税务司署迁到北京后，海关成为总理衙门的附属机构，赫德成为总理衙门大臣的属员，双方交往更密切。总理衙门对西方世界和对外交涉都不了解，亟需赫德的指导。在对外关系方面，赫德再三告诫总理衙门的大臣，既然签订了条约，就必须遵守。

赫德不但引导和督促清政府开展洋务活动，还亲办洋务。他统一规划，统一指挥，各海关税务司经办，不另设机构，另备人员，节省经费。因经费有保障，管理较好，海关办的洋务成效明显，规模庞大，多是全国性的。

对消灭太平军也算有功

1863年11月，总理衙门正式任命赫德为中国海关总税务司，他到任不久，就发生了"苏州杀降"事件。戈登因太平军降将被杀，和李鸿章发生冲突，愤然领军到昆山。朝廷生怕戈登一生气投奔太平军，连忙请赫德去调解。他先到苏州见李鸿章，听老李介绍杀降经过，老李好汉做事儿敢做敢当，说杀降是他决定的，和戈登无关，愿意澄清事实，为戈登开脱责

戈登

李鸿章与常胜军

任。赫德得到李鸿章的承诺，这才去见戈登。

戈登得知赫德前来，非常高兴，特地举行阅兵仪式欢迎他。赫德在昆山停留了三个星期，说服戈登回心转意，愿与赫德一起到苏州与李鸿章和解。临行前，戈登对赫德说："到苏州后就说我是被你劝来的，这样会得到中国人的敬意。"见到李鸿章后，赫德却说戈登自愿前来。经他这么一说，李鸿章有了面子，对赫德心生好感。和解很成功。不久，戈登率"常胜军"参加常州之战。赫德和李鸿章并肩骑马，站在高坡上，目睹"常胜军"攻进城门。常州攻克以后，清政府为了表彰戈登，奖励了他两万两银子。戈登却很生气，认为把他当成了雇佣兵，不客气地将朝廷特使赶走。

给钱都不要，朝廷不知戈登唱的是哪一出，又请赫德出面去试探。戈登让赫德告诉朝廷，不接受金钱赏赐，但愿意接受一套中国官服。朝廷顿时松了一口气，这事儿太好办了，立刻封他为提督，赐穿黄马褂，并将全套提督官服送到昆山，戈登欣然接受，还专门穿上官服，画了一幅肖像。

清政府对赫德恩重如山

赫德任粤海关副税务司时，与粤海关监督恒祺一起，制定了《广州海关章程》和一些管理海关的规章制度，深得两广总督劳崇光的赞赏。1861年，赫德又制定《长江各口通商暂行章程》和《通商各口通共章程》，把以前仅适用于英国商人的《长江各口征收办法》推广到所有来华商人中。1864年6月，总理衙门颁布的《海关任用外人帮办税务事宜章程》，规定海关中的所有外国人都由赫德招收调派。

为了提高工作效率，赫德特意制作了一个站立工作台，一直站着工作。当时，海关的工作时间是上午10点到下午4点，但他每天工作时间却是8～10个小时。不论在什么地方，他总是把当天的事儿当天做完，每周的事儿每周做完。

赫德常说，要办的事儿很多，一天24个小时都不够用，即使一天有72小时，我也怀疑能否有闲暇时间！

他热爱工作甚至超过老婆、孩子，曾有17年没有见过家人。

朝廷对赫德不薄，宁愿自己的人民受饿受灾，也要满足他和海关的要求。1875年，黄河泛滥，朝廷在财政非常困难的情况下，仍然下令将海关经费从115万两增加到174万两。

朝廷对赫德不薄，他深有体会，并深受感动。

赫德曾对人说：我们必须承认处于中国人的助手地位，如果谁不理解我们的这种地位，或是没有执行我的解释性指示精神，我就撤销他的职务。我可以理直气壮地说，我已尽了最大的努力——使海关对中国人有益，使它立于不败之地，把它公之于众，消除人们对我们身份和能力的怀疑。

在地位上，朝廷对赫德也十分慷慨：

1864年，授按察使衔（三品）；

1869年，授布政使衔（二品）；

1881年，授头品顶戴；

1885年，授双龙二等第一宝星、花翎；

1889年，恩赐三代正一品封典（将

赫德在私人办公室工作情形

这样的荣誉授予一个外国人，在中国历史上是第一次，也是唯一的一次）。

1901 年，赫德和张之洞、袁世凯一起获清政府封号：太子少保头衔。

1908 年，回国休假时，朝廷封他尚书衔。

赫德任总税务司后，海关工作效率一直较高，也得到了外国政府的支持。一些国家对他的好感溢于言表，先后对他进行过表彰：

1870 年，瑞典授予他 VASA 骑士勋章；

1878 年，法国政府授予他荣誉勋位上级爵士勋章；

1879 年，英国政府授予他圣迈克和圣乔治十字勋位爵士；

1889 年，英国政府授予他圣迈克尔和圣乔治大十字最高级勋位爵士；

1893 年，英国政府授封他从男爵爵位。

此外，比利时、奥地利、意大利、葡萄牙、荷兰、普鲁士等政府，也授予他各种荣誉。

赫德在中国 50 多年，与中国的士大夫彼此往来，朝廷和一些地方官员对他很有好感，慈禧太后对他的印象也不错。1902 年 2 月 23 日，慈禧和光绪皇帝专门接见了他，并赏给他"福"字一方、绣屏四幅、瓷瓶两座、绸缎四卷。从这一年开始，几乎每年的春节，他都能觐见慈禧太后。

1906 年，赫德提出辞呈，朝廷不同意。1908 年他又提出辞呈说：工作繁重，精神不支，夜不能眠，异常困惫。医生说必须请假回籍，静养调

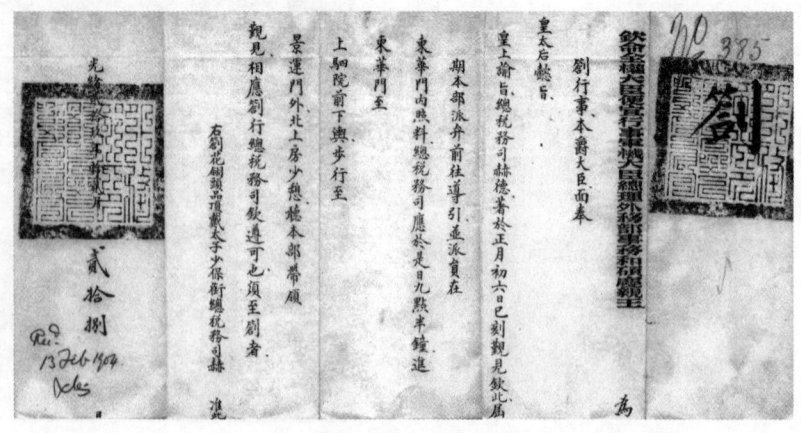

慈禧太后拟召见赫德

理，才能渐愈。

朝廷本着人道主义精神，让他休假一年。

1911年9月24日，赫德在英国勃克斯的大马尔罗病逝。次日，英国举行葬礼。同日，清政府在安立甘教堂举办追悼会；同时，加恩封赏他为太子太保。

赫德在中国海关近半个世纪里，除1866年请假6个月和1877年请假1年外，一直在华工作；大多数通商口岸的海关都由他组建，到1907年共建海关50个，管理常关19处、厘金局7处，海关职员6 600多人。邮政方面，洋职员100多人，华人7 800多人，全国各级邮递局2 800多处。这一年，海关征收税款3 700多万两。

儿女情长

赫德喜欢搞裙带关系，他在中国海关的最后几年更为明显。大概也是老糊涂了，或者说太过分了，不但中国人反感，他的同胞和老乡们也不待见。

我们看一看，他有哪些亲戚在中国海关做过官儿：

赫政——赫德的弟弟。一度被赫德推荐为总税务司的继承人。赫政是个花花公子，热爱"妇女工作"，心思不在官场上，赫德为此很伤心，经常批评他。但赫政认为，年轻美貌的女子，远比总税务司职务更能使他着迷。

裴式楷——赫德的妻弟。他一到中国海关，就被赫德任命为税务司。当时，海关上下议论颇多。

赫承先——赫德的儿子。22岁时，赫德任命他为伦敦办事处秘书，后来曾出任过办事处的副主任、主任。之前，赫德曾把他的儿子叫到中国来，请翰林院名士教他学习八股文，准备参加中国的科举考试，但赫承先学不进去。

梅乐和——赫德的外甥。1891年进入中国海关，7年后升迁为税务司，后来成为中国海关的第四任总

赫德之妻布莱顿夫人

赫德与夫人合影

税务司，这是赫德死后十年的事儿。

吴秉文——赫德的妹夫。曾任津海关税务司。

裴式模——赫德的另一个妻弟。他一来到中国，就被任命为江海关税务司。

叶德加——赫德的表弟。曾任中国海关的税务司。

还有一位年事已高的远房亲戚，不远万里来到中国，干了几年帮办后，也被任命为汕头关税务司。

好在他的这些亲戚在中国海关工作时，皆能安分守己，尽职尽责，没有干不地道的勾当。

为了弟弟、妻弟和儿子在中国海关的发展，赫德动了不少脑筋，但三个人似乎都不太领情，他为此很失望。他曾痛苦地说：我为赫政苦心经营总税司职位，可是他不愿要它；我为赫承先在中国海关安排好了美好的前途，他却不屑一顾。

总税务司是中国海关的首脑，在中国海关拥有至高无上的权力和地位。赫德对此十分看重。1884年，英国驻华公使巴夏礼死了，英国政府认为赫德是最合的人选，于是任命他为驻中国和朝鲜公使。5月2日，外交大臣格兰维尔专门给赫德写信说：女王已经任命你为女王陛下驻中国特命全权公使，并按此职位每年给予5500镑薪俸。

6月下旬，又给他发来一封公函，附有任命他为驻华、驻朝鲜公使和致中国皇帝、朝鲜国王的国书。

赫德对这项任命十分高兴，因为在英国，甚至整个欧洲的人都认为，在英国当一个不起眼的大臣，也比当中国的宰相好。

但他又实在舍不得中国海关这么个好单位，思来想去，觉得肥水不能流入外人田，决定让他的弟弟赫政接替他。他当公使，他的弟弟当总税务司，兄弟二人掌握英国在华的最高权力。

英国政府对他的这种想法也很支持，总理衙门也决定将赫政作为总税务司最佳人选。

以李鸿章为后台的德国人德璀琳，也很想得到这个职务，而且志在必得。李鸿章是大清国朝廷中掌握实权的人物，总理衙门遇事也得让他三分，德璀琳完全有理由乐观，也完全有理由认为，应该由他来当总税务司才对。李鸿章本来对赫德把持中国海关就不满，现在他好不容易要走人了，又让他的弟弟过来，无法接受。赫德知道，若老李不支持赫政，德国佬德璀琳接管中国海关就会成为现实。经过一番思想斗争，他还是决定留在海关。

1896年，赫德的身体状况越来越差，感觉再也难以坚持下去，但一想到自己走了，总税务司的职务就要换人。换了别的人，他不"放心"。他首先写信给他的弟弟赫政，要弟弟尽快来中国代理总税务司的职务，但赫政不领情，或者说赫政对当官欲望不大，谢绝了他的好意。赫德转而给他的妻弟裴式楷写信，要妻弟尽快来中国。

这时，赫德听说法国人和俄国人也在积极活动，要取而代之。为了让法国人和俄国人断绝念想，赫德决定暂时不回英国了，带病坚持工作。

赫德对海关的管理是绝对的，没有人能够削弱他在海关的权力。他曾向别人夸耀说：海关的稳定和成功，是因为我的统治，我从来就是真正的独立。

1908年1月27日，朝廷批准赫德休假一年。1910年3月22日，赫德写信说："病还没有好，请求辞职。"朝廷答复他说再赏假一年，职务还给你留着。同时还告诉他：已赏给裴式楷中国文官中最高官衔——头品顶戴，调到税务处当顾问，江汉关的税务司安格联任副总税务司。

赫德接信后，曾想回中国恢复职务。1909年11月22日，他分别电告清政府外务部和税务处，说准备乘船回大清国继续任职，可是上船前又病了，而且一病不起。这时，他意识到，他不能将裴式楷扶上总税务司的位置了，但还是做了最后一次努力。怀着死马当活马医的心态，向朝廷推荐了5名总税务司候选人，裴式楷也在其中。

当听说赫德要回到大清国恢复职务，又主张让裴式楷任总务司，一时

1906年赫德与胡燏棻在北京皇城根下合影

间各路神仙纷纷出来反对，批评最多是他的同胞和英国政府。英国驻华公使朱尔典向英国外交部发电说：他年老体弱，不能再委以海关重任了。

英国《泰晤士报》驻华记者莫理循说：赫德爵士已76岁了，他已受过三次瘫痪打击，如果他回到这里，那是不幸的。

赫德身后一直饱受争议，孙中山说他是中国最信任的洋人，也是最有影响的洋人。《泰晤士报》等外国媒体极力说他的好话，说他在中国创造了巨大成绩，在他的管理下，中国海关成为世界上行政管理方面的奇迹之一。

中国学者对他则持否定态度，薛福成说他："阴鸷而专利，沽势而自尊，虽食厚禄，受高职，其意仍内西人而外中国。"

中国的部分历史学家说他是英帝国主义在华的重要代理人，是一个非常狡猾的殖民者。

《清史稿》对他盖棺定论，说他"久总税务，兼司邮政，颇与闻交涉，号曰'客卿'，皆能不负所事"，是"食其禄者忠其事"的忠臣。

经济学家杨小凯在《百年中国经济史笔记》中说：清末海关虽由英国人赫德管理，但他是作为清政府的雇员行使他的职权的。他的管理不但使中国海关迅速现代化，而且使之成为最有效率、最少贪污的清朝官僚机构。

参与主编《剑桥中国史》的美国学者刘广京认为：赫德管理海关的最大贡献是促进了中国商业的发展，杜绝了清朝腐败制度下贪官对海关的扰乱。

北洋政府的太上皇——安格联

安格联其人

安格联也是英国人。1869年出生，1932年去世。1888年进入中国海关，历任帮办、副税务司、税务司、副总税务司、总税务司。

赫德去世前，保举裴式楷接任总税务司，但英国政府极力反对。英国外相葛雷在会见中国驻伦敦大使李经方时说：裴式楷若当了总税务司，将会公报私仇，不利于中英两国关系的发展。

朝廷无奈，让老裴到税务处任顾问，又任命安格联为副总税务司，准备接替赫德。

其实，赫德对安格联的能力还是很看重的。安格联来中国海关9年，就升任税务司，为了考验他的能力，赫德又专门把他放在津海关、江海关、江汉关等大关任税务司。赫德曾对人说，安格联是在华最有前途和希望的洋人。

辛亥革命爆发后15天，朝廷任命安格联为中国海关第三任总税务司。

安格联任总税务司后，遵循赫德的"既定方针"开展工作，但人事方面有一些调整，少数华人关员开始担任高、中级职务。

安格联也喜欢抓权，扩大自己的势力。此外，安格联对朝廷也比较有感情,谁反对朝廷,他就坚决反对谁。辛亥革命后,在他的策划下,汉口、上海、汕头、广州、厦门、烟台等地海关的关税被存入汇丰银行。之后,他又把全国海关的税款保管权搞到手。

安格联在统治中国海关的 16 年里,把海关势力扩展到中国的财政、金融领域。

1914 年,袁世凯成立国内公债局,安格联担任协理和经理专员,开始管理中国内债。1918 年,安格联又接管了常关税款和推迟赔偿庚款的专款。1920 年,北洋政府重组公债局,安格联充任董事。1921 年,北洋政府成立清理内债基金处,安格联任这个基金处的会计协理,管理内债基金,大量现金进出都要经过他。他掌控的款项越来越多,权力越来越大。

失去英国政府的支持

1926 年 9 月 7 日,广州国民政府颁布《出产运销暂行内地税征税条例》,准备征收附加税。北京公使团对此条例表示反对,但广州政府不吃他们那一套。后来,公使团经过特别会议议定,又同意广州国民政府征收附加税,安格联却强烈反对。他立即去游说美国人,阻止广州政府开征附加税,美国人没理他。

英国政府也不同意安格联的意见,外交部劝他说:海关与国民政府保持友好合作是有好处的,拒不合作会使国民政府采取敌视态度。

安格联不但听不进去,反而挑动各国出面干涉广州国民政府。他让中国海关伦敦办事处主任泽礼去煽动英国的债权人,向政府施加压力。

这回英国外交部真的生气了,告诉他即使失去中国海关控制权,也不会用武力去保护债券持有人的利益。

安格联只好去与国民党建立联系。他向全国海关发出机要通令:几十年来坚不可摧的海关正在崩溃,劳工开始有了发言权。他们已提出严重干涉海关原则的要求,海关处在政治浪潮的冲击中。要记住,我们的职责是征税和保护税款，不问政治，并与那些掌权的人保持友好关系。

安格联终于认识到，只有适应形势的变化才能渡过难关，于是他专程到上海和汉口进行活动，希望与国民政府建立起私人关系。他让国民政府不要让海关征收附加税，他也不再要求代管附加税。国民政府不领他的情，并告诉他：从来没想过允许海关接手附加税。

安格联热脸贴到国民政府的冷屁股上。

广东自行开征附加税后，山东、天津、江苏、上海、浙江、云南及东北等地政府，也加入到征收的行列。北洋政府见南方政府开征了附加税，也发出开征命令，并发电要安格联立即回京商讨。但安格联继续在武汉、上海活动，连个电报也不回。

北洋政府对他不再客气

北洋政府很生气，总理兼外长顾维钧提出要将安格联革职，内阁成员全都赞成。

其实，安格联早就知道北洋政府要海关征收附加税，他却匆忙去汉口，解决江汉关工会问题。他此行的真正原因是：广州国民政府强烈反对海关为北洋政府征收附加税，如果海关征收，就会干预海关。安格联想和广州国民政府商讨，取得某种妥协。

1月3日，安格联抵达上海；一周后，又启程去汉口，同国民政府高层讨论海关问题，并与一些政府要员建立私人感情。安格联认为，这样做有助于消除误会，发展将来的关系。

这期间，安格联向国民政府外交部长陈友仁说：海关准备为北洋政府开征附加税。陈友仁当即火了，说如果海关敢在任何地方开征，广州国民政府就马上接管辖区内所有海关，并摧毁现行海关行政。

陈友仁的警告使安格联进退两难。安格联此时已接到北洋政府命令，要速回北京开征附加税。如不立即返回，将被视为抗命；如果回去，就得为北洋政府开征附加税，广州国民政府这边就会接管其辖区内的海关。在这关键时刻,他只好留在武汉,颇有点儿"将在外,君命有所不受"的架式。

其实,安格联后来被免职,除和海关是否征收附加税有关外,还包括以下原因:他管理内外债,掌握税款保管权,与中国银行界秘密串通,垄断北洋政府公债市场;控制北洋政府的财政大权。对此,北洋政府早就如鲠在喉,欲除之而后快。

中国银行界把安格联看成庇护人,每当政府拟用债券筹款,中国银行总经理张家璈就会出来指手画脚,因为他有本事使他提出的计划得到安格联的同意。换句话说,就是每当张家璈代表银行与政府打交道时,安格联总是在给他当后台。

将安格联革职在当时得到了全国上下的拥护,舆论认为,这是维护中国主权的合法行动。

得知北洋政府准备让安格联下岗后,泽礼立即在伦敦活动,他希望英国政府施压北洋政府收回成命,但英国政府乐观其成。他又去约见伦敦的各大报记者,说北洋政府是在安格联不在北京时采取的行动,现在事情尚未结束,中国金融利益集团对他强力支持,北洋政府最终会撤回革职决定的。

安格联这时倒务实了,他知道要想改变这种状况,除非对北洋政府施加重大压力,否则不会有什么改变。

他当然渴望国际干预,但他也知道,此时让各国联合起来,像1900年那样组成八国联军,只能是一种幻想了。英国政府对他被革职并不太关心,难道还能指望其他国家为他出力吗?

北洋政府革职安格联的命令正式公布后,银行界极度紧张,张家璈带着银行界的头面人物,来找北洋政府总理顾维钧说:安格联被革职,这事在中国银行界引起了很大震动,并将对金融市场产生严重后果。中国银行界认为,如果政府不准备有效措施应对这种局势,最好集体辞职,让位给其他人。

顾维钧淡定地告诉他:打算革去安格联职务

顾维钧

时,政府就准备好了应对出现的各种后果。威胁政府,不是银行家应做的事儿。我警告你,你的语言很不得体,叫政府下台,不符合银行代表的身份。

顾维钧又说:公务人员的任免是政府的正常职权,革安格联的职,与革去其他高级官员的职务没有什么不同。

张家璈说:政府债券是根据安格联的保证来发行的,他被革职,会使债券持有人失去信心。

顾维钧说:政府借债不是私人行为,一笔债券的发行,与关税收入相关,而不是与他安格联相关。

张家璈等人碰了一鼻子灰。

安格联被免职后,北洋政府任命易纨士为代理总税务司。

易纨士在中国海关的多个部门工作过,曾担任过总税务司署秘书科税务司、总务科税务司、粤海关税务司等职务,对海关业务比较熟悉,与英国公使馆关系密切。为了报复北洋政府免安格联的职,英国公使蓝普森不同意对易纨士的任命,想以此给北洋政府施加压力。

易纨士本来十分乐意当总税务司,但若没有英国公使馆的批准,他不敢接任。

顾维钧派人给蓝普森传话说:如果再不同意,就任命别的人。

蓝普森立即服软说:不是不同意,只是希望中国政府改变主意,不要免安格联的职务。

顾维钧告诉蓝普森,那是不可能的!

顾维钧又让人传话给易纨士:两个月内到任,否则就别来了。又命令中国驻伦敦公使陈维城,向英国政府抗议蓝普森干涉中国内政。英国政府说:蓝普森的行为,不代表英国政府,不过建议给安格联留一点儿面

刚刚被免职的安格联(左)和他的继任者易纨士

子。北洋政府答应了英国政府的请求。

易纨士当上代理总税务司后,南京国民政府却不承认。易纨士知道,要想坐稳这个位置,没有国民政府的任命是万万不行的。另外,想当总税务司的大有人在,如日本人岸本广吉、江海关总税务司梅乐和、江汉关税务司福格森都在跃跃欲试。南方国民政府地盘上的海关关口占一大半,国民政府又将成为执政政府,对总税务司的任命有举足轻重的作用。为争夺总税务司职位,易纨士南下与国民政府接头,取得了国民政府的好感,争取到了国民政府的任命。

1927年2月,易纨士来到上海,在国民政府要人间穿梭往来,拜访财政部长宋子文、代理外交部长郭泰棋,还谒见了蒋介石。半个月后,易纨士回到北京。

易纨士南下达到了预期的目的,国民政府也任命他为代理总税务司。

但老易也是个不识时务的人,任职中国海关总税务司后,仍然遵循安格联的"既定方针"。

从功臣到罪人——德璀琳

德璀琳其人

德璀琳，1842年生，1913年辞世。他本来是德国人，伙同英国人骗取大清国国有资产后，加入英国籍。

1864年，根据普鲁士财政部的安排，德璀琳来到中国海关，因身份特殊，赫德把他留在海关总署学习汉语。之后，德璀琳历任镇江关、浙海关、粤海关、东海关、津海关税务司（前后三度任津海关税务司共21年）。他在任津海关税务司时，兼办秦海关（秦皇岛关）关务，先开埠、后兼管。《辛丑条约》后，接管天津常关，负责征收常关税和盐税。

德璀琳在津海关任职时期，对税款征收尽心尽责，曾代表清政府追查俄商走私砖茶案件。本来，俄国商人向恰克图出口中国土特产时，只交纳5%关税（比中国商人的税收政策优惠）；在中国运输过程中，免交任何税款，但不能在中国境内销售。俄国商人便利用这优惠政策，将出口到俄国的砖茶，

德催琳

走私到清政府管辖的蒙古牟利，造成茶叶税收大量流失，同时，也损害了中国茶商的利益。德璀琳向总理衙门通报此事，并通过英国媒体，向外公布调查结果。俄国公使很恼火，要求赫德撤他的职。但赫德认为德璀琳有理，请求总理衙门清查俄国商人的出口税单。经总理衙门清查，发现俄国商人在光绪元年（1875）至光绪五年（1879）内，每年有数万箱砖茶走私到蒙古贩卖。德璀琳建议总理衙门派海关驻扎恰克图口岸，核对俄商出口单据，如果货票不符，照章补税。同时，他还制定了用出口税单挟制俄商走私的办法。但清政府不敢得罪老毛子，只下令加强对俄商出口货物进行检查。

1878年，德璀琳奉命试办中国邮政并卓有成效，为中国的邮政事业打下了良好基础。

清政府多次授予德璀琳官衔和荣誉，法、奥、比、丹麦、巴西等国和罗马教皇分别授予他勋章。

1878—1893年，德璀琳先后10次被推举为英租界董事长。

1877—1913年，除短期回国或因公出国外，他一直待在天津，对天津有深厚感情。1913年1月，德璀琳在天津去世时，《京津泰晤士报》发表评论说："在近40年的时间里，他在华北占有如此优越而又如此有威力的地位，以致我们不可能在想到天津时而不想到他。"

德璀琳有五个善交际的女儿，五个女儿为他招了五个佳婿：大女婿汉纳根（德国人）曾是旅顺海军基地工程师和教练，二女婿腊克（美国人）是美丰银行经理，三女婿包尔（奥地利人）曾任驻天津领事，四女婿纳森（英国人）是开滦矿务局总经理，五女婿是英国驻华使馆武官。由于全家具有显赫的地位，一段时间里，他的家成为天津的社交中心。

热心办学

19世纪80年代，天津成为"北洋新政"中心。为培养各类合格人才，德璀琳向李鸿章建议，办一所现代化学校（即博文书院），仿照西方教育模式，培养所需人才。李鸿章很支持，令他和天津兵备道周馥共同创办。德璀琳以英租界工部局董事长的身份，申请建校用地后，又向中外士绅，特别是李鸿章的"门生属吏"募集款项，很快募集到3万多两白银；其中，中国海关捐赠5千两，赫德个人捐赠2千两，德璀琳也捐了几千两银子。

博文书院开建后，德璀琳事必躬亲，从设计、监理、材料采办、施工质量，都要过问或现场查看。有乡民滋扰，影响施工时，他也亲自出面解决，甚至还自掏腰包，雇工人整修低洼道路。书院开办后，他亲自安排课程和学生招录。为弥补教育经费不足，更是煞费苦心，利用主掌津海关的便利，在英租界南的河岸码头停船起货，收取码头费，用于学校建设。甚至还提议书院参与车马行、铁路等公营事业。

尽管德璀琳倾注了大量心血，也付出很大的努力，但博文书院生不逢时，建成后空置了6年。后来终于开张，但又因天灾人祸，没有一名正式毕业的学生。

1895年，盛宣怀奏请朝廷，利用博文书院设立天津北洋西学学堂获准。北洋西学学堂是近代中国第一所现代意义上的工科大学。

天津北洋西学学堂设立之初，课程安排、教学内容、教科书、教学方法模仿美国哈佛、耶鲁名校，学堂分二等学堂、头等学堂。二等学堂相当于小学教育，入学年龄为13～15岁，肄业4年方能升入头等学堂；学生从天津、上海、香港等地招收。

1896年，天津北洋西学学堂改名为天津大学堂。

1900年，天津大学堂被德军强占，学堂停课。

1903年复课，更名为北洋大学堂。

辛亥革命后，先后改称北洋大学校、国立北洋大学。

修建大沽船坞

北洋水师建成后，舰船维修要南下上海或福州，费时费力。李鸿章认为这不是长久之计，便在塘沽划地667亩，创建北洋水师大沽船坞。创建之初，技术人员、管理人员匮乏，李鸿章便令德璀琳负责工程建设。

德璀琳不负李鸿章的信任，深入工地一线，监督检查；又从津海关抽调熟悉施工、营造的关员，参与设计、管理。他和其他洋人"勤奋趋公，异常劳瘁"，仅用10个月就把船坞建起来了。李鸿章视察后，大为感动，特地上书朝廷，为德璀琳等人请功。朝廷也很满意，给德璀琳赏了个头等宝星勋章，贾雅各、欧森赏五品顶戴花翎，孟国美赏二等宝星勋章、五品顶戴。

大沽船坞建成后，德璀琳推荐汉纳根、瑞乃尔等德国技术人员任旅顺船坞工程师和炮台教练，帮助建设旅顺基地。

德璀琳在天津36年，在李鸿章的支持下，干了许多好事儿。19世纪80年代，他号召洋人购买土地，按货物价值千两收银一两的标准，作为租界修路和租界绿化的经费。3年后，租界内街道修建整齐，道路两旁树木茂盛，成为天津市政建设的一个亮点。

1896年，海河泥沙淤积，阻塞河道，影响通航，经各方协商，组成海河工程委员会，由德璀琳任首席委员。德璀琳亲自考察后，提出整治方案，又征收进口货物、转口货物河捐费，作为海河疏通经费。经过几年的疏浚和整治，中型船舶可直达市内河段停靠。

德璀琳还推动修建了戈登堂、万国桥（解放桥）、赛马场、网球场、京津大道等市政工程，在租界时期天津城市发展建设中，他发挥了不可替代的作用。为了纪念他，天津的第一条砂石马路被命名为"德璀琳路"。

此外，1886年11月6日，德璀琳与他人一起创办英文报纸《中国时报》；1904年8月31日，又创办《中外实报》和《商务日报》。

到日本去谈判

在李鸿章的幕府中，洋人有特殊地位，而德璀琳的地位更特别——在工商企业中供职的外国人，给李鸿章写信都要先寄给他。

德璀琳与李鸿章相识于1876年的中英烟台谈判，当时他是东海关税务司，参与谈判期间，协助解决了一些危急问题，受到李鸿章的赏识。第二年，德璀琳被调往天津的津海关任税务司（有人说是李鸿章要求的），与老李的关系日益密切。他们几乎天天见面，德璀琳常就地方、国家和国际间事务为李鸿章出谋划策，成为李鸿章办理洋务的得力助手。一个叫狄更森的洋人夸张地说：他差不多是中国的外交部长，北京的外交官如不来天津见他，什么也干不了。

1885年3月22日，英国驻华公使巴夏礼病故，英国政府让赫德任驻华公使，李鸿章遂向总理衙门推荐德璀琳接任总税务司，后因赫德不愿离任而作罢。德璀琳是李鸿章的顾问，凡遇外交事务都会征求他的意见，并让他协助处理。1886年，北京蚕池口天主教堂搬迁不太顺利，李鸿章让德璀琳作为清政府代表，负责中、法政府与罗马教廷之间的联络，替中方传话。在他的努力下，最终达成协议，蚕池口教堂迁到西什库。在办理教堂迁移事务的过程中，德璀琳与罗马教廷协商后达成一致：为表示友好，大清国与教廷互派使节，后因法国政府阻挠，这种"美好愿望"没能实现。

尽管李鸿章很信任他，每有外交事务都让他办理，但他的运气不好，基本上都没成。1883年到1885年的中法战争期间，法国政府通过他向清政府提出诱人的贷款计划作为停战条件：法国借款2000万两给清政府，一半用于购买法国军火和铁路机件，清政府没有领情。1884年3月，德璀琳路过香港时，法国海军司令福禄诺找他聊天，请他带一封密信给李鸿章。德璀琳立即改变行程，北上天津找李鸿章，呈递密信，同时汇报他和福禄诺的谈话情况。经慈禧同意后，老李便让德璀琳去和福禄诺谈停火的事儿。1884年5月停战事宜谈成，福禄诺到天津与李鸿章签订《中法简明条约》（也称"李福协定"），可是没等条约生效，法国又开始进攻，谈判失败。

甲午战争爆发后，清军在辽东半岛节节失败，清政府动了求和的心思，总理衙门向英、俄、德、法、美、意6国政府乞求联合调停，又派户部左侍郎、总理衙门大臣张荫桓、督办军务处文案景星前往天津，与李鸿章商谈议和办法。李鸿章建议先派德璀琳赴日探探口风，成则有助于僵局早日化解；因为德璀琳是外国人，败了也容易推托，不会使政府陷入尴尬。李鸿章的想法，正合朝廷的心意。

德璀琳得知清政府要派他去日本"探风"，一面感激万分，一面又担心自己人微言轻，日本人不把他当回事儿，想来想去，觉得让朝廷赏他个头品顶戴，以提高身价，便于和日本人进行对等谈判。李鸿章认为他所虑极是，后经朝廷允准，同意了他的请求。

11月22日，德璀琳和他的私人秘书泰勒、《泰晤士报》记者立嘉等人启程赴日。一抵达神户，他就去拜访日本兵库县知事周布公平，说他带有清政府外交照会，此行是寻找化解中日冲突的方法，日本政府有什么话都可直接对他讲。此外，他还带了李鸿章给伊藤博文的信。

周布公平赶紧向外相陆奥宗光报告，陆奥宗光又赶紧致电伊藤博文，建议伊藤博文不要见德璀琳，也不要接收李鸿章的信件。

德璀琳没有收到答复，却收到兵库县知事的询问函，问李鸿章信件的性质、他的身份、同行者国籍。德璀琳感到不妙，赶紧给伊藤博文写了一封信，说此行只负责听取日本政府的讲和条件，以便战争尽早结束。

德国驻日公使也为他说情，但日本人并不给德国人面子。陆奥宗光说：如果日本政府接见德璀琳，那就是外国干涉的开始。

伊藤博文认为陆奥宗光说得有理，就让兵库县知事转告德璀琳，说中日两国正在交战，他不便接见。又说：中国政府有什么事儿与日本政府商议，应派有头有脸、能完全代表中国政府的官员前来。德璀琳既不是正式使节，又不是有权势的政府官员，谈了也是白谈，所以不见。

德璀琳正不知如何是好时，北京这边，美国驻华公使田贝去找总理衙门说：不要让德璀琳去日本，否则就不参与调停了。德璀琳赴日这件事本来是秘密进行的，不知道田贝是怎么知道的。总理衙门一边向田贝赔不是，一边给李鸿章发电，让他令德璀琳在天津老实待着，但为时已晚，德璀琳已到日本。美国人不高兴了，李鸿章也不敢怠慢，也不管德璀琳在日本是否谈出了结果，令他赶紧回来。德璀琳就坡下驴，立即返回天津。

窃取大清国的国有资产

1900年6月，八国联军从天津登陆后，英军以张翼（开滦煤矿总办）用鸽子为北京传递军情为由，把他抓进监狱。隔日，德璀琳去看望张翼，说正在多方奔走，为张翼开脱；同时，劝张翼将煤矿挂靠到英国名下，避免被义和团破坏，或被八国联军侵占（其实，这是英国人与德璀琳导演的一出双簧，其中英军唱红脸，德璀琳唱白脸）。

张翼深信不疑，授权德璀琳去办这事儿。经德璀琳"努力和奔走"，半个月后，张翼被释放；他一出来，又给德璀琳补了一个正式授权书，让德璀琳去把煤矿挂靠到英国名下。德璀琳不负张翼的厚望，立即去找胡佛谈这事儿（胡佛也是开滦煤矿国际大骗案的主角，当时是开滦煤矿的工程师，后来做了美国总统。）。谈判进展得十分顺利，很快就达成了协议（德璀琳全权代表开滦矿务局，胡佛代表墨林公司签订合同），将开滦煤矿的所有产业转让给英国人，其中包括唐山、林西两煤矿，承平银矿，天津总局房屋，天津、塘沽、上海、香港、广州等地码头；运河、地产、轮船、秦皇岛港，建平、永平金矿股份、洋灰厂股份、津唐铁路股份。但协议上没价格，开滦矿务局也没收到一分钱，名为买卖，实际上是无偿赠送。后据英国法庭审理案卷分析，德璀琳占墨林公司股份45%，胡佛占35%，张翼占5%，剩余股份被其他英籍政客分享。

墨林公司拿到股权后，又转手将开滦煤矿卖给国际投资公司"东方辛迪加"，组成开滦矿务有限公司，并在英国注册。这样，大清国的国有资产，不明不白地到了"跨国公司"手里，而清政府却还蒙在鼓里。

英国人的阴谋得逞后，立即派兵进入矿山，将山上的大清国龙旗扯下来，升起英国国旗。两年后，也就是1902年11月16日，滦州地方官带兵到煤矿缉私，发现原来飘扬的龙旗不见了，大吃一惊，赶紧上报，同时又送龙旗上山，举行升旗仪式。这事儿，引起了外交纠纷，英国领事跳出来强烈抗议。接下来又发生了一些怪事儿：秦皇岛港拒绝中国兵船停泊、开滦煤矿至胥各庄运河，英国公司不准中国船只行驶。这些事儿闹到了袁世凯那儿（袁世凯那时是直隶总督），老袁认为情形严重，去"请教"英国公使，才知道这是张翼惹的祸。可是张翼与慈禧太后有联系，袁世凯奏了他三次，张翼也只是被革了职，并被派往伦敦讨要资产。

张翼从来没去过遥远的英国，思来想去，认为德璀琳是好人，对这事儿也最熟悉，就请德璀琳陪他一起去。可是到伦敦后，张翼只关心胡佛答应他的"终身督办"和10.2万股股份（折合白银200万两），不谈"废约"，也不谈收回煤矿的事儿。为了让英国人履行"副约"（因副约对他个人有利），他请英国皇家律师勒威特、吉尔和杨格耳到法院起诉。官司拖延很久，初判胜诉，后上级法院又否定原判。

张翼不但"赔了夫人又折兵"，还留下不少笑料，丢人丢到了国外。

德璀琳因昧着良心图谋开滦煤矿，被赫德从中国海关开除，落得一个晚节不保的境地。